HEYNE
BÜCHER

BOB ANDERSON

STRETCHING

Dehnübungen,
die den Körper geschmeidig
und gesund erhalten –
für jeden, jederzeit und überall
auszuführen

WILHELM HEYNE VERLAG
MÜNCHEN

HEYNE RATGEBER
08/9122

Aus dem Amerikanischen übersetzt von Peter Hübner
Titel der Originalausgabe:
STRETCHING
erschienen bei Shelter Publications, Bolinas, California

Genehmigte Taschenbuchausgabe
Printed in Germany 1987
Illustrationen: Jean Anderson
Umschlaggestaltung: Atelier Ingrid Schütz, München
Satz: VerlagsSatz Kort GmbH, München
Druck und Bindung: Presse-Druck Augsburg

ISBN 3-453-00385-3

Inhalt

Vorwort zur deutschen Ausgabe

Amerika hat uns die Coca Cola gebracht, den Rock'n'Roll, das Jogging – und jetzt das Stretching. Was ist Stretching? Das englische Wort bedeutet: dehnen, aber auch strecken und rekken. Medizinisch gesehen handelt es sich beim Stretching um das Dehnen der Muskeln, das Strecken der Gelenke und das Recken der Wirbelsäule.

Bob Anderson empfiehlt sein Stretching, um dem Bewegungsmangel abzuhelfen, unter dem wir alle leiden. Darum betont Anderson immer wieder: Durch Stretching fühlen wir uns wohler!

Was sagt die Sportmedizin zur Vorbeugung (Prävention) und Behandlung (Rehabilitation) arteriosklerotischer Herz- und Kreislaufkrankheiten durch regelmäßigen Sport?

Die Risikofaktoren, die zum Herzinfarkt führen, sind:

1. Hoher Blutdruck
2. Rauchen
3. Übergewicht
4. Stoffwechselstörungen (erhöhte Blutfette, Zuckerkrankheiten und Gichtneigung)
5. Psychosozialer Streß

Können diese fünf Risikofaktoren durch sportliche Aktivität beeinflußt werden? Nein, doch läßt sich durch körperliches Training die Belastbarkeit von Herz und Kreislauf verbessern. Nur das ist der direkte Einfluß des Sports. Zwar ist es weniger, als der Laie vermutet, aber durchaus lebensverlängernd. Regelmäßiger Sport verändert zudem unsere Lebensgewohnheiten ins Positive, wir ernähren uns vernünftiger, nehmen damit ab und verbessern so unseren Stoffwechsel. Um leistungsfähiger zu werden, gewöhnen wir uns das Rauchen ab. Durch die körperliche Aktivität bauen wir Aggressionen ab und finden psychische Entspannung, wodurch der Blutdruck günstig beeinflußt wird.

Die Sportmedizin unterscheidet fünf Faktoren, die durch das Training der Muskulatur beeinflußt werden:

1. Die *Koordination* (Zusammenspiel) von Muskelgruppen durch Sportarten wie Werfen, Stoßen, Springen.
2. Die Ausbildung von *Kraft* durch Übungen mit Hanteln, Expandern und Liegestütz.
3. Das Training von *Schnelligkeit* durch Kurzlaufsport.
4. Die Erhöhung der *Flexibilität* durch Gymnastik und Turnen.
5. Die Ausbildung von *Ausdauer* durch Radfahren, Dauerlauf, Schwimmen, Rasenballspiele und Skilanglauf.

Kranke oder Gefährdete sollten mit Bedacht ein Bewegungsprogramm entwickeln und dabei ihren Arzt zu Rate ziehen. Sie müssen beachten, daß eventuell ihre Blutgefäße durch Verkalkung verengt sind und somit die Sauerstoffversorgung des Körpers bei den Übungen nicht ausreichend ist. Für sie kommt nur Ausdauersport, besonders Langlauf in Frage.

Was hat Stretching mit alledem zu tun? Stretching beeinflußt nur die Flexibilität und ist darum für den untrainierten Kreislauf ohne Gefahr. Die in der zweiten Hälfte des Buches beschriebenen Kraftübungen sollten Kreislaufkranke vorsichtig und mit ärztlichem Rat in Angriff nehmen.

Trotz dieser Einschränkung ist Bob Andersons Stretching für Kranke und Gesunde außerordentlich wertvoll. Warum?

Stretching ist kein Hochleistungs- oder Ausdauersport, dennoch ist es mehr als bloße Gymnastik: Wer Gymnastik, Yoga und Bioenergetik kennt, dem werden einige Übungen bekannt vorkommen. Abbildungen und Text des Buches bilden eine Einheit, die das Stretching auf eine alternative Ebene stellen, da es ein neues, weitverbreitetes Lebensgefühl anspricht.

Gymnastik ist Körperarbeit, die ein besseres Wohlbefinden schafft. Sie bleibt aber unbewußt, wird nicht verbalisiert und analysiert.

Yoga ist bewußtes Arbeiten mit dem Körper, erzieht zur bewußten Atmung und führt zur Meditation.

Bioenergetik stellt die bewußte Atmung und das ›Erden‹ des Körpers über ein bewußt erlebtes Körpergefühl in das Zentrum der Übungen und führt über die Bewußtmachung körperlicher Spannungen zur Freisetzung von Emotionen.

Stretching ist zwischen Gymnastik einerseits und Yoga und Bioenergetik andererseits angesiedelt. Es ist irdisch und real. Stretching führt zum seelischen Wohlbefinden, zur Befreiung von Angst und Spannung. Gerade diese mittlere Position ermöglicht dem Stretching eine breite Anwendung in allen sozialen Schichten und Altersgruppen, wohingegen Yoga wie Bioenergetik vom Anspruch wie von der Erlernbarkeit wesentlich komplizierter sind.

Bewegungsmangel und einseitige Körperbeanspruchung sind unser Zivilisationsübel! Deren Folgen sind: Verspannungen der Muskulatur und Versteifung der Gelenke. So kommt es zu einer Entfremdung des Körpers, der nicht mehr als lebendige Einheit gefühlt werden kann. Diese Entfremdung führt zu unbewußter Spannung und Angst und wirkt als Streß, dessen Folge zahlreiche Krankheiten psychosomatischer Art sein können. Dem arbeitet Stretching entgegen.

Stretching macht Muskeln und Gelenke beweglicher, betont die Koordination von Bewegungen und freier Atmung und führt nicht zuletzt dank Bob Andersons System zur vernünftigen Ernährung. Das Ziel des Stretching ist nicht primär das Fitmachen für andere Sportarten, wie Kraft- und Ausdauertraining, Ziel ist die allmähliche Erarbeitung eines Wohlbefindens frei von Konkurrenz- und Leistungsdruck, wie sie das Gruppentraining im normalen Sport häufig mit sich bringen. Ziel der Stretching-Übungen ist es – und das wird im Text immer wieder betont –, sich seiner Körperlichkeit bewußt zu werden und auf den Körper hören zu lernen, den Fluß der Energie zu fühlen, Spannungen und Verspannungen zu erfühlen und sie zu reduzieren, sich auf die Entspannung zu konzentrieren, Geduld zu entwickeln und Regelmäßigkeit zu erarbeiten, sich selbst zum Maßstab zu setzen und nicht zuletzt: richtig zu atmen und sich maßvoll zu ernähren.

Stretching ist Maßarbeit. Zeit zum Üben findet sich immer. Zu Hause und im Büro, an der Bushaltestelle und beim Fernsehen. Hat sich der Übende die muskuläre Entspannung erst einmal bewußt gemacht und regelmäßig geübt, dann führen Bob Andersons Dehnübungen allmählich zu psychischer Entspannung und zu größerer Gelassenheit gegenüber den Anforderungen der Umwelt. Stretching macht fit für das sportliche Training, um dem Bewegungsmangel abzuhelfen. Fit aber auch, um den psychosozialen Streß als den vielleicht wichtigsten Faktor in der Verursachung des Herzinfarktes zu bewältigen.

Stretching ist kein Sport, führt aber zum Sport.

Stretching ist keine Meditation, aber führt zu physischer und psychischer Entspannung.

Stretching braucht keinen Verein, keine Gruppe und keinen Guru.

Stretching ist eine andere Art zu leben.

Dr. Egbert Asshauer

Einleitung

Millionen von Menschen entdecken heute die Vorzüge der Körperbewegung. Wo man hinsieht, gehen sie spazieren, machen Dauerläufe, spielen Tennis oder Squash, fahren Rad und schwimmen. Was wollen sie dadurch erreichen? Woher rührt dieses ziemlich plötzliche Interesse an Fitneß?

Wir sind dabei zu entdecken, daß körperlich aktive Menschen erfüllter leben. Sie haben größere Ausdauer, sind widerstandsfähiger gegenüber Krankheiten und bleiben schlank. Sie sind selbstsicherer, weniger depressiv und arbeiten oft noch in den späteren Abschnitten des Lebens energisch an neuen Vorhaben.

Die medizinische Forschung hat in den letzten Jahren gezeigt, daß ein großer Teil des Unwohlseins in direkter Verbindung zu mangelnder körperlicher Betätigung steht. Das Bewußtsein um diese Tatsache, gekoppelt mit vollständigeren Erkenntnissen über die Bewahrung der Gesundheit, beginnt Lebensgewohnheiten zu verändern. Die aufgekommene Begeisterung für Körperbewegung ist keine Modeerscheinung. Wir begreifen, daß Aktivität das einzige Mittel gegen die Krankheiten der Bewegungslosigkeit ist, und zwar nicht für die Dauer eines Monats oder Jahres, sondern des ganzen Lebens.

Unsere Vorfahren kannten die Probleme eines inaktiven Lebens nicht. Sie mußten hart arbeiten, um zu überleben. Sie blieben kräftig und gesund, indem sie andauernde anstrengende Arbeit im Freien leisteten, wie Holzhacken, Graben, Pflügen, Pflanzen, Jagen und andere tägliche Aktivitäten. Aber mit dem Anbruch der industriellen Revolution begannen Maschinen die Arbeit zu übernehmen, die bislang von Hand verrichtet wurde. Indem die Menschen weniger aktiv wurden, begann ihre Kraft zu schwinden, wie auch ihr Instinkt für natürliche Bewegung.

Maschinen haben das Leben zwar leichter gemacht, aber sie haben auch ernsthafte Probleme hervorgerufen. Statt zu gehen fahren wir, statt Treppen zu steigen, benutzen wir Aufzüge, während unsere Vorfahren fast andauernd in Bewegung waren, verbringen wir einen großen Teil unseres Lebens im Sitzen. Ohne tägliche körperliche Verausgabung werden unsere Körper zu Akkumulatoren aufgestauter Spannungen. Ohne das natürliche Ventil der Aktivität werden unsere Muskeln schwach und verspannen sich. Wir verlieren die Beziehung zu unserer physischen Natur, zu den Energien des Lebens.

Aber die Zeiten ändern sich. In den 70er Jahren haben wir ein kritisches Bewußtsein für die Notwendigkeit eines gesunden Lebens entwickelt. Unsere Gesundheit ist steuerbar. Wir begnügen uns nicht mehr damit, herumzusitzen und zu stagnieren. Wir bewegen uns, entdecken die Freuden eines aktiven, gesunden Lebens wieder. Wir können in jedem Alter ein gesünderes und lohnenderes Dasein beginnen.

Die Fähigkeiten des Körpers zur Wiederherstellung sind erstaunlich. So macht zum Beispiel ein Chirurg einen Einschnitt, entfernt oder korrigiert ein Problem und näht den Patienten wieder zu. Hier setzt die Selbstheilung des Körpers ein. Die Natur vervollständigt die Arbeit des Chirurgen. Wir alle besitzen diese wunderbare Fähigkeit zur Wiederherstellung der Gesundheit, sei es nach einem chirurgischen Eingriff oder von einem schlechten körperlichen Zustand, der durch Inaktivität und unkluge Ernährung hervorgerufen wurde.

Was hat Stretching mit alldem zu tun? Es ist das wichtige Glied zwischen dem inaktiven und dem aktiven Leben. Es hält die Muskeln geschmeidig, bereitet auf Bewegung vor und hilft, den täglichen Übergang von körperlicher Ruhe zu energischer Bewegung ohne übergroße Belastung zu schaffen. Es ist besonders wichtig, wenn du läufst, radfährst, Tennis spielst oder andere anstrengende Leibesübungen betreibst, denn solche Aktivitäten fördern Verspannungen und Bewegungsschwierigkeiten. Dehnen vor und nach den Übungen hält dich beweglich und wirkt Verletzungen entgegen, wie Muskelrissen am Schienbein und Entzündungen der Achillessehne vom Laufen, sowie Schmerzen in Schultern und Ellenbogen beim Tennis.

Angesichts der heute großen Anzahl von Menschen, die körperlich aktiv sind, ist richtige Information wichtiger denn je. Dehnen ist leicht, aber falsch durchgeführt bewirkt es eher Schaden als Nutzen. Aus diesem Grund ist es notwendig, die richtigen Techniken zu verstehen.

Seit 1970 arbeite ich mit Mannschaften von Amateur- und Berufssportlern zusammen und war an diversen sportmedizinischen Kliniken im ganzen Land tätig. Ich habe dabei unweigerlich entdeckt, daß nur wenige Leute – auch unter den Berufsathleten – wissen, wie Dehnungen richtig vorgenommen werden. Es ist mir gelungen, Sportlern beizubringen, daß Stretching ein einfacher, schmerzloser Weg ist, sich auf Bewegung vorzubereiten, und sie haben es genossen und leicht durchführbar gefunden. Und wenn sie regelmäßig und richtig dehnten, half es ihnen, Verletzungen zu vermeiden und ihre Leistungsmöglichkeiten voll auszuschöpfen.

Dehnen fühlt sich gut an, wenn es richtig durchgeführt wird. Du brauchst dabei deine Leistung nicht täglich zu steigern. Es sollte nicht zum persönlichen Wettbewerb werden, um zu sehen, wie weit du dehnen kannst. Die Übungen sollten deiner eigenen Muskelstruktur, deiner Gelenkigkeit und deinen varriierenden Spannungsebenen zugeschnitten sein. Am wichtigsten sind Regelmäßigkeit und Entspannung. Das Ziel ist, muskuläre Spannungen zu verringern und dadurch Bewegungsfreiheit zu fördern; nicht aber, sich darauf zu konzentrieren, extreme Gelenkigkeit zu erreichen, was oft zu Überdehnungen und Verletzungen führt.

Durch das Beobachten von Tieren können wir viel lernen. Betrachte mal einen Hund oder eine Katze. Sie wissen instinktiv, wie sie sich zu dehnen haben. Sie tun es spontan, ohne sich dabei jemals zu überdehnen, und halten die Muskeln, die sie gebrauchen werden, in einer gleichbleibenden und natürlichen Spannung.

Dehnen ist nicht mit Streß verbunden. Es ist friedlich, entspannend und nicht wetteifernd. Das subtile, kraftgebende Gefühl des Dehnens läßt dich mit deinen Muskeln in Kontakt treten. Es ist dem einzelnen völlig anpaßbar. Dehnen gibt dir die Freiheit, Du zu sein und dies zu genießen.

Jeder kann körperlich fit sein, wenn er die richtige Einstellung dazu hat. Du brauchst kein großer Sportler zu sein, aber du mußt langsam vorangehen, besonders am Anfang. Laß deinem Körper und deinem Geist Zeit, sich den Anforderungen körperlicher Aktivität anzupassen. Es gibt keinen Weg, in einem Tag Kondition zu erlangen.

Wenn du regelmäßig dehnst und häufig Körperübungen betreibst, wirst du lernen, Bewegung zu genießen. Vergiß nicht, daß jeder von uns ein einzigartiges physisches und geistiges Wesen ist, das sich in seinen eigenen Rhythmen wohlfühlt. Wir sind alle unterschiedlich in unserer Kraft, unserer Ausdauer, Beweglichkeit und unserem Temperament. Wenn du mehr über deinen Körper und seine Bedürfnisse erfährst, wirst du fähig werden, dein persönliches Potential zu entwickeln und allmählich ein Fundament an Kondition aufbauen, das dir ein ganzes Leben lang erhalten bleiben wird.

Wer dehnen sollte

Jeder kann Dehnen lernen, ungeachtet des Alters oder der Gelenkigkeit. Du mußt dafür keine hervorragende körperliche Kondition haben und auch keine besondere sportliche Begabung. Ob du den ganzen Tag über am Schreibtisch sitzt, Gruben gräbst, den Haushalt besorgst, am Fließband stehst, einen Lkw fährst oder regelmäßig Leibesübungen betreibst, es handelt sich um die gleichen Techniken des Dehnens. Die Methoden sind sanft und leicht und passen sich den individuellen Unterschieden in Muskelspannung und Gelenkigkeit an. Also, wenn du gesund bist und keine spezifischen körperlichen Probleme hast, kannst du lernen, risikolos zu dehnen.

Anmerkung: *Wenn du in jüngster Zeit gesundheitliche Probleme oder eine Operation gehabt hast, besonders an Gelenken oder Muskeln, oder wenn du seit längerem keine körperliche Aktivität betrieben hast, befrage bitte deinen Arzt, bevor du mit Dehn- oder Leibesübungen beginnst.*

Wann gedehnt werden sollte

Du kannst dehnen, wann immer dir danach ist, bei der Arbeit, im Auto, an der Bushaltestelle, einfach so beim Gehen, unter einem schattigen Baum nach einer Wanderung oder am Strand. Dehne vor und nach körperlichen Anstrengungen.

Hier einige Beispiele:

- Morgens, bevor der Alltag beginnt
- Am Arbeitsplatz zum Lösen nervlicher Spannung
- Nach langem Stehen oder Sitzen
- Wenn du dich steif fühlst
- Zu diversen Zeiten im Tagesablauf, wie zum Beispiel beim Fernsehen, Musikhören, Lesen oder beim Sitzen und Sichunterhalten

Warum dehnen

Weil Dehnübungen den Geist entspannen und den Körper konditionieren, sollten sie ein Teil deines täglichen Lebens sein. Du wirst entdecken, daß regelmäßiges Dehnen folgendes bewirkt:

- Verringert Muskelspannung und läßt den Körper sich entspannter fühlen.
- Fördert Muskelkoordinierung, indem es freiere, leichtere Bewegung ermöglicht.
- Vergrößert die Anzahl der Bewegungsmöglichkeiten.
- Verhindert Verletzungen wie Muskelzerrungen. Ein starker, bereits gedehnter Muskel verträgt Belastungen besser als ein starker, ungedehnter Muskel.
- Erleichtert anstrengende Aktivitäten wie Laufen, Skilaufen, Tennis spielen, Schwimmen und Radfahren, weil es auf die Übung vorbereitet. Es ist ein Weg, den Muskeln mitzuteilen, daß sie bald arbeiten werden.
- Entwickelt Körperbewußtsein. Wenn du diverse Körperteile dehnst, konzentrierst du dich auf sie und hast Kontakt zu ihnen. Du lernst dich kennen.
- Hilft, die Kontrolle des Gehirns über den Körper zu lockern, so daß er sich um seiner selbst willen bewegt, anstatt aus Gründen des Egos zum Wettstreit.
- Regt den Kreislauf an.
- Fühlt sich gut an.

Wie gedehnt wird

Dehnen ist leicht erlernbar. Aber es gibt einen richtigen und einen falschen Weg, sich zu dehnen. Der richtige ist ein entspanntes, kontinuierliches Dehnen, bei dem die Aufmerksamkeit den Muskeln gilt, die gestreckt werden. Der falsche Weg (den leider viele gehen) ist, auf und ab zu federn oder sich zu dehnen, bis Schmerz einsetzt. Diese Methoden können eher schaden als nützen.

Wenn du regelmäßig und richtig dehnst, wirst du merken, daß dir jede Bewegung, die du machst, leichter fällt. Es wird Zeit brauchen, bevor verspannte Muskeln und Muskelgruppen gelockert sind, aber diese Zeit ist schnell vergessen, wenn du beginnst, dich wohl zu fühlen.

Das leichte Dehnen

Wenn du eine Dehnung beginnst, verbringe 10 – 30 Sekunden in der leichten Dehnung. Kein Nachfedern! Mach weiter, bis du eine milde Spannung verspürst, und entspanne, während du die Dehnung hältst. Das Gefühl von Spannung sollte abklingen, während du in der Stellung bleibst. Sollte dies nicht geschehen, laß etwas nach und finde einen Grad der Spannung, der angenehm ist. Das leichte Dehnen verringert muskuläre Verspannung und bereitet die Gewebe auf das fortschreitende Dehnen vor.

Das fortschreitende Dehnen

Nach dem leichten Dehnen gehe langsam in das fortschreitende Dehnen über. Auch hier kein Federn. Gehe millimeterweise vor, bis du wiederum eine milde Spannung verspürst, und halte die Position für 10 – 30 Sekunden. Bleibe in Kontrolle. Auch hier sollte die Spannung nachlassen. Ist dies nicht der Fall, gib etwas nach. Das fortschreitende Dehnen trimmt die Muskeln und vergrößert ihre Beweglichkeit.

Atmen

Du solltest langsam, gleichmäßig und kontrolliert atmen. Wenn du dich vorbeugst, um dich zu dehnen, atme bei der Vorwärtsbewegung aus und dann langsam weiter, während du so bleibst. Halte beim Dehnen nicht die Luft an. Wenn dir eine Dehnlage natürliches Atmen erschwert, bist du offensichtlich nicht entspannt. Laß das Dehnen einfach etwas nach, so daß du natürlich atmen kannst.

Zählen

Zu Anfang zähle die Sekunden für jede Dehnung lautlos vor dich hin. Dies wird sicherstellen, daß du die richtige Spannung lange genug hältst. Nach einiger Zeit wirst du dich nach dem Gefühl des Dehnens richten, ohne dich durch Zählen ablenken zu lassen.

Der Dehnreflex

Deine Muskeln werden von einem Mechanismus geschützt, der Dehnreflex genannt wird. Wann immer du die Muskelfasern zu stark streckst (entweder durch Federn oder durch Überdehnen), reagiert ein Nervenreflex, indem er den Muskeln ein Signal zum Zusammenziehen erteilt. Dies bewahrt die Muskeln vor Schäden. Wenn du dich also zu weit dehnst, verhärtest du genau die Muskeln, die du zu dehnen versuchst! Du erlebst eine ähnlich unfreiwillige Muskelreaktion, wenn du versehentlich etwas Heißes berührst. Bevor du darüber nachdenken kannst, hat sich dein Körper vor der Hitze zurückgezogen.

Das Halten einer Dehnung an der Grenze des Möglichen oder das Auf- und Abfedern überanstrengt die Muskeln und aktiviert den Dehnreflex. Hierdurch werden Schmerzen verursacht sowie physische Schäden durch mikroskopische Risse im Muskelgewebe. Dieses Reißen führt zur Bildung von Narbengewebe innerhalb der Muskeln und damit zu einem allmählichen Verlust der Elastizität. Die Muskeln werden hart und schmerzhaft. Wie sollst du dich noch für tägliches Dehnen und Körperübungen begeistern, wenn diese potentiell schädlichen Methoden angewendet werden?

Viele von uns wurden in unseren Schuljahren davon überzeugt, daß ein Gewinn mit Schmerzen bezahlt werden müsse. Wir lernten, Schmerzen mit körperlicher Leistungsfähigkeit gleichzustellen, und es hieß: »... je mehr es weh tut, um so mehr hast du davon«. Aber laß dich nicht irreführen. Dehnen ist nicht schmerzhaft, wenn es richtig durchgeführt wird. Lerne, auf deinen Körper zu achten, denn Schmerz ist eine Indikation dafür, daß etwas falsch ist.

Dieses Diagramm zeigt eine ›Gute Dehnung‹:

← EINE DEHNUNG →		
← Eine leichte Dehnung →	← Der fortschreitende Teil des Dehnens →	← Eine starke Dehnung →
(20 – 30 Sekunden halten)	*(30 Sekunden oder länger halten)*	*(in der starken Dehnung nicht weiterdehnen)*

Das gradlinige Diagramm stellt die Dehnung dar, die den Muskeln und ihrem Bindegewebe möglich ist. Du wirst bemerken, daß deine Beweglichkeit auf natürliche Weise zunimmt, wenn du dehnst; erst in der leichten und dann in der fortschreitenden Phase. Durch regelmäßiges Dehnen mit einem guten, schmerzlosen Gefühl wirst du deine jetzigen Grenzen überschreiten können und dich deinem persönlichen Potential nähern.

Der Anfang

Nachdem du diese anfänglichen Dehnungen durchgeführt hast, wirst du ein Gefühl für richtiges Dehnen entwickeln. Es ist wichtig, sich der richtigen Körperausrichtung beim Dehnen bewußt zu sein und zu lernen, jede Dehnung so auszuführen, daß sie dem eigenen Körper entspricht. Sobald du gelernt hast, deinen Körper richtig zu dehnen, wird es dir leicht fallen, die Übungen in diesem Buch zu erlernen und sie anzuwenden.

> Die punktierten Bereiche markieren den Körperteil, in dem du die Dehnung wahrscheinlich spüren wirst. Da aber keine zwei Menschen gleich sind, kann es sein, daß du eine Dehnung nicht dort, sondern in anderen Bereichen spürst.

1

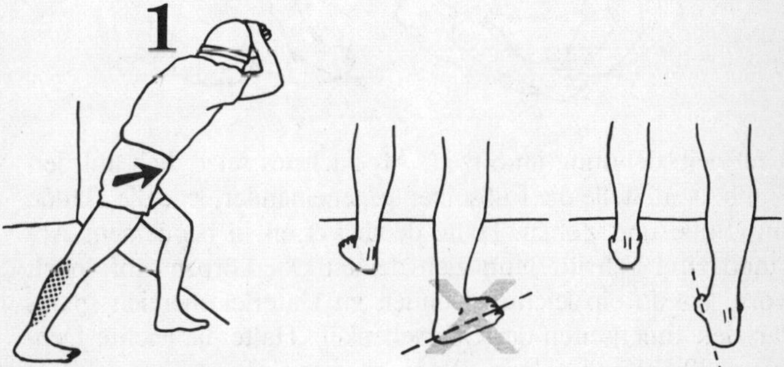

Fuß am Boden halten — **falsch** — **richtig** *Füße zeigen gerade nach vorn*

Wir fangen mit einer Wadendehnung an, einer Dehnung für die Rückseite des Unterschenkels und des Fußknöchels. Stell dich mit dem Gesicht zu einer Wand oder etwas anderem, das dir als Stütze dienen kann. Stell dich etwas davon entfernt, laß deine Unterarme an der Stütze ruhen, lege deine Stirn auf die Handrücken. Nun beuge ein Knie und bewege es vorwärts in Richtung Stütze. Das nach hinten zeigende Bein sollte gestreckt bleiben, der Fuß flach auf dem Boden und geradeaus zeigend, sogar etwas nach innen gedreht.

Ohne die Positionen der Füße zu verändern, bewege jetzt die Hüfte langsam nach vorn, während das nach hinten zeigende Bein gestreckt und der Fuß flach bleibt. Schaffe ein leichtes Gefühl des Dehnens in deinem Wadenmuskel.

Halte ein leichtes Dehnen 20 Sekunden lang, verstärke dann das dehnende Gefühl sehr geringfügig bis hin zu einem fortschreitenden Dehnen von weiteren 20 Sekunden. Nicht überdehnen.

Dehne nun die andere Wade. Fühlt sich ein Bein anders als das andere an? Ist das eine Bein flexibler als das andere?

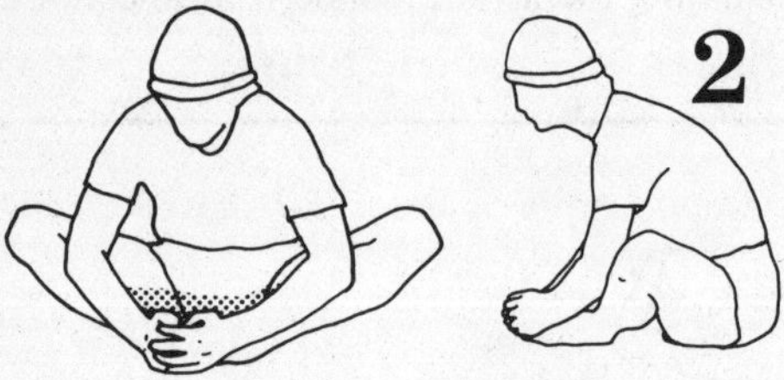

2

Unterleibsdehnung im Sitzen: Als nächstes setze dich auf den Fußboden. Stelle die Fußsohlen gegeneinander, lege die Hände um Füße und Zehen. Halte deine Fersen in bequemem Abstand zum Schritt. Nun zieh deinen Oberkörper sanft nach vorn, bis du ein leichtes Dehnen im Unterleibsbereich spürst (an den Innenseiten der Oberschenkel). Halte die leichte Dehnung 20 Sekunden lang. Wenn du es richtig machst, wird es sich gut anfühlen – je länger du die Dehnung hältst, um so weniger solltest du sie spüren. Wenn es ohne Überanstrengung möglich ist, halte deine Ellenbogen außerhalb der Unterschenkel. Dies wird dazu beitragen, daß deine Dehnungsposition stabil und ausgewogen ist.

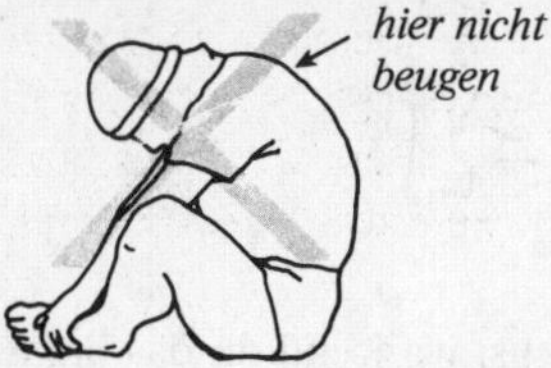

Leite die Bewegung nicht mit Kopf und Schultern ein. Dadurch runden sich die Schultern, und Druck entsteht im unteren Rücken.

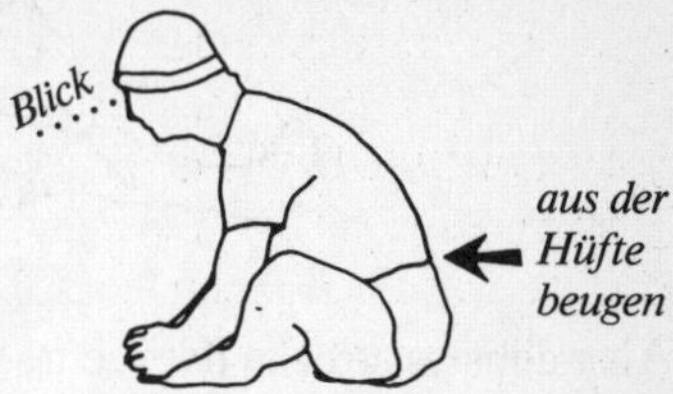

Konzentriere dich darauf, die Vorwärtsbewegung von der Hüfte aus einzuleiten. Halte den unteren Rücken gerade. Blicke nach vorne.

Sobald du fühlst, wie die Spannung leicht nachläßt, verstärke die Dehnung, indem du dich weiter behutsam nach vorn sinken läßt. Nun sollte sie etwas intensiver zu spüren sein, jedoch ohne Schmerzgefühl. So ca. 25 Sekunden lang halten. Wenn die Dehnung in dieser fortgeschrittenen Phase so richtig ist, sollte das Gefühl von Spannung leicht abklingen oder gleichbleiben, je länger die Dehnung gehalten wird, aber es sollte nicht zunehmen.

Komm langsam aus der Dehnung heraus. Bitte keine zuckenden, raschen oder federnden Bewegungen! Du mußt in jeder Dehnposition innehalten, so daß du wirklich fühlst, was in jeder Stellung geschieht.

3

Als nächstes strecke das rechte Bein aus, während du das linke Bein angezogen hältst. Die Sohle des linken Fußes sollte sich an der Innenseite des rechten Oberschenkels befinden. Halte das Knie des ausgestreckten Beines nicht durchgedrückt.

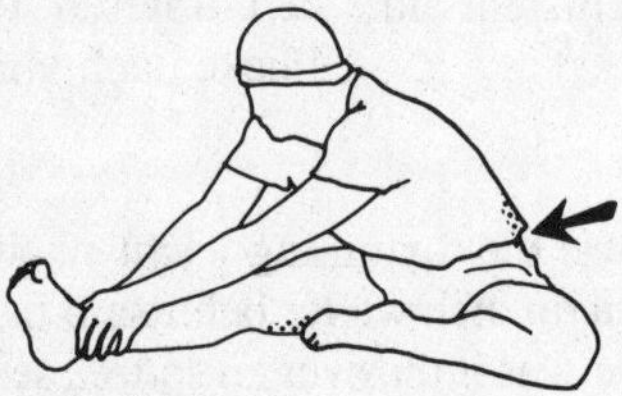

Dehne nun die Rückseite des rechten Oberschenkels (Kniebeuger) und die linke Seite des unteren Rückens (manche werden ein Dehnen im unteren Rücken spüren, andere nicht); beuge dich von der Hüfte nach vorn, bis ein leichtes Dehngefühl geschaffen ist. Halte diese leichte Dehnung 30 Sekunden lang. Wenn du meinst, die richtige Dehnung gefunden zu haben, fasse die vorderen Muskeln des rechten Oberschenkels (Kniestrecker, Quadrizeps) an, um sicherzustellen, daß diese entspannt sind. Sie sollten schwammig und weich sein, nicht gespannt oder hart.

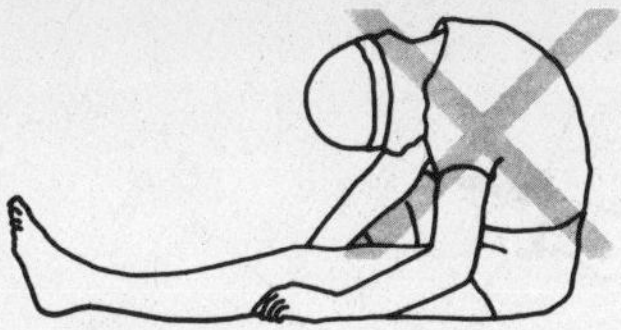

Um die Dehnung zu finden, mach die ausgängliche Bewegung nicht mit Kopf und Schultern. Versuche nicht, das Knie mit der Stirn zu berühren. Dies würde nur ein Nachhintenkippen von Hüfte und Becken begünstigen und die Schultern abrunden lassen.

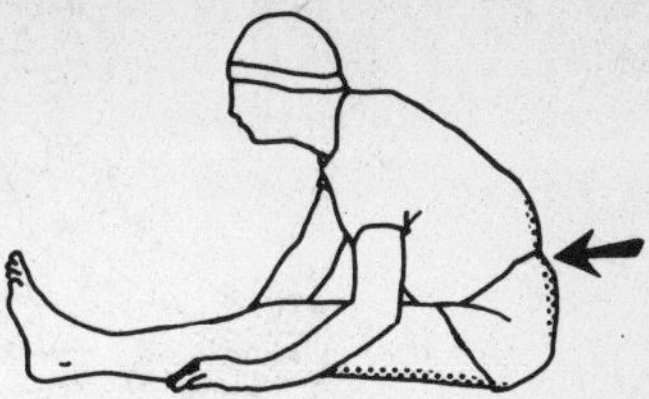

Beginne die Dehnung von der Hüfte aus. Halte das Kinn neutral, nicht nach oben oder unten gekippt. Das hilft, Kopf und Schultern beim Dehnen in einer guten Position zu halten. Halte die Schultern und Arme entspannt.

Vergewissere dich, daß der Fuß des zu streckenden Beines aufrecht ist, Knöchel und Zehen entspannt sind. Dies hilft dir, eine Linie durch Knöchel, Knie und Hüfte zu halten.

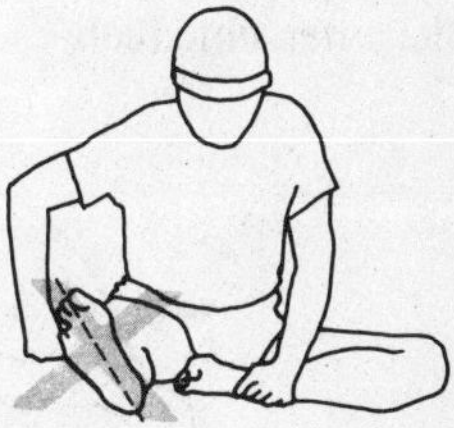

Laß dein Bein nicht nach außen drehen, da dies eine schiefe Linie zwischen Bein und Hüfte verursacht.

Falls erforderlich, spanne ein Handtuch um die Fußsohle, um dir die Dehnung zu erleichtern. Wenn du nicht sehr gelenkig bist, wird dir das Handtuch sehr helfen, die richtige Spannung zu schaffen und zu halten.

Nachdem das Gefühl der leichten Dehnung abgeklungen ist, geh langsam in die fortschreitende Dehnung über. Um sie zu finden, kann es genügen, dich nur geringfügig nach vorn zu beugen. Kümmere dich nicht darum, wie weit du gehen kannst. Eine sehr geringe Verstärkung deiner Beuge mag ausreichen, um die fortschreitende Phase zu schaffen. Nicht vergessen, wir sind alle unterschiedlich.

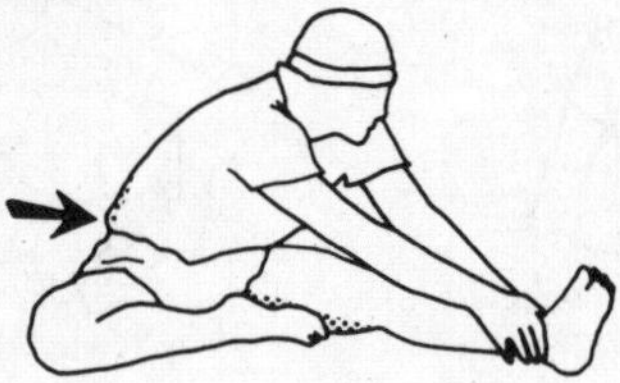

Nun komm langsam aus der Dehnung heraus. Führe dieselbe Dehnung auf der anderen Seite für die linken Kniebeuger und die rechte Seite des unteren Rückens durch. Vergiß nicht, die Oberseite des Schenkels entspannt zu halten, bei aufrechtem Fuß und entspannten Zehen. Mach zuerst eine leichte Dehnung von 30 Sekunden, finde dann langsam die fortschreitende Phase der Dehnung, und halte sie 25 Sekunden lang. Es braucht Zeit und persönliche Sensibilität, um richtig zu dehnen.

Entwickle deine Fähigkeit zu dehnen danach, wie du dich fühlst, und nicht danach, wie weit du dich strecken kannst.

4

Wiederhole die Unterleibsdehnung im Sitzen. Wie fühlt es sich im Vergleich zum erstenmal an? Gibt es da Unterschiede?

Einige Dinge sind wichtiger als nur die Konzentration auf vergrößerte Beweglichkeit:

1. Das Entspannen von verspannten Bereichen wie Füße, Zehen, Hände, Handgelenke, Schultern beim Dehnen
2. Du mußt lernen, wie du das richtige Dehngefühl finden und beherrschen kannst
3. Das bewußte Ausrichten von unterem Rücken, Kopf und Schultern und den Beinen während einer Dehnung
4. Das Anpassen an deinen sich verändernden Körper, der sich jeden Tag etwas anders anfühlt

5

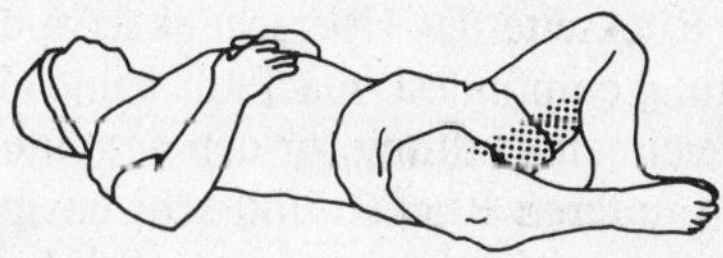

Unterleibsdehnung im Liegen: Lege dich nun auf den Rücken, und halte die Fußsohlen aneinander. Laß deine Knie auseinanderklappen. Entspanne die Hüfte, während die Schwerkraft eine sehr milde Dehnung im Bereich des Unterleibs hervorruft (Innenseiten der Oberschenkel). Bleibe 40 Sekunden lang in dieser sehr entspannten Lage. Konzentriere dich ernsthaft darauf, jegliche Spannung abzulegen, versuche nichts zu erzwingen. Das Dehngefühl wird unterschwellig eintreten und sollte auf natürliche Weise stattfinden.

6

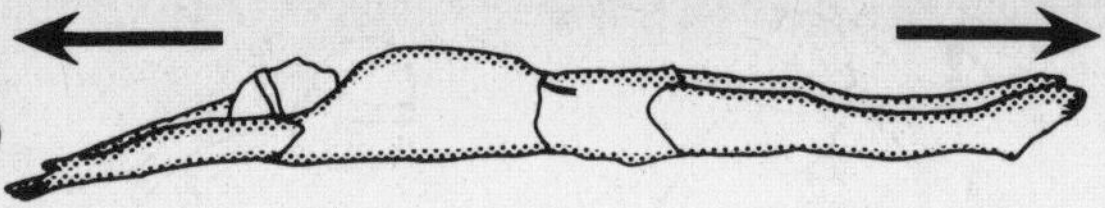

Strecke die Beine langsam gerade aus. Lege die Arme über Kopf, strecke sie von dir fort, während du die Zehen weg vom Körper schiebst. Dies ist eine Verlängerungsdehnung. Mach eine gut kontrollierte, 5 Sekunden lange Dehnung, dann entspanne dich. Wiederhole die Dehnung 3mal. Ziehe bei jedem Durchgang die Bauchmuskeln sanft ein, um deine Körpermitte dünn zu machen. Diese Übung streckt die Arme, Schultern, Wirbelsäule, Bauchmuskeln, die interkostalen Muskeln des Brustkorbes, die Füße und Fußgelenke. Es ist eine ausgezeichnete Dehnung für früh morgens, wenn du noch im Bett liegst.

7

Als nächstes beuge ein Knie, und zieh es behutsam an die Brust, bis du ein leichtes Dehnen spürst. Halte es so 40 Sekunden lang. Du kannst dabei eine Dehnung im unteren Rücken und in der Rückseite des Oberschenkels spüren. Falls du gar keine Dehnung empfindest, mach dir keine Gedanken. Dies ist eine ausgezeichnete Haltung für den gesamten Körper, vorteilhaft für den unteren Rücken und sehr entspannend. Mach es beidseitig und vergleiche dann. Lerne dich langsam kennen.

8

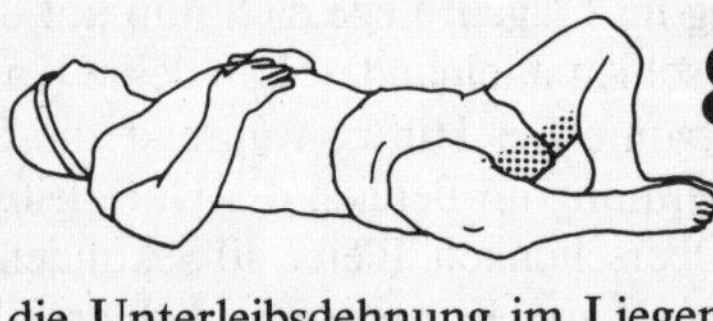

Wiederhole die Unterleibsdehnung im Liegen, und entspanne einfach 60 Sekunden lang. Laß jegliche Spannung der Füße, Hände und Schultern von dir abfallen. Vielleicht machst du dies lieber mit geschlossenen Augen.

Das Aufstehen aus dem Liegen:

Beuge beide Knie, und roll dich auf eine Seite. Während du auf der Seite ruhst, schiebe dich mit den Händen hoch in eine sitzende Position. Indem du Hände und Arme so einsetzt, schonst du den Rücken vor Druck und Anstrengung.

9

Wiederhole nun die Dehnungen der Kniebeuger. Hat sich dein Körper in irgendeiner Weise verändert? Fühlst du dich beweglicher und entspannter als vor dem Dehnen?

Viele der Dehnungen sollten 30–60 Sekunden lang gehalten werden, aber später wird die Dauer der Dehnungen variieren. Manchmal wirst du eine länger halten wollen, weil du gerade an dem Tag besonders verspannt bist oder weil dir eine Übung besonderen Spaß macht. Vergiß nicht, daß sich keine zwei Tage gleichen, also mußt du deine Dehnungen danach abwägen, wie du dich zur Zeit gerade fühlst.

Zusammenfassung

Dies sind nur einige Dehnungen, um dir einen Einstieg zu ermöglichen. Ich möchte, daß du verstehst, daß Dehnen kein Wettbewerb der Beweglichkeit ist. Deine Beweglichkeit wird auf natürliche Weise durch richtiges Dehnen zunehmen. Mach die Dehnübungen mit Gefühlen, die dir Freude bringen.

Die Dehnübungen

Der folgende Teil enthält die verschiedenen Dehnübungen, samt Anweisungen für jede Position. Sie sind als Serie dargestellt, jedoch kann jede einzeln durchgeführt werden, unabhängig von den anderen.

Die Zeichnungen illustrieren die verschiedenen Positionen, aber du brauchst dich nicht so weit zu dehnen, wie es die Bilder zeigen. Dehne nach deinem eigenen Gefühl, ohne es den gezeigten Figuren genau nachmachen zu wollen. Paß jede Dehnung deiner persönlichen Beweglichkeit an, die von Tag zu Tag unterschiedlich sein wird.

Lerne die Dehnübungen für die jeweiligen Körperteile, und konzentriere dich vorerst auf die Bereiche, die am verspanntesten sind. Die folgenden zwei Seiten zeigen die Muskeln und Körperteile.

Register für Dehnübungen

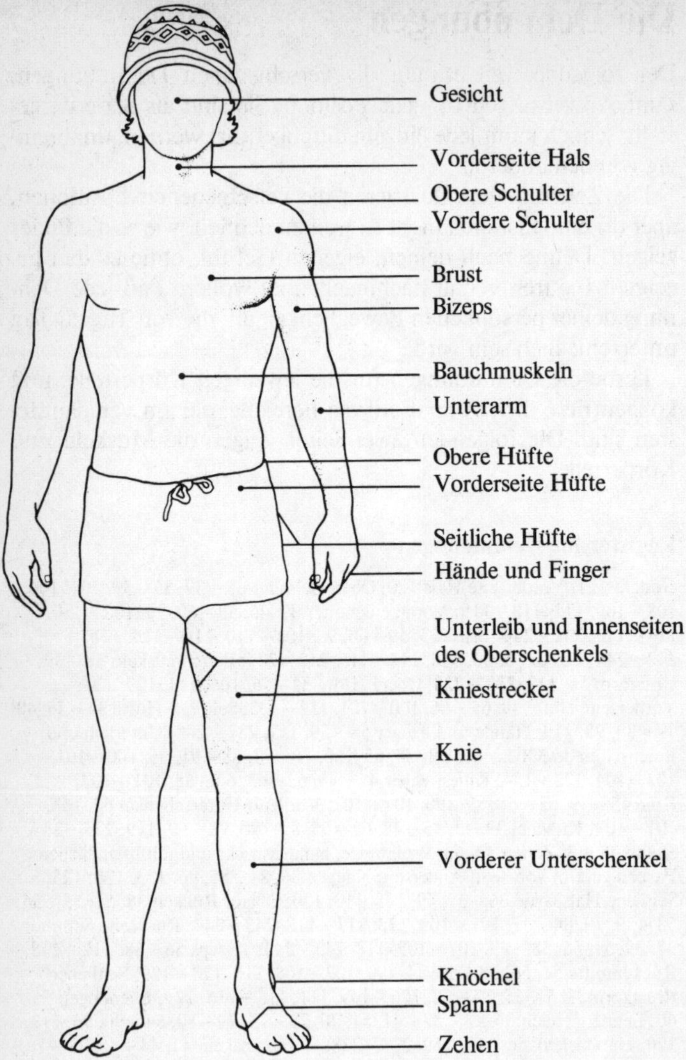
Gesicht
Vorderseite Hals
Obere Schulter
Vordere Schulter
Brust
Bizeps
Bauchmuskeln
Unterarm
Obere Hüfte
Vorderseite Hüfte
Seitliche Hüfte
Hände und Finger
Unterleib und Innenseiten des Oberschenkels
Kniestrecker
Knie
Vorderer Unterschenkel
Knöchel
Spann
Zehen

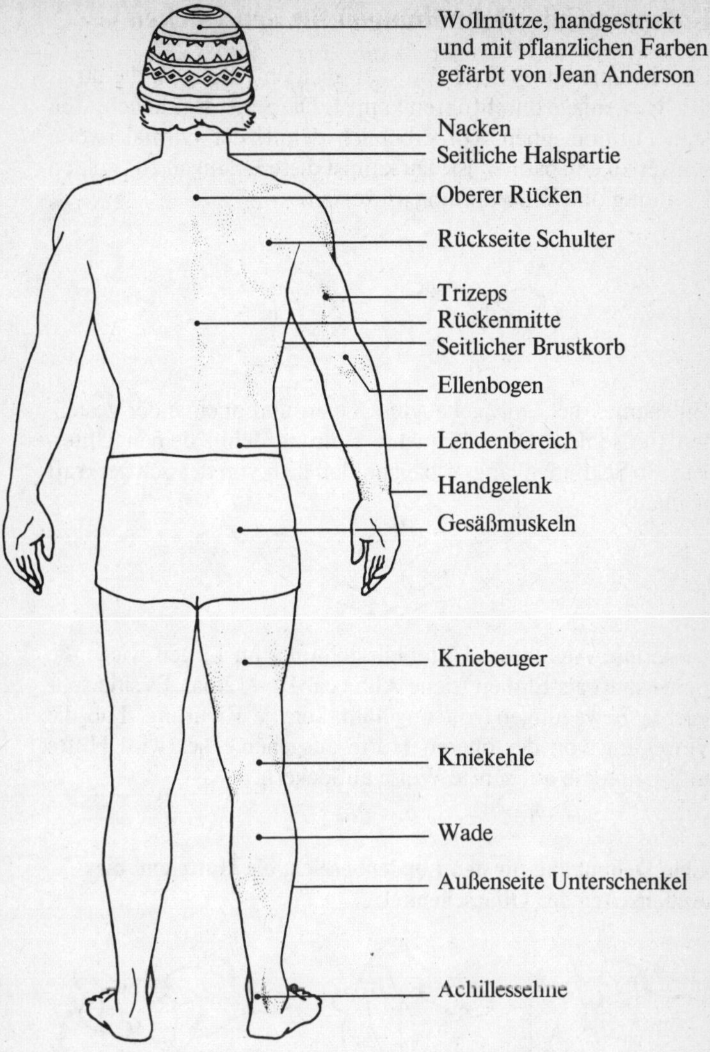
Wollmütze, handgestrickt und mit pflanzlichen Farben gefärbt von Jean Anderson
Nacken
Seitliche Halspartie
Oberer Rücken
Rückseite Schulter
Trizeps
Rückenmitte
Seitlicher Brustkorb
Ellenbogen
Lendenbereich
Handgelenk
Gesäßmuskeln
Kniebeuger
Kniekehle
Wade
Außenseite Unterschenkel
Achillessehne

Entspannende Dehnübungen für den Rücken

Dies ist eine kurze Serie von sehr leichten Übungen, die du in der Rückenlage durchführen kannst. Die Serie ist nützlich, weil jede Position einen Körperbereich dehnt, der normalerweise schwer zu entspannen ist. Du kannst diese Übungen zur milden Dehnung und Entspannung anwenden.

Entspanne dich, mit gebeugten Knien und aneinander gestellten Fußsohlen. Diese bequeme Haltung dehnt deinen Unterleib. 30 Sekunden lang so bleiben; laß dich von der Schwerkraft dehnen.

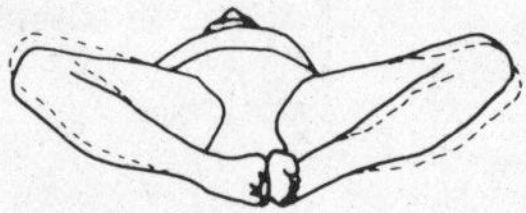

Variation: Aus dieser Unterleibsdehnung im Liegen wiege die Beine sanft als Einheit (siehe Abb.) ca. 10 – 12mal. Es sind sehr leichte Bewegungen von ungefähr 2cm je Richtung. Laß die Bewegung von der oberen Hüfte ausgehen. Dies wird Hüfte und Unterleib auf sanfte Weise auflockern.

Eine Dehnübung für den Lendenbereich, die Hüfte und die Außenseiten der Oberschenkel:

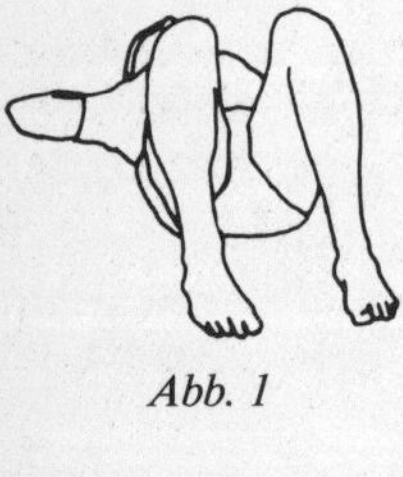

Abb. 1

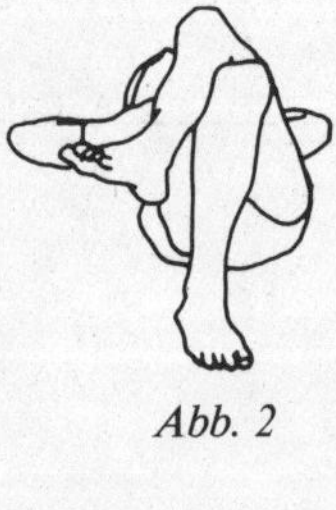

Abb. 2

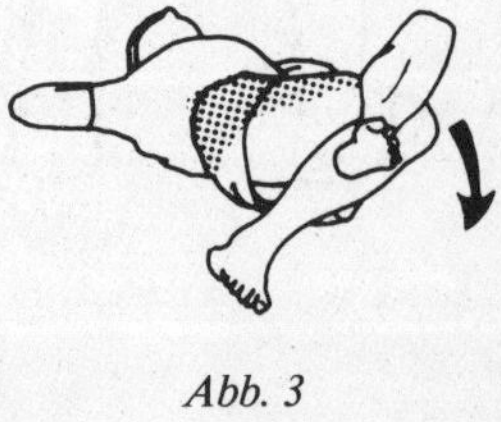

Abb. 3

Nachdem du den Unterleibbereich sanft gedehnt hast, bringe die Knie zusammen, und stelle die Fußsohlen auf den Boden. Falte die Hände hinter dem Kopf, und laß die Arme auf dem Boden ruhen (Abb. 1). Hebe jetzt das linke Bein über das rechte (Abb. 2). Nun zieh das linke Bein mit dem rechten in Richtung Boden (Abb. 3), bis du eine gute Dehnung entlang der Hüftenseite oder im Lendenbereich spürst. Dehne und bleibe entspannt. Halte den oberen Rücken, den Hinterkopf, die Schultern und Ellenbogen flach auf dem Boden. 30 Sekunden lang halten. Es ist nicht das Ziel der Übung, den Boden mit dem rechten Knie zu berühren, sondern dich innerhalb deiner Grenzen zu dehnen. Wiederhole die Übung zur anderen Seite, indem das rechte Bein über das linke kreuzt und es nach rechts herunterzieht.

Diese Dehnübung kann eine große Hilfe bei Ischiasproblemen* im unteren Rücken sein. Falls du sie hast, halte nur Dehnspannungen, die sich gut anfühlen. Dehne nie bis zum Eintreten von Schmerzen.

Variation: Manche Menschen, besonders Frauen, werden hierbei keine Dehnung spüren. Falls dies bei dir so ist, schaffe Gegenspannung, um eine Dehnung zu erreichen:

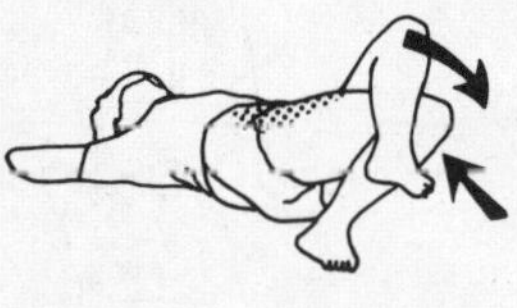

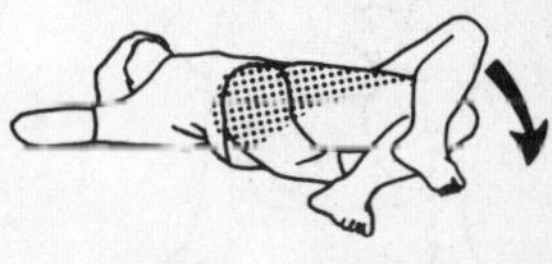

Halte dafür das rechte Bein mit dem linken und zieh es herab, während du versuchst, das rechte Bein wieder aufzurichten (da du es aber mit dem linken hältst, wird es sich nicht bewegen). Du erreichst damit eine Dehnung der rechten Hüftgegend. Diese Technik ist gleich gut für Menschen, die in diesem Be-

* Die Ischiasnerven sind die längsten und größten Nerven des Körpers. Sie treten im Lendenbereich der Wirbelsäule aus und durchziehen die Beine hinab bis zu den Zehen.

reich sehr verspannt oder locker sind. Diese Variation läßt sich auch in eine Serie von Dehnungen eingliedern; beginne mit der Übung für Lende, Hüfte und Außenseite Oberschenkel (S. 34, Abb. 1 – 3), dann bau die Variation ein, entspanne, und wiederhole die erste Übung.

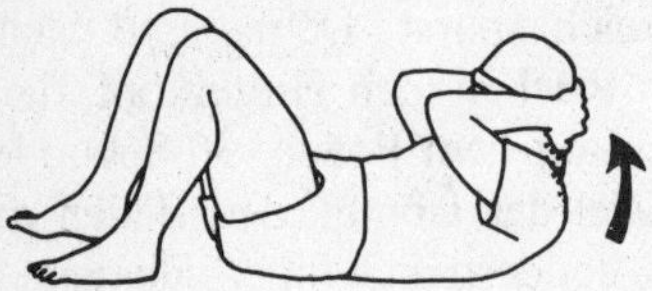

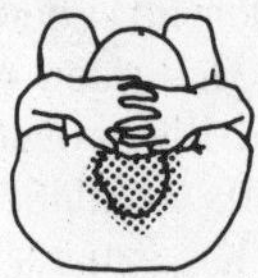

Von der Ausgangsposition der letzten Dehnung für den Rücken kannst du auch die obere Wirbelsäule und den Nacken dehnen. Diese Dehnübung verringert Spannung im Nackenbereich und erlaubt freiere Bewegung von Kopf und Hals.

Falte die Hände hinter dem Kopf auf Ohrenhöhe. Mit der Kraft der Arme zieh deinen Kopf nun langsam vorwärts, bis du ein leichtes Dehnen im Genick spürst. Halte diese Position 5 – 10 Sekunden lang, dann kehre langsam in die Ausgangsstellung zurück. Mach diese Übung 3 – 4mal, um die obere Wirbelsäule und den Nacken allmählich aufzulockern.

Variationen: Zieh Kopf und Kinn behutsam zum linken Knie, halte so 5 Sekunden lang. Entspanne und leg deinen Kopf wieder auf den Boden, dann zieh ihn genauso zum rechten Knie. Wiederhole dies abwechselnd 2 – 3mal.

Mit dem Hinterkopf auf dem Boden wende das Kinn zur Schulter hin, wobei der Kopf aufliegen bleibt. Wende das Kinn nur so weit wie nötig, um eine leichte Dehnung der Halsseite zu erreichen. So 5 Sekunden lang halten, dann zur anderen Seite hin wiederholen. Mach die Übung 2 – 3mal.

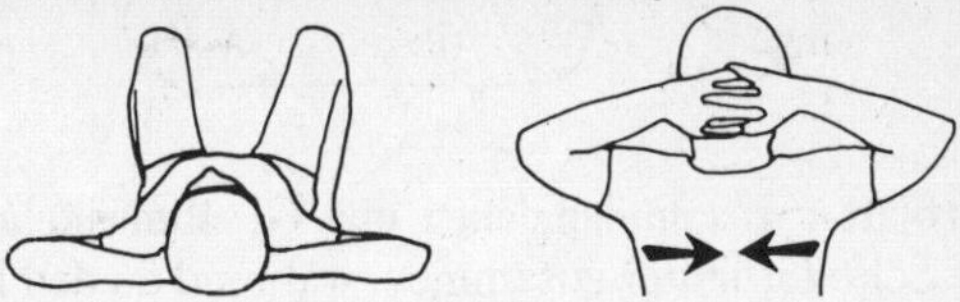

Schulterblätter zusammenziehen: Aus der Rückenlage mit angewinkelten Knien, die Hände hinter dem Kopf gefaltet, zieh die Schulterblätter zusammen, um Spannung im oberen Rükken zu schaffen. Dabei sollte sich die Brust hoch wölben. Halte diese kontrollierte Spannung 4 – 5 Sekunden lang, entspanne und zieh den Kopf langsam vorwärts, wie auf Seite 36 gezeigt. Dies hilft Spannung abzubauen und erlaubt ein besseres Dehnen des Halses.

Denke daran, Spannung zu schaffen, denselben Bereich zu entspannen, dann das Genick anzuspannen, so daß die Halsmuskeln Bewegungsfreiheit haben. Wiederhole dies 3 – 4mal.

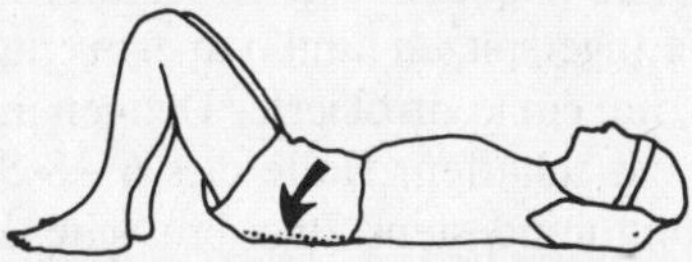

Flachmachen des Lendenbereiches: Um Verspannungen im unteren Rücken zu beheben, spanne die Gesäßmuskeln und gleichzeitig die Bauchmuskeln an, so daß der Lendenbereich flach liegt. Halte die Spannung 5 – 8 Sekunden und entspanne. Wiederhole dies 2 – 3mal. Konzentriere dich auf gleichbleibende Muskelkontraktion. Die Übung des Beckenaufrichtens stärkt die Gesäß- und Bauchmuskeln, so daß du beim Sitzen und Stehen eine gute Haltung haben kannst. Wende diese Spannungskontrollen beim Sitzen und Stehen an.

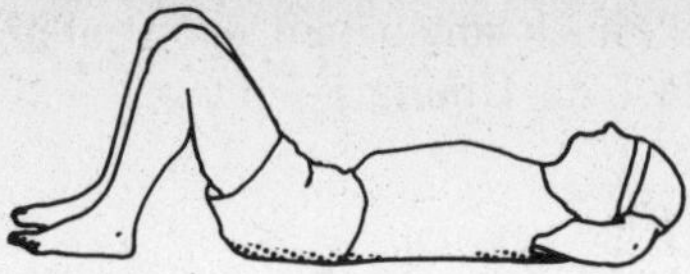

Schulterblätter zusammenziehen und Gesäßmuskeln spannen: Zieh die Schulterblätter zusammen, während du den Lendenbereich flachmachst und die Gesäßmuskeln anspannst. So 5 Sekunden lang halten. Entspanne dich, und zieh den Kopf nach vorn, um die Nackenmuskeln und den oberen Rücken zu dehnen. Wiederhole das Ganze 3–4mal. Es fühlt sich sehr gut an.

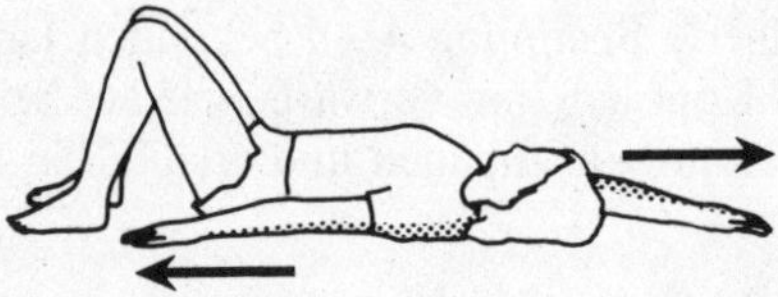

In der Rückenlage mit angewinkelten Knien, Kopf auf dem Boden, lege einen Arm über Kopf, Handfläche nach oben, und den anderen Arm entlang deiner Seite, Handfläche nach unten. Nun strecke die Fingerspitzen (und Arme) in entgegengesetzten Richtungen aus, um ein kontrolliertes Dehnen in den Schultern und im Rücken zu schaffen. Halte dies 6–8 Sekunden lang. Mach diese Übung mindestens 2mal pro Seite. Halte den Lendenbereich entspannt und flach.

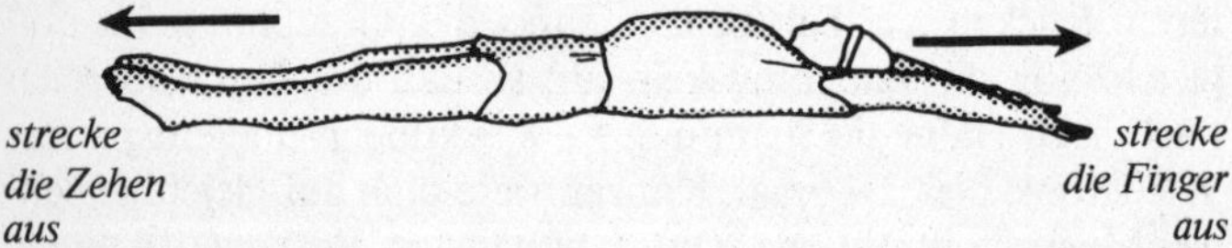

Verlängerungsdehnen: Strecke die Arme über Kopf und die Beine geradeaus. Nun strecke beide in entgegengesetzter Richtung, so weit, wie es sich noch gut anfühlt. Strecke dich so 5 Sekunden lang, entspanne dann.

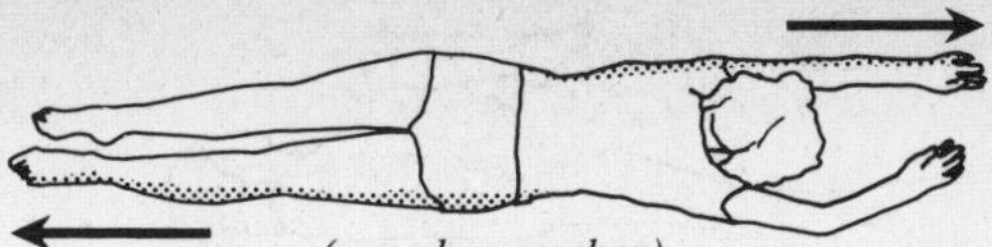

(von oben gesehen)

Nun dehne dich diagonal. Strecke die Zehen des linken Fußes von dir, während du den rechten Arm hoch von dir schiebst, solange die Übung bequem ist. Halte die Position 5 Sekunden lang und entspanne. Dehne das rechte Bein und den linken Arm in derselben Weise. Halte jede Dehnung für mindestens 5 Sekunden, dann entspanne.

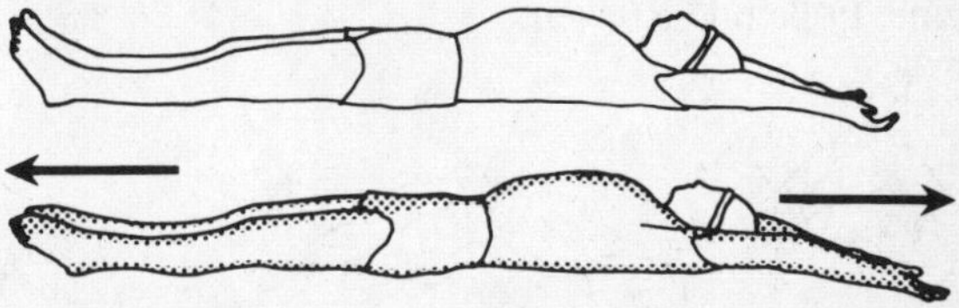

Jetzt strecke beide Arme und beide Beine gleichzeitig von dir, bleibe so 5 Sekunden lang und entspanne. Dies ist eine gute Dehnübung für die Muskeln des Brustkorbes, die Bauchmuskeln, die Wirbelsäule, sowie für Schultern, Arme, Fußknöchel und Füße.

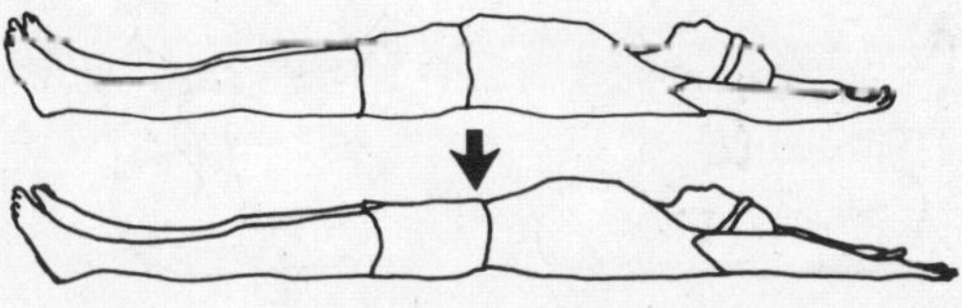

Als Variation dieser Dehnung zieh die Bauchmuskeln ein, während du dich streckst. Dadurch wirst du dir dünn vorkommen. Eine ausgezeichnete Übung für die inneren Organe.

Du kannst diese Dehnübungen so oft wiederholen wie du möchtest. Meistens sind drei Durchgänge ausreichend, um allgemeine Körperspannung zu lösen. Du könntest sie kurz vor dem Einschlafen durchführen.

Zieh das rechte Bein zur Brust hin. Bei dieser Übung halte den Kopf auf dem Boden oder der Matte, wenn möglich, jedoch nicht krampfhaft. Halte eine leichte Dehnung 30 Sekunden lang. Wiederhole den Vorgang mit dem linken Bein. Achte darauf, daß der Beckenbereich flach liegenbleibt. Falls du keine wirkliche Dehnung spürst, mach dir keine Gedanken. Wenn sich die Übung gut anfühlt, verwende sie. Sie ist sehr nützlich für Beine, Füße und Rücken.

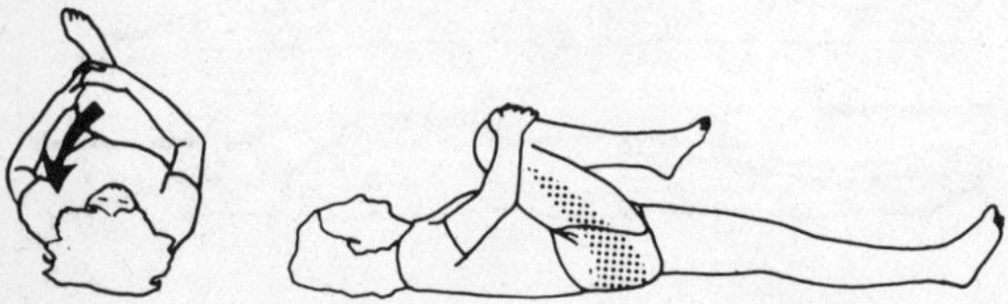

Variation: Zieh das Knie zur Brust hin, dann über den Körper zur entgegengesetzten Schulter, um eine Dehnung an der Außenseite der Hüfte zu schaffen. Halte eine leichte Dehnung 20 Sekunden lang. Mach die Übung beidseitig.

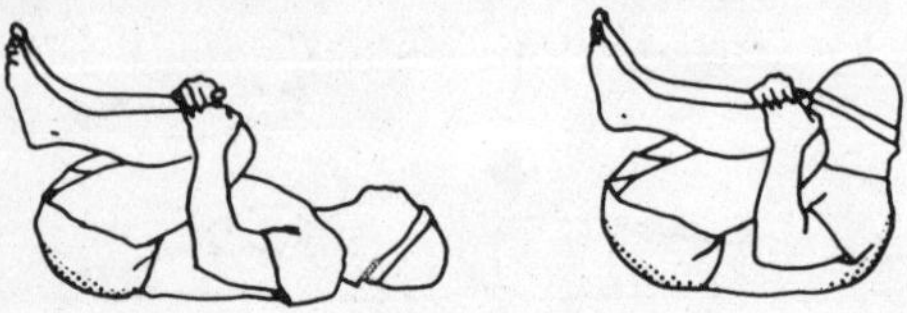

Nachdem die Beine einzeln zur Brust gezogen wurden, zieh sie jetzt zusammen hoch. Konzentriere dich darauf, den Hinterkopf auf dem Boden zu halten, dann roll ihn hoch zu den Knien.

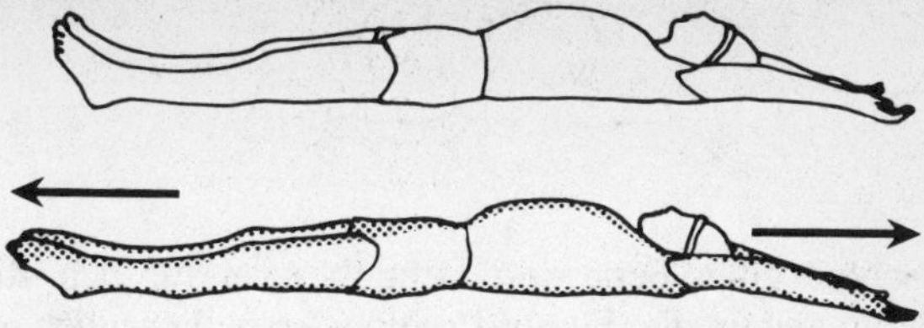

Strecke wiederum beide Beine gerade aus. Dehne und entspanne dann.

Eine Dehnung für den Lendenbereich und die Hüftseite

Beuge ein Knie bis 90°, und ziehe dieses Bein mit der gegenüberliegenden Hand über das andere Bein (siehe Abb.). Der andere Arm ist ausgestreckt. Mit dem Kopf am Boden sieh diesen Arm entlang. Zieh das gewinkelte Bein hinab, bis du das richtige Dehngefühl im unteren Rücken und der Hüftseite bekommst. Halte Füße und Knöchel entspannt. Die Schultern sollten flach aufliegen. Wenn dies nicht so ist, wird eine richtige Dehnung wegen des veränderten Winkels zwischen Schultern und Hüfte schwierig. Halte eine leichte Dehnung 30 Sekunden lang pro Seite.

Um die Dehnung in den Gesäßmuskeln zu verstärken, greife über dem Knie unter und hinter den Oberschenkel. Zieh das Knie langsam zur gegenüber befindlichen Schulter, bis die richtige Dehnung eintritt. Halte beide Schultern flach auf dem Boden. Halte die Lage 15 – 25 Sekunden lang.

Am Schluß einer Serie von Dehnübungen für den Rücken kannst du dich in die ›Foetus-Position‹ legen. Lege dich mit angezogenen Beinen auf die Seite, und laß den Kopf auf den Händen ruhen. Entspanne.

Zusammenfassung

Lerne, deinem Körper zuzuhören. Wenn sich Spannung anstaut oder Schmerzen auftreten, versucht dir dein Körper mitzuteilen, daß etwas falsch ist, daß es ein Problem gibt. Wenn das passiert, laß etwas von der Übung ab, bis sich die Dehnung richtig anfühlt.

Dehnübungen für die Beine, Füße und Fußgelenke

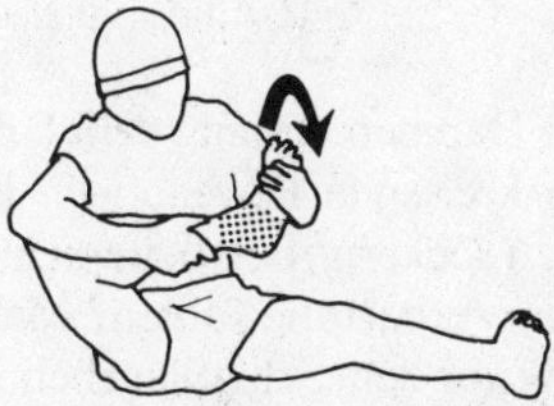

Drehe deinen Knöchel im Uhrzeigersinn und entgegengesetzt mit der ganzen Skala der Bewegungen, mit geringem Widerstand durch deine Hand. Drehbewegungen des Knöchels sind sehr wirksam, um verspannte Bänder sachte zu dehnen. Wiederhole dies 10 – 20mal in jeder Richtung. Mach dies mit beiden Fußknöcheln und fühle, ob es Unterschiede der Verspannung und der Beweglichkeit gibt. Manchmal ist ein Knöchel, der verstaucht war, etwas schwächer und verhärteter im Gefühl. Dieser Unterschied kann unbemerkt bleiben, bis du mit jedem Knöchel einzeln arbeitest und sie vergleichst.

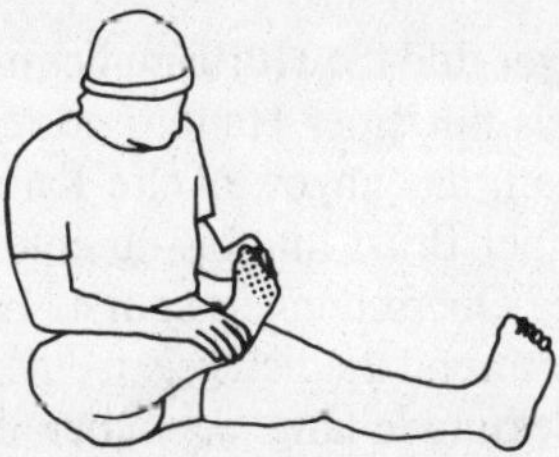

Als nächstes nimm die Finger, um die Zehen behutsam zu dir zu ziehen, damit die Oberseite des Fußes und die Sehnen der Zehen gedehnt werden. Halte eine leichte Dehnung 10 Sekunden lang, wiederhole dies 2 – 3mal.

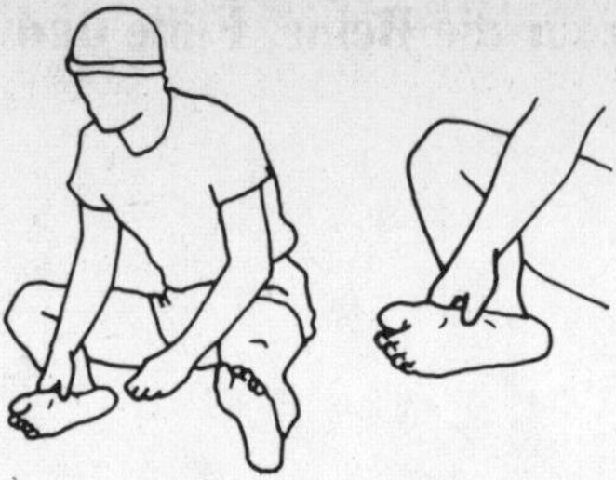

Massiere mit dem Daumen entlang dem längslaufenden Spann des Fußes. Mach kreisende Bewegungen mit einigem Druck, um das Gewebe zu lockern. Bearbeite beide Füße. Kannst du Verspannung oder Verhärtung fühlen? Massiere beide Spanne 2–3 Minuten lang vor dem Schlafengehen. Es wird deine Füße entspannen. Dies ist eine gute Übung, die auch spontan beim Fernsehen durchgeführt werden kann. Massiere mit einem Druck, der sich gut anfühlt.

Um die Kniebeuger und die Hüfte zu dehnen, halte die Außenseite des Knöchels mit einer Hand, und lege die andere Hand samt Unterarm um das angewinkelte Knie. Zieh das gesamte Bein sanft zu deiner Brust hin, bis du eine leichte Dehnung in der Rückseite des Oberschenkels spürst. Es kann sein, daß du dies lieber tust, während du dich gegen eine Stütze lehnst. Halte die Position 20 Sekunden lang. Sei sicher, daß das Bein als Einheit bewegt wird, damit das Knie nicht angestrengt wird. Nun verstärke die Dehnung geringfügig, indem du das Bein etwas näher heranziehst. Halte diese fortschreitende Dehnung 20 Sekunden lang. Mach die Übung beidseitig. Ist ein Bein beweglicher als das andere?

Für manche wird diese Position keine spürbare Dehnung ergeben. In diesem Fall empfiehlt sich die folgende Übung.

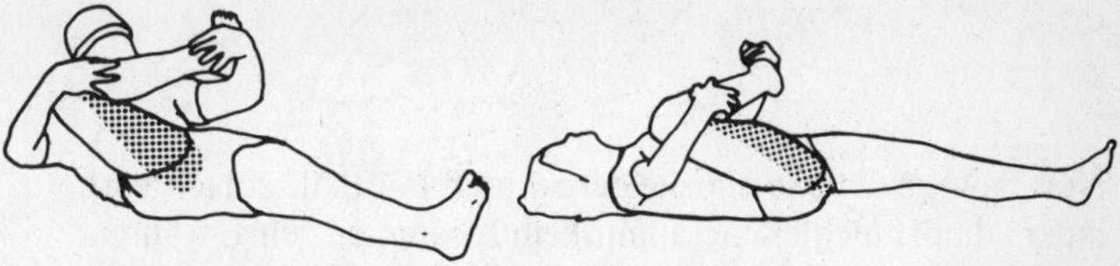

Beginne diese Dehnübung im Liegen, dann beuge dich vorwärts, um das Bein wie oben beschrieben zu halten. Zieh das ganze Bein sanft heran, bis du eine leichte Dehnung im Gesäß und in den oberen Kniebeugern spürst. So 20 Sekunden lang halten. Diese Dehnung aus der Rückenlage heraus bewirkt eine stärkere Dehnung für diejenigen, die in diesem Körperbereich relativ flexibel sind. Mach die Übung mit beiden Beinen und vergleiche.

Experimentiere: Vergleiche die Wirkung dieser Übung, wenn dein Kopf flach liegt und wenn er angehoben ist. Halte die Dehnungen immer im Bereich deines Wohlgefühls.

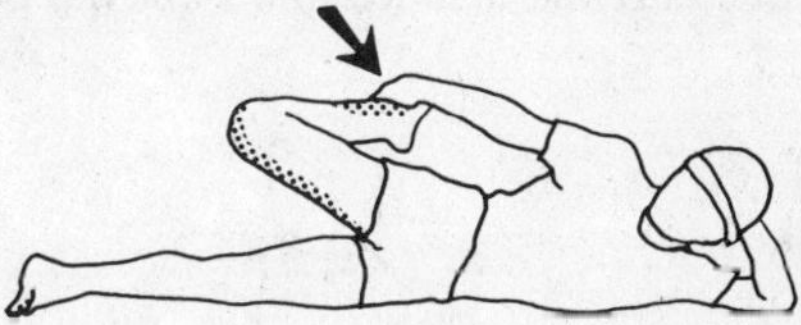

Lege dich auf die linke Seite, und stütze den Kopf mit der linken Hand ab. Halte die Oberseite des rechten Fußes zwischen Zehen und Knöchel mit der rechten Hand. Zieh die Ferse vorsichtig zur rechten Gesäßhälfte hin, um Fußgelenk und Kniestrecker zu dehnen. Halte eine leichte Dehnung 10 Sekunden lang. Dehne das Knie nie bis es schmerzt. Behalte die Kontrolle.

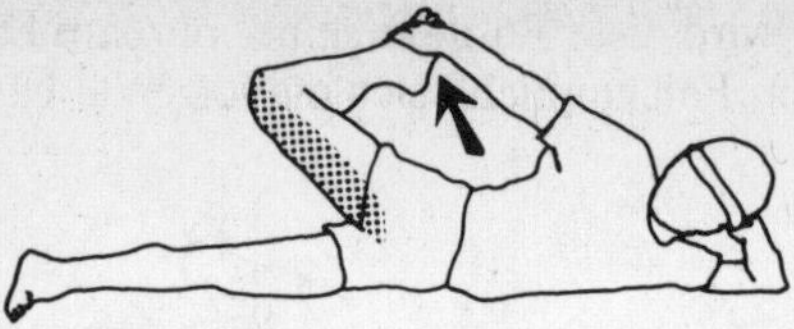

Nun bewege die Vorderseite der rechten Hüfthälfte nach vorn, indem du die rechten Gesäßmuskeln zusammenziehst, während du den rechten Fuß in deine rechte Hand schiebst. Dies sollte den vorderen Oberschenkel dehnen. Halte den Körper in einer geraden Linie, und bleibe so 10 Sekunden lang. Nun dehne das linke Bein in derselben Weise. Du kannst eine gute Dehnung in der vorderen Schulter erreichen. Anfangs kann es schwierig sein, dies länger zu halten. Arbeite einfach an der richtigen Dehnmethode, ohne dir über deine Beweglichkeit oder dein Aussehen Gedanken zu machen. Regelmäßiges Dehnen wird positive Veränderungen bewirken.

Solltest du bei diesen Dehnübungen Probleme mit den Knien erleben, dann mach die Übungen nicht. Wende lieber die Technik der gegenüberliegenden Hände und Füße auf Seite 102 an.

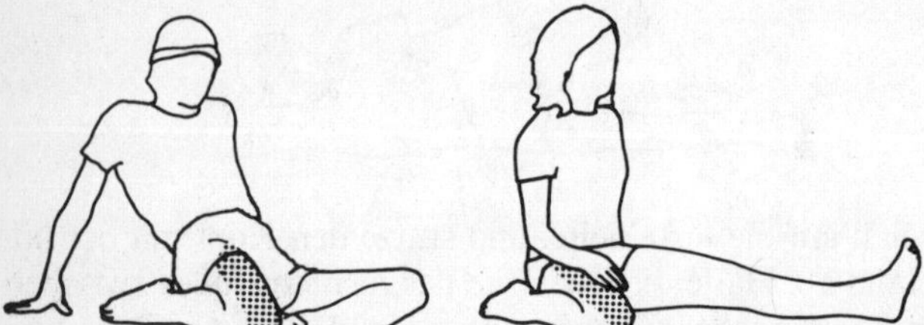

Eine Dehnübung im Sitzen für die Kniestrecker: Setz dich mit angewinkeltem rechten Bein hin, die Ferse dicht neben der rechten Hüftseite. Das linke Bein ist gebeugt, und die Fußsohle liegt parallel zur Innenseite des rechten Oberschenkels. (Du kannst diese Dehnübung auch mit ausgestrecktem linken Bein machen.)

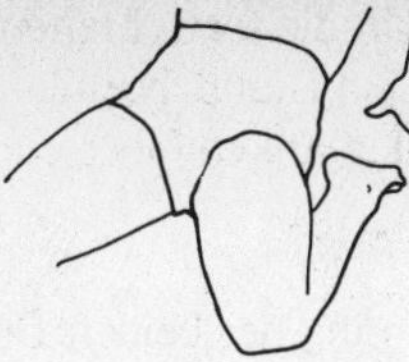

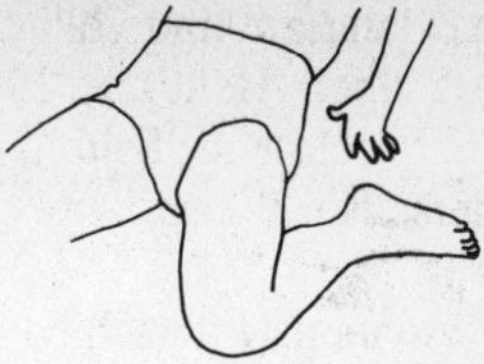

In dieser Dehnhaltung sollte der Fuß nach hinten ausgestreckt sein, bei gestrecktem Fußgelenk. Ist das Gelenk so verhärtet, daß es die Übung beeinträchtigt, rücke den Fuß gerade so zur Seite, daß die Spannung im Gelenk nachläßt.

Sei bemüht, den Fuß in dieser Lage nicht seitwärts herausstehen zu lassen. Indem du den Fuß nach hinten streckst, entlastest du die Kniekehle. Je mehr der Fuß zur Seite zeigt, um so mehr wird das Knie belastet.

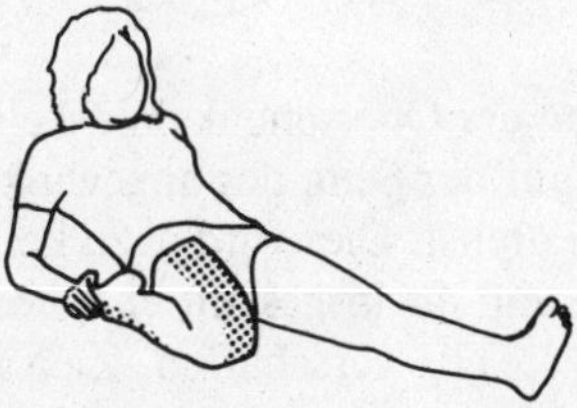

Lehne dich jetzt gerade nach hinten, bis du eine leichte Dehnung spürt. Nimm die Hände als Stützen. Halte diese leichte Dehnung 30 Sekunden lang.

Manche Leute werden sich wesentlich weiter zurücklehnen müssen als andere, um zu der richtigen Dehnspannung zu kommen. Und andere werden die richtige Dehnung erreichen, ohne sich überhaupt zurückzulehnen. Achte nur darauf, wie du dich fühlst, und kümmere dich nicht darum, wie weit du es schaffst.

Laß dein Knie nicht vom Boden oder der Matte abheben. Wenn das Knie hochkommt, überdehnst du durch zu weites Zurücklehnen. Gib etwas nach.

Geh jetzt langsam und völlig kontrolliert in die fortschreitende Dehnung über. Halte sie 25 Sekunden lang, und beende sie langsam. Wechsle die Seiten, und dehne den linken Oberschenkel in derselben Weise.

Spürst du einen Unterschied in der Spannung der beiden Dehnungen? Ist eine Seite lockerer als die andere? Ist eine Seite beweglicher?

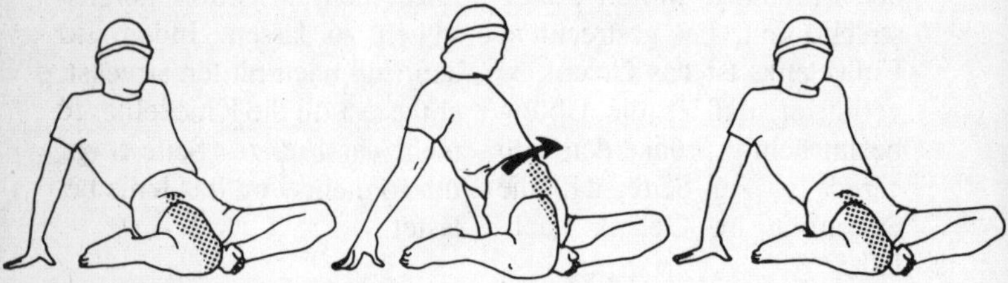

Nach dem Dehnen der Oberschenkelmuskeln übe das Anspannen des Gesäßes auf der Seite des angewinkelten Beines, während du die Hüfte drehst. Dies wird dazu beitragen, die vordere Hüfte zu dehnen und dir insgesamt eine bessere Dehnung des oberen Schenkelbereichs verschaffen. Zieh die Gesäßmuskeln 5 – 8 Sekunden lang zusammen, und laß sie dann entspannen. Laß die Hüfte absinken, und dehne die Oberschenkelmuskeln weitere 15 Sekunden lang. Übe so, daß du später beide Gesäßhälften gleichzeitig in Bodenberührung bringen kannst. Dehne jetzt die andere Seite.

Anmerkung: Die Kniestrecker zuerst dehnen, dann die Hüfte drehen, während die Gesäßmuskeln kontrahieren, hilft, das Dehngefühl zu verändern, wenn du zur ursprünglichen Dehnung zurückkehrst.

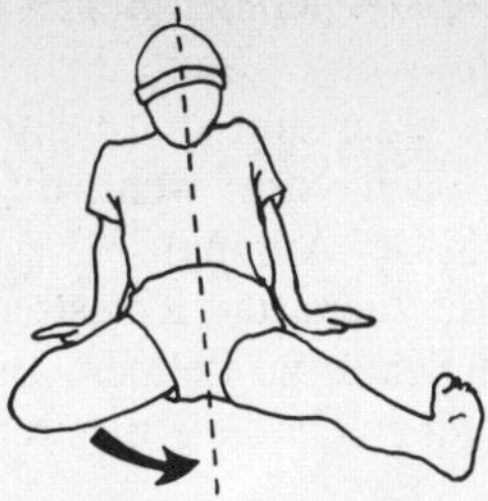

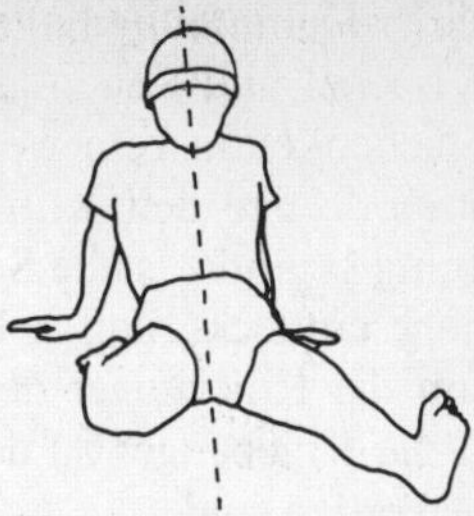

Falls im Verlauf der Dehnung Schmerzen im Kniegelenk auftreten, rücke das Knie des gedehnten Beines näher an die Längsachse deines Körpers heran, und verschaffe dir eine bequemere Haltung.

Das Näherrücken des Knies an die Längsachse deines Körpers mag eine Milderung der Anstrengung mit sich bringen, aber wenn Schmerzen da sind, die durch Variieren der Position nicht verschwinden, brich diese Dehnübung ab.

Abb. 1

Abb. 2

Um die Kniebeuger desselben Beines, das angewinkelt war, zu dehnen (siehe S. 48), strecke das rechte Bein gerade aus, so daß die Sohle des linken Fußes die Innenseite des Oberschenkels gerade eben berührt. Du bist jetzt in einer Position mit geradem und angewinkeltem Bein (Abb. 1). Beuge dich langsam von der Hüfte aus nach vorn zum Fuß des geraden Beines hin (Abb. 2), bis du die Andeutung einer Dehnung spürst. Halte dies 20 Sekunden lang. Nachdem das Dehnungsgefühl abgeklungen ist, beuge dich etwas weiter vor. Halte diese fortschreitende Dehnung 25 Sekunden lang. Wechsle die Seiten, und dehne das linke Bein gleichermaßen.

Bei dieser Dehnübung halte den Fuß des geraden Beines aufrecht, Knöchel und Zehen entspannt. Vergewissere dich, daß die Oberschenkelmuskeln weich, also entspannt sind während der Übung. Neige den Kopf nicht nach vorn, wenn du die Dehnübung beginnst (siehe S. 24 – 25, Der Anfang).

Ich habe entdeckt, daß es besser ist, zuerst die Kniestrecker und dann die Kniebeuger desselben Beines zu dehnen. Es ist leichter, die Kniebeuger zu dehnen, nachdem die Kniestrecker gedehnt worden sind.

Nimm ein Handtuch zu Hilfe, wenn du die Füße nicht ohne weiteres erreichen kannst.

> Gewöhne dich daran, Variationen der grundlegenden Dehnübungen durchzuführen. In jeder Variation wirst du deinen Körper anders fordern. Dir werden die Dehnmöglichkeiten bewußter, wenn du den Winkel der Dehnspannung veränderst, und sei es auch nur geringfügig.

Variationen mit geradem und angewinkeltem Bein:

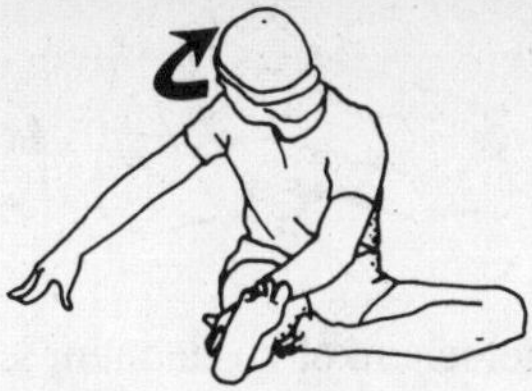

Ergreife die Außenseite des rechten Beines mit dem linken Arm. Stütze dich mit dem rechten Arm ab. Dadurch streckst du die Muskeln des oberen Rückens, der Wirbelsäule, die Seite des unteren Rückens sowie die Kniebeuger. Um die Dehnübung zu verändern, blicke über die rechte Schulter, während du die linke Hüfthälfte leicht nach innen drehst.

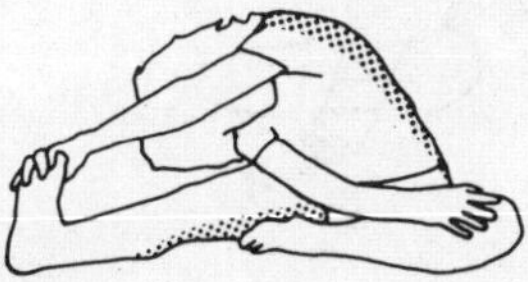

Wenn du besonders gelenkig bist, kannst du die Dehnung entlang deiner Seiten mit einer weiteren Variation verstärken: mit dem rechten Bein gerade ausgestreckt, reiche über deinen Kopf mit dem linken Arm und ergreife die Außenseite des rechten Fußes. Während du dich beugst, laß die rechte Hand auf dem linken Knie. Dies ist eine ausgezeichnete Dehnung für die Kniebeuger und die seitlichen oberen Körperbereiche. Auch hilft sie, die Taille schlank zu halten.

Um den hinteren Unterschenkel zu dehnen, lege entweder ein Handtuch um die Fußballen, um die Zehen zum Knie hin zu ziehen, oder, falls du gelenkiger bist, zieh sie mit der Hand hoch. Finde eine leichte Dehnung, und halte sie 25 Sekunden lang. Es kann sein, daß du dich aus der Hüfte vorbeugen mußt, um die Dehnung zu verstärken.

Um die Außenseite des Unterschenkels zu dehnen, halte mit der entgegengesetzten Hand die Außenkante des Fußes fest (siehe Abb.). Nun dreh die Außenkante des Fußes behutsam nach innen, um eine Dehnung der Außenseite des Unterschenkels zu spüren. Diese Dehnübung sollte mit ausgestrecktem Bein gemacht werden, aber das Bein sollte etwas gewinkelt sein, wenn es dir schwerfällt, die Außenkante des Fußes problemlos bei gestrecktem Bein zu erfassen. Die Oberschenkelmuskulatur sollte bei dieser Übung weich und entspannt sein. Halte eine leichte Dehnung 25 Sekunden lang.

Um eine spezifische Dehnung der Kniekehle zu erreichen, beginne mit einem ausgestreckten Bein. Dann biege das andere Bein, und lege es auf das gerade, so daß der Knöchel knapp darüber hinweg ragt und oberhalb des Knies (nicht darauf) aufliegt. Nun beuge dich aus der Hüfte, bis du eine leichte Spannung in der Kniekehle spürst. Halte die leichte Dehnung 20 Sekunden und die fortschreitende 15 Sekunden lang. Diese Dehnübung ist sehr gut für Menschen mit verhärteten Kniekehlen, aber paß immer auf, daß nicht überdehnt wird.

Biege die Knie bei Dehnübungen im Sitzen nie durch. Halte die Kniestrecker entspannt bei allen Übungen mit geradem Bein. Es ist unmöglich, die Kniebeuger korrekt zu dehnen, wenn die entgegengesetzte Muskelgruppe, die Kniestrecker, nicht entspannt ist.

Federnde Bewegungen beim Dehnen können dich tatsächlich mehr verspannen als auflockern. Wenn du zum Beispiel 4- oder 5mal mit dem Körper federst, während du versuchst, deine Zehen zu berühren (was die meisten von uns im Turnunterricht auch machten), und dich einige Minuten später überbeugst, um es noch einmal zu versuchen, wirst du wahrscheinlich entdecken, daß du weiter von deinen Zehen entfernt bist als zu Beginn. Jede federnde Bewegung aktiviert den Dehnreflex und verhärtet so genau die Muskeln, die du zu dehnen versuchst.

Zusammenfassung

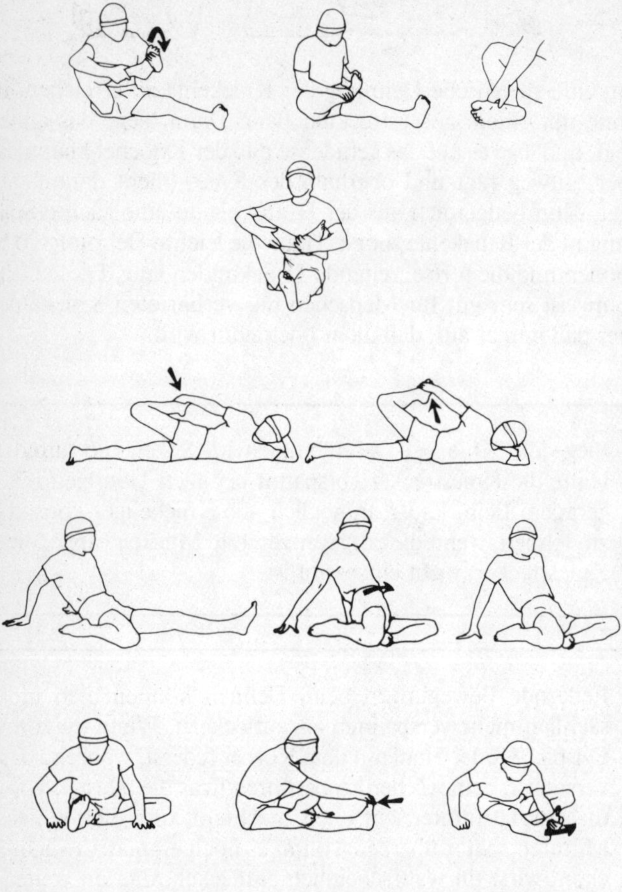

Dehnübungen für Rücken, Schultern und Arme

Viele Menschen leiden an Verspannungen im Oberkörper, hervorgerufen durch alltägliche nervliche Belastungen. Auch muskulöse Sportler sind oft steif im Oberkörper, weil sie diesen Bereich nicht dehnen.

Es gibt viele Dehnübungen, die Spannung verringern und Flexibilität im Oberkörper vergrößern können. Die meisten können überall durchgeführt werden.

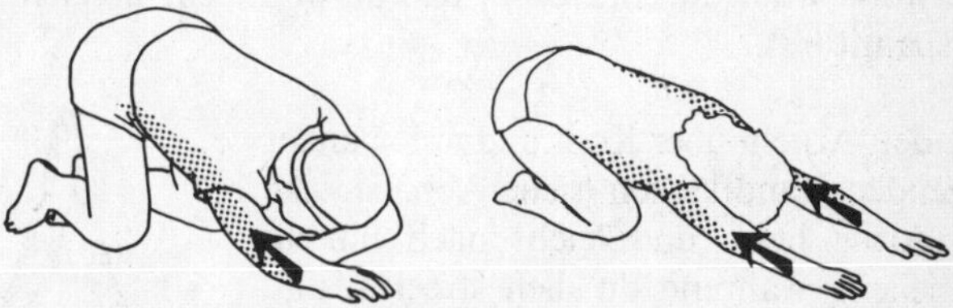

Mit unter dir angewinkelten Beinen strecke die Hände nach vorne und packe die Kante eines Teppichs oder der Matte an. Wenn es nichts Greifbares in deiner Nähe gibt, zieh dich einfach mit ausgestreckten Armen zurück, während du mit den Handflächen leicht nach unten drückst.

Du kannst diese Dehnübung mit einem Arm oder mit beiden Armen gleichzeitig machen. Das Ziehen mit einem Arm erlaubt größere Kontrolle und isoliert die Dehnung je nach Seite. Du kannst dies in den Schultern spüren, in den Armen, den Seiten, im oberen und sogar im unteren Rücken. Wenn du diese Übung zum erstenmal machst, kann es sein, daß du sie nur in den Armen und Schultern spürst, aber mit weiteren Durchgängen wirst du lernen, dabei auch andere Bereiche zu dehnen. Indem du die Hüfte seitlich leicht verschiebst, kannst du die Dehnung verstärken oder abschwächen. Überanstrenge dich nicht, bleib entspannt. Halte die Position 15 Sekunden lang.

Eine Dehnübung für Unterarm und Handgelenk: Beginne in der Vierfüßlerstellung. Die Daumen sollten nach außen zeigen und die Finger zu den Knien. Halte die Handflächen flach auf dem Boden, während du dich zurücklehnst, um so die Innenseiten der Unterarme zu dehnen. Halte eine leichte Dehnung 20 Sekunden lang. Entspanne dich, wiederhole die Übung. Möglicherweise wirst du entdecken, daß du in diesem Bereich sehr verspannt bist.

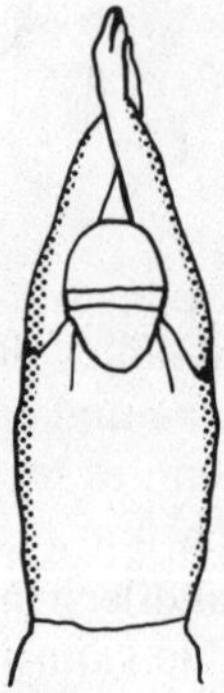

Mit den Armen über Kopf und aufeinander liegenden Handflächen (siehe Abb.) strecke die Arme hoch und leicht nach hinten. Atme ein, während du dich streckst, und halte die Position 5 – 8 Sekunden lang.

Dies ist eine hervorragende Dehnung für die Muskeln der äußeren Teile der Arme, der Schultern und des Brustkorbes. Sie kann jederzeit und überall durchgeführt werden, um Spannungen zu beseitigen und ein Gefühl der Entspanntheit und des Wohlseins zu schaffen.

Um die Schultern und die Mitte des oberen Rückens zu dehnen, zieh den Ellenbogen langsam über deine Brust zur gegenüberliegenden Schulter hin. Halte dies 10 Sekunden lang.

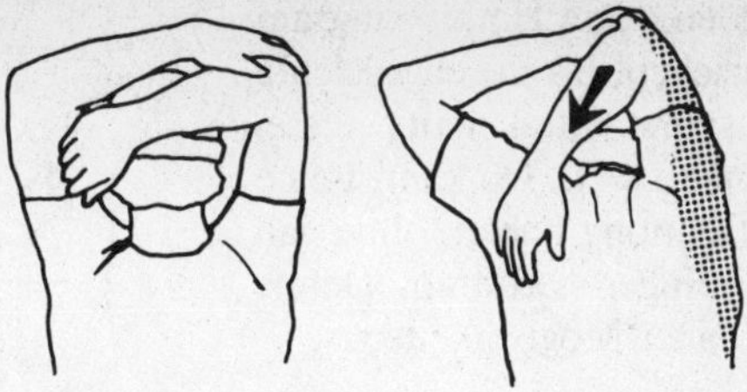

Hier ist eine einfache Dehnübung für die Oberarme und die oberen Schultern. Mit den Armen über Kopf erfasse den Ellenbogen eines Armes mit der anderen Hand. Zieh den Ellenbogen behutsam hinter deinen Kopf, um so die Dehnung hervorzurufen. Mach die Übung langsam, und halte sie 15 Sekunden lang. Versuche nicht, durch Kraftanwendung aufzulockern.

Dehne beide Seiten. Hast du das Gefühl, daß eine Seite wesentlich härter ist als die andere? Dies ist eine gute Methode, um mit dem Auflockern von Armen und Schultern zu beginnen. Du kannst diese Übung beim Spazierengehen machen.

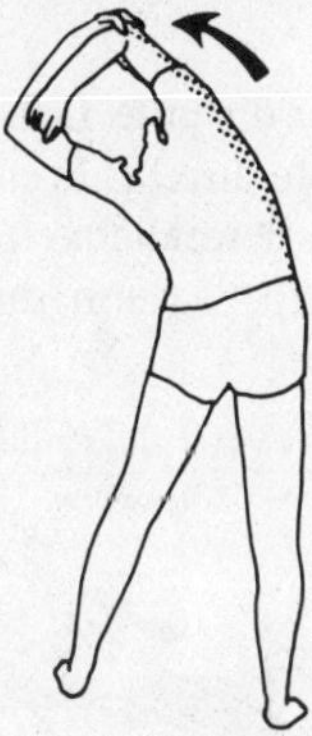

Variation: Aus dem Stand heraus, mit leicht gewinkelten Knien (2 – 3 cm), zieh den Ellenbogen langsam hinter den Kopf, während du dich von der Hüfte aus zur Seite biegst. Halte eine leichte Dehnung 10 Sekunden lang. Dehne beide Seiten. Das leichte Beugen der Beine wird dir hierbei helfen, dein Gleichgewicht zu halten.

Eine andere Schulterdehnung: Strecke deine linke Hand hinter dem Kopf so weit wie möglich nach unten, und, wenn möglich, erfasse da die rechte Hand (siehe Abb.). Verhake die Finger und bleib so. Für viele wird diese Dehnung ohne die Hilfe eines anderen nicht möglich sein. Wenn du die Hände nicht zusammenbringen kannst, versuche eine dieser Methoden:

Laß jemanden deine Hände langsam zusammenziehen, bis du eine leichte Dehnung spürst, und halte diese. Dehne nicht zu weit. Du kannst eine sehr gute Dehnung haben, ohne daß sich deine Finger berühren. Dehne innerhalb deiner Möglichkeiten.

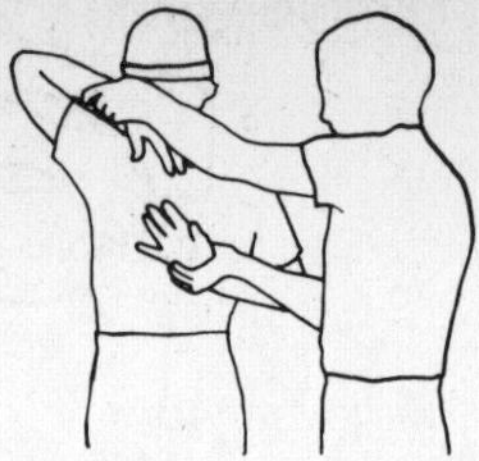

ODER

Nimm ein Handtuch zu Hilfe. Halte es mit der oberen, linken Hand, pack es von unten mit der rechten. Die rechte Hand zieht die linke langsam herunter, während sie sich am Handtuch hocharbeitet, bis sich die Hände berühren.

Arbeite täglich an dieser Übung, und verschaffe dir gute Dehnungen. Nach einiger Zeit wirst du sie ohne Hilfe durchführen können. Sie verringert Spannung und fördert die Beweglichkeit. Außerdem wirkt sie belebend für den Oberkörper, wenn du müde bist.

Falte die Hände vor dir in Schulterhöhe. Dreh die Handflächen nach außen, während du die Arme vorstreckst, um Dehnung in den Schultern, im mittleren und oberen Rükken, in den Armen, Fingern und Handgelenken zu spüren. Halte eine leichte Dehnung 15 Sekunden lang, dann entspanne dich und wiederhole die Übung.

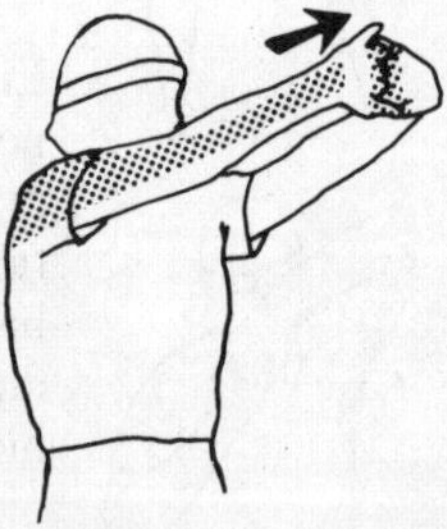

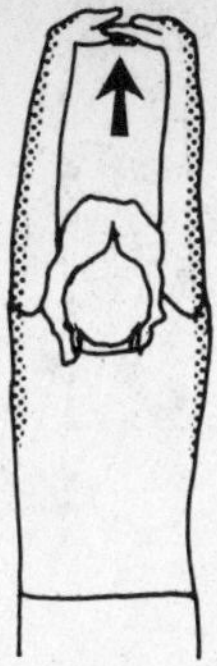

Falte die Hände über dem Kopf. Dreh die Handflächen nach oben, strecke die Arme leicht nach hinten und hoch. Spüre die Dehnung in den Armen, Schultern und dem oberen Rücken. Halte die Dehnung 15 Sekunden lang. Halte deinen Atem nicht an. Diese Dehnübung kann überall und jederzeit durchgeführt werden. Sie ist ausgezeichnet gegen hängende Schultern.

Um die obere Schulter und den Hals zu dehnen, neige den Kopf seitwärts zur linken Schulter, während deine linke Hand den rechten Arm schräg über den Rücken streckt. Halte eine leichte Dehnung 10 Sekunden lang. Mach die Übung beidseitig. Sie kann im Sitzen auf dem Boden oder einem Stuhl oder auch im Stehen gemacht werden.

Du kannst eine weitere Dehnung erreichen, indem du dich nach hinten ungefähr auf Schulterhöhe an einem Zaun oder einem Türrahmen festhältst. Laß deine Arme gerade werden, während du dich vorlehnst. Halte den Brustkorb hoch und das Kinn zurück.

Die nächsten Dehnübungen werden mit hinter dem Rücken gefalteten Händen durchgeführt.

Bei der ersten dieser Übungen drehe die Ellenbogen langsam nach innen, während du die Arme gerade ausstreckst.

Wenn dir dies ziemlich leicht fällt, dann hebe die Arme hinter dem Rücken, bis du eine Dehnung in den Armen, den Schultern oder im Brustkorb spürst. Halte eine leichte Dehnung 5–15 Sekunden lang. Diese Übung ist wertvoll, wenn du merkst, daß du die Schultern vornüber hängen läßt. Halte den Brustkorb vorgewölbt und das Kinn zurück. Diese Übung kann jederzeit gemacht werden.

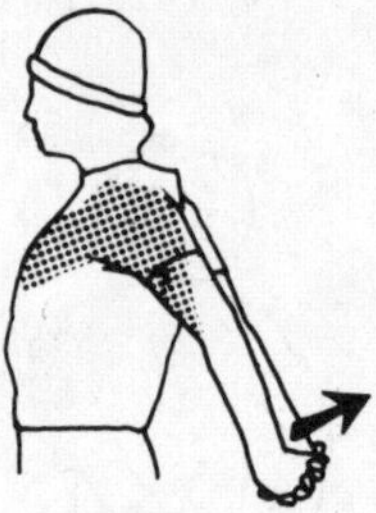

Um Brust und Schultern weiter zu dehnen, bringe die Arme hinter dir hoch, während du sie und den Rücken gerade hältst, ohne dich vorzubeugen. Stütze die Hände ab. Wenn du dich von der Stütze wegbewegst und die Arme weiter ausstreckst, wirst du die Dehnung vergrößern. Nicht überdehnen. Diese Übung ist sehr gut gegen hängende Schultern und gibt dir ein sofortiges Energiegefühl.

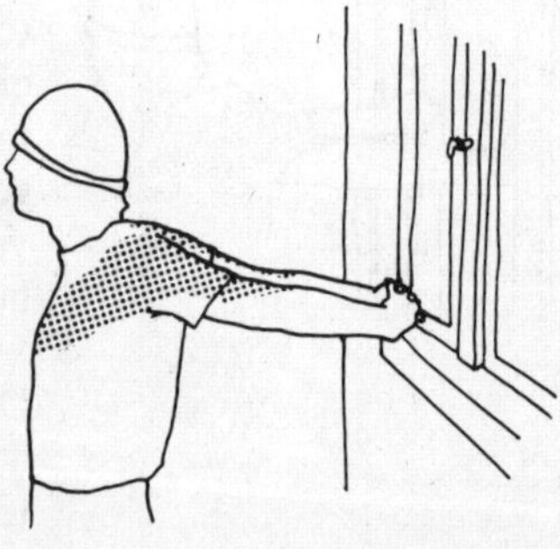

Zusammenfassung

Es ist besser, zuwenig als zuviel zu dehnen. Dehne nie bis an die Grenze des Möglichen.

Eine Serie von Dehnübungen für die Beine

Ausgestreckte Zehen: Dies ist eine weitere gute Dehnübung für die Beine. Mit dieser Ausgangsposition kannst du eine Anzahl von Dehnübungen für Beine, Füße und den Unterleib durchführen.

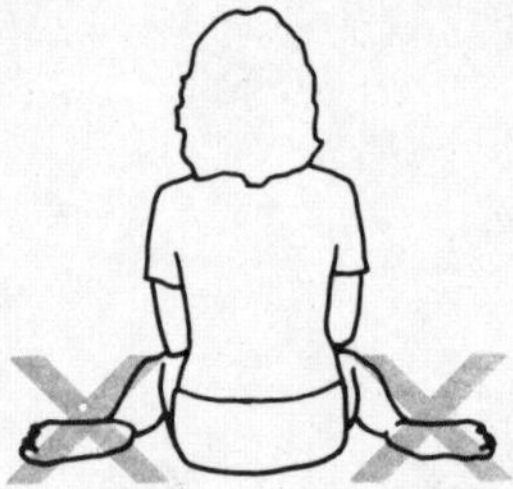

Diese Position hilft Knie, Fußgelenke und Kniestrecker zu dehnen. Sie hilft auch, die Waden zu entspannen, so daß sie um so leichter gedehnt werden können.

Laß deine Füße bei dieser Übung nicht seitlich ausscheren. Das könnte ein Überdehnen der innenseitigen Kniebänder verursachen.

Vorsicht: *Wenn du Probleme mit den Knien hast oder gehabt hast, sei sehr vorsichtig, wenn du die Knie unter dir anwinkelst. Mach es langsam und kontrolliert.*

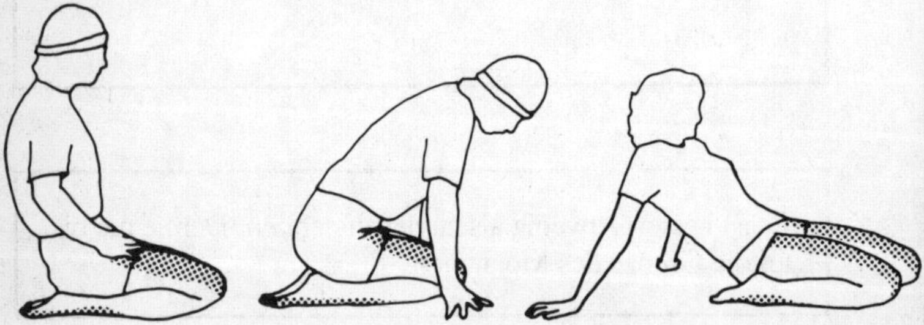

Die meisten Frauen werden in dieser Haltung keine große Dehnung verspüren. Jedoch verspanntere Menschen, besonders Männer, werden hier merken, daß sie verhärtete Fußgelenke haben. Falls es zu sehr spannt, stütze dich auf die Arme, und beuge dich leicht vor. Finde eine Position, die du 20–30 Sekunden lang halten kannst.

Wenn du verspannt bist, überdehne dich nicht. Regelmäßige Dehnübungen bewirken positive Veränderungen. Eine größere Beweglichkeit der Fußgelenke wird innerhalb von einigen Wochen bemerkt werden.

Variation:

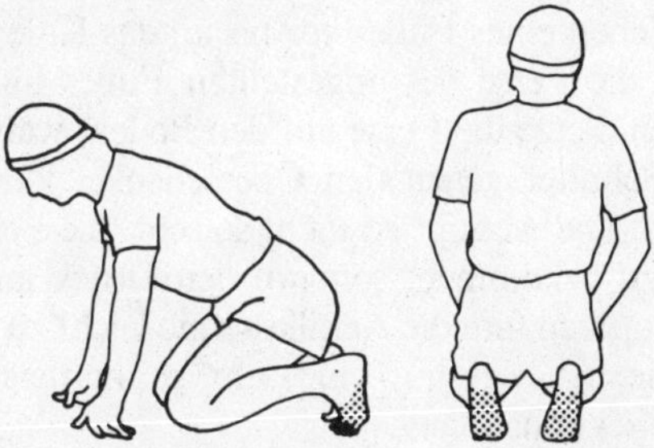

Um die Zehen und den Längsspann zu dehnen, setze dich wie oben gezeigt. Stütze dich auf die vor dir gestellten Arme zwecks Gleichgewicht und Kontrolle. Falls mehr Dehnung erwünscht ist, lehne dich langsam zurück, bis es sich richtig anfühlt. Halte nur Dehnungen, die angenehm und kontrollierbar sind. Halte eine leichte Dehnung 15 Sekunden lang. Geh dabei vorsichtig vor, denn in diesem Teil des Fußes und der Zehen herrscht oft starke Spannung. Habe Geduld mit dir selber. Gewöhne deinen Körper allmählich durch regelmäßiges Dehnen an die Veränderungen. Komm nach dieser Dehnung zurück in die Position der ausgestreckten Zehen.

Dehnübungen für Achillessehnen und Fußgelenke:

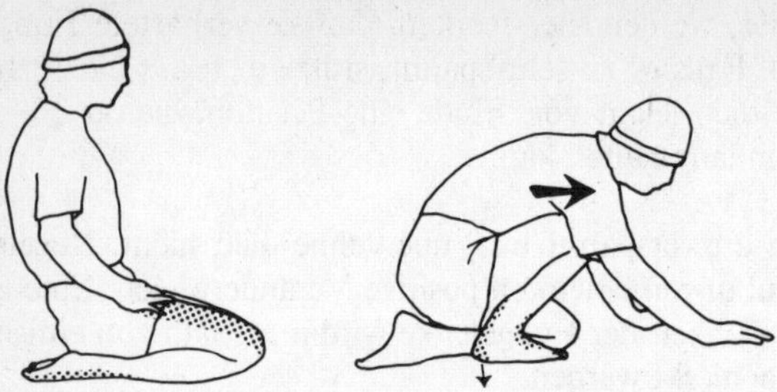

Bringe die Zehen eines Fußes vor bis an das Knie des anderen Beines. Laß die Ferse des angestellten Fußes ungefähr 1 cm hochkommen. Setze die Ferse auf den Boden, während du mit Brust und Schulter gegen den Oberschenkel kurz über dem Knie drückst. Die Absicht ist nicht so sehr, die Ferse flach auf den Boden zu bekommen, sondern den Druck auf den Oberschenkel zu nutzen, um die Achillessehne leicht zu dehnen. Die Achillessehne benötigt nur eine sehr geringfügige Dehnung. Halte sie 15 Sekunden lang.

Diese Dehnübung ist ausgezeichnet für verhärtete Fußgelenke und Spanne. Führe sie immer beidseitig durch. Auch hier wirst du wahrscheinlich merken, daß sich die Füße in ihrer Beweglichkeit und ihrem Empfinden stark voneinander unterscheiden. Während wir altern oder abwechselnd Zeiten von Aktivität und Inaktivität erleben, werden die Knöchel und Spanne großen Anstrengungen ausgesetzt.

> Abends 10 – 30 Minuten lang Dehnübungen zu machen, hilft die Muskeln in Form zu halten, so daß du am nächsten Morgen mit einem guten Gefühl aufwachst. Wenn du verspannte Körperteile oder Muskelkater hast, dehne diese Bereiche vor dem Schlafengehen, und stelle den Unterschied am nächsten Morgen selbst fest.

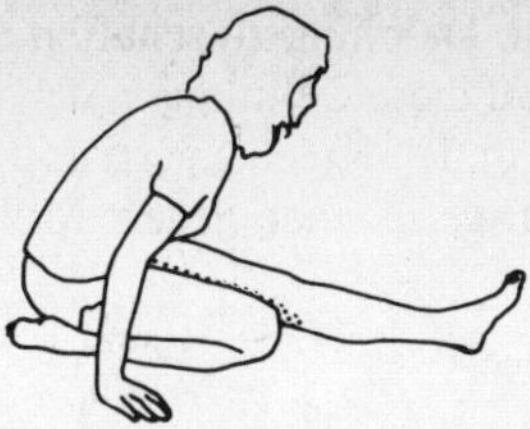

Um die Kniebeuger von der Position der ausgestreckten Zehen aus zu dehnen, strecke ein Bein geradeaus, so daß die Ferse auf dem Boden ruht, während das andere Bein weiterhin angewinkelt unter dir ist. Sorge mit den Händen für Gleichgewicht und Abstützung, damit das angewinkelte Bein nicht überanstrengt wird und eine Überdehnung der Kniebeuger des ausgestreckten Beines verhindert wird. Dies ist eine fortgeschrittene Dehnung der Kniebeuger. Sie intensiviert die Dehnung im ausgestreckten Bein. Beuge dich von der Taille vorwärts, bis du eine leichte Dehnung spürst, dann halte sie 20 Sekunden lang. Halte das Gesäß dicht an der Ferse des angewinkelten Beines, und bleibe innerhalb der Grenzen, in denen du dich wohlfühlst.

Sei vorsichtig, wenn du Knieprobleme hast oder gehabt hast. Dehne nicht, wenn tatsächliche Schmerzen spürbar sind. Lerne, dich so zu kontrollieren, daß du das richtige Dehngefühl finden kannst.

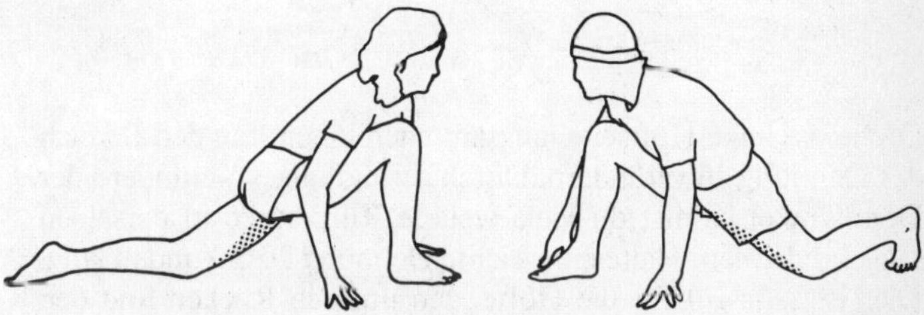

Um die Hüft- und Lendenmuskeln zu dehnen, bewege ein Bein nach vorn, bis der Unterschenkel senkrecht steht. Das Knie des anderen Beines sollte auf dem Boden ruhen. Ohne die Positionen der Beine zu verändern, senke den vorderen Teil der Hüften, um eine leichte Dehnung zu schaffen. Halte sie 30 Sekunden lang. Du solltest diese Dehnung in der vorderen Hüfte spüren, und vielleicht in den Kniebeugern und im Unterleib. Diese Dehnübung ist ausgezeichnet gegen Mißstände im unteren Rücken.

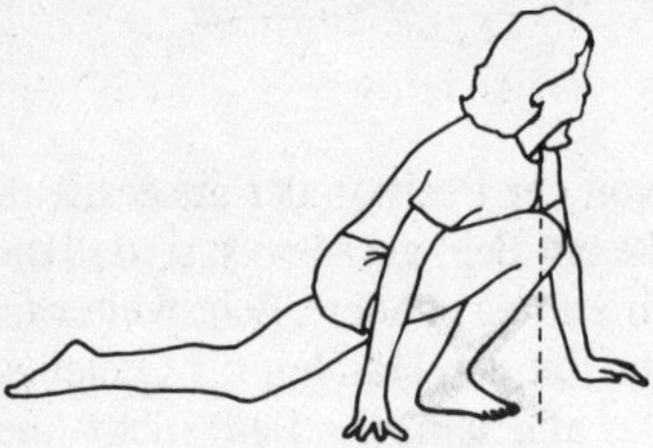

Das Knie darf sich nicht vor dem Fußknöchel befinden. Dies verhindert die richtige Dehnung von Hüfte und Beinen. Je größer der Abstand zwischen dem hinteren Knie und dem vorderen Fuß ist, um so leichter ist es, Hüfte und Beine zu dehnen.

Variationen:

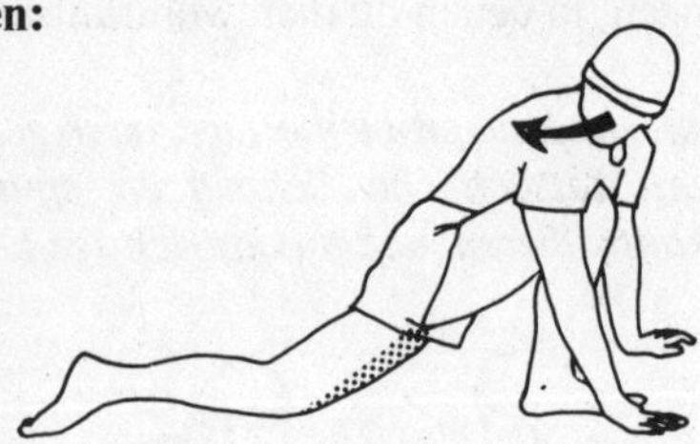

Drehe die linke Hüftseite langsam nach innen, um den Bereich der Dehnung zu verändern. Durch geringfügiges Verändern der Dehnwinkel kannst du viele weitere Körperteile in derselben Gegend dehnen. Halte eine leichte Dehnung 20 Sekunden lang. Dies ist sehr gut für die Hüfte, den unteren Rücken und den Unterleib. Gewöhne dich daran, über die Schulter nach hinten zu sehen, um der Position noch eine weitere Dehnung zu verschaffen.

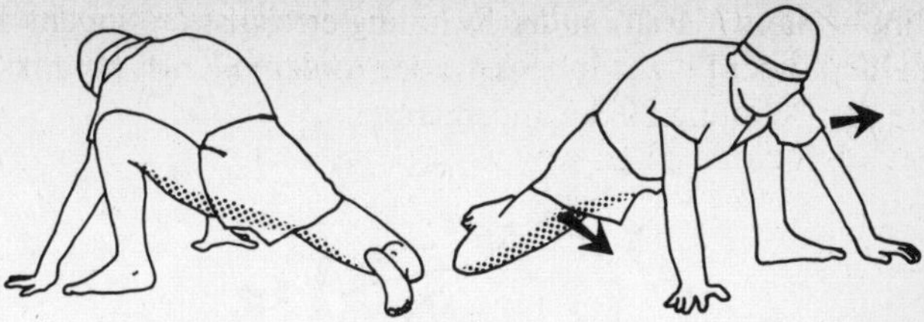

Aus der vorhergegangenen Hüftdehnung kannst du eine Dehnung der Innenseite des Oberschenkels isolieren. Beuge das hintere Knie, und rücke den Fuß näher nach innen, also an deine Längsachse heran. Das Bein sollte letztlich einen rechten Winkel beschreiben. Nimm die Schulter von dem angestellten Knie, und stütze dich innerhalb des Beines auf. Senke die Hüfte, um die Innenseite des Oberschenkels (Unterleib) zu dehnen. Bewege weder das hintere Knie noch den vorderen Fuß dabei. Vergewissere dich, daß bei dem vorderen, angestellten Bein Knie und Knöchel eine senkrechte Linie bilden. Halte eine leichte Dehnung 20 Sekunden lang.

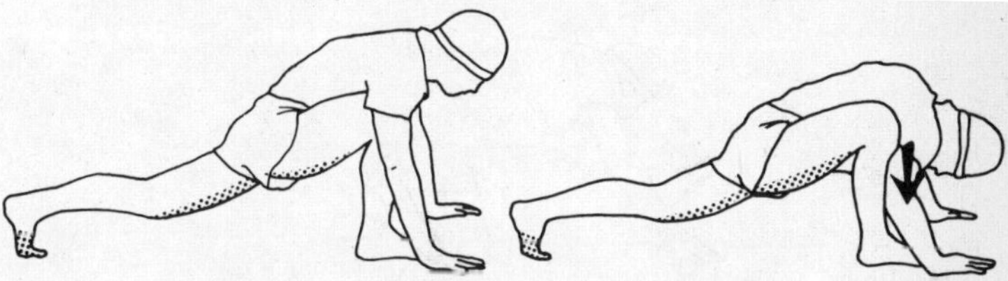

Mit dem vorderen Knie noch immer direkt über dem Fußknöchel, verlagere dein Gewicht auf die Zehen und Ballen des hinteren Fußes. Nun halte eine leichte Dehnung bei möglichst geradem Bein 20 Sekunden lang. Laß die Hüfte nach Bedarf geringfügig absinken, um die richtige Dehnspannung zu erreichen. Halte dein Gleichgewicht mit den Händen. Diese Übung dehnt den Unterleib, die Kniebeuger und die Hüfte, möglicherweise auch die Kniekehle des hinteren Beines. So 15 Sekunden lang halten und mit beiden Beinen durchführen. Eine sehr gute Förderung der Hüftbeweglichkeit.

Eine weitere Variation der Dehnung erreichst du, indem du den Oberkörper bis zur Innenseite des vorderen Knies absenkst. Halte die Dehnung 20 Sekunden lang.

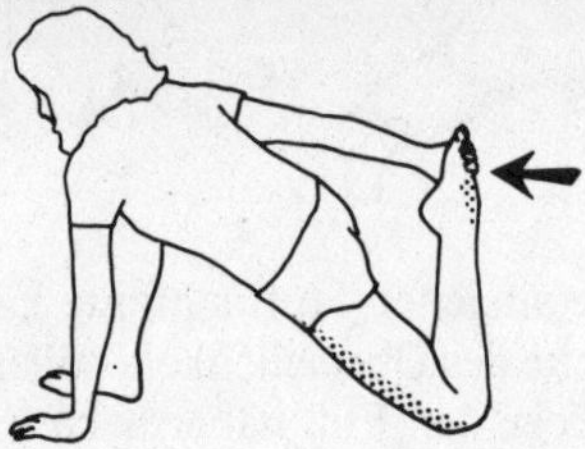

Um die Kniestrecker zu dehnen, greife mit der rechten Hand nach hinten, und erfasse den linken Fuß zwischen Knöchel und Zehen. Nun senke die Hüfte langsam, während du die linke Ferse behutsam zur Gesäßmitte ziehst, bis du eine leichte Dehnung spürst. Halte sie 20 Sekunden lang. Eine sehr gute Position, um eine einzelne Dehnung zu isolieren. Sei vorsichtig, falls du Probleme mit den Knien hattest.

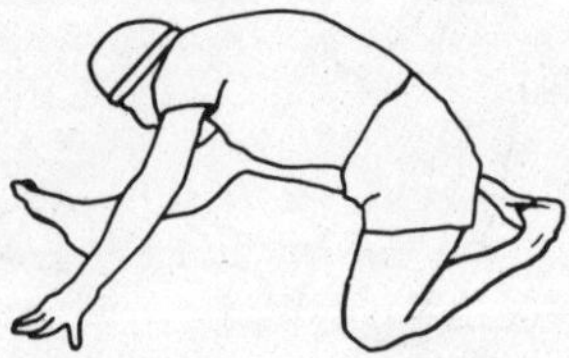

Wenn du den hinteren Fuß nicht ohne weiteres erreichen kannst, bewege deine Hüfte nach hinten, ohne die Stellung des vorderen Fußes und des hinteren Knies zu verändern. Lehne dich zurück, und erfasse den Fuß mit der rechten Hand, dann bewege die Hüfte etwas nach vorn und unten, während du die Ferse zum Gesäß hin ziehst. Wenige Zentimeter Bewegung können bereits ausreichen, um ein Dehngefühl hervorzurufen.

Zusammenfassung

Man würde meinen, daß wir eine Menge über Fitneß-Training wissen müßten, wenn man bedenkt, wie viele Tausende von Stunden im schulischen Sportunterricht investiert werden. Und doch haben die meisten von uns lediglich Spiele und Sport gelernt. Frage dich selbst: Was mache ich im Alltag, das mir Spaß macht und das ich in der Schule gelernt habe? Es ist überraschend, wie wenig wir in den ganzen Stunden tatsächlich gelernt haben. Wir hätten lernen können, unsere Körper zu pflegen, uns vor frühzeitigem Altern zu bewahren und uns vor den Wirbelsäulenleiden zu schützen, die durch schlechte Angewohnheiten heraufbeschworen werden. Jetzt bringen wir uns das bei, was wir in der Schule hätten lernen sollen, und es ist allerhöchste Zeit dafür.

Dehnübungen für den unteren Rücken, die Hüfte, den Unterleib und die Kniebeuger

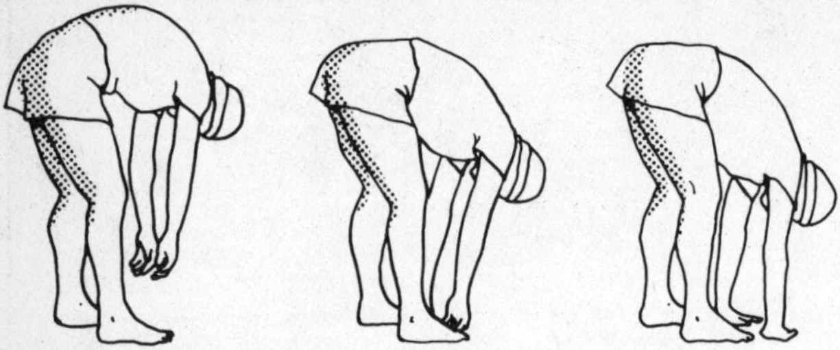

Beginne im Stehen, Füße schulterbreit auseinander und geradeaus gestellt. Beuge dich von der Hüfte langsam vorwärts. Halte die Knie immer ein wenig geknickt, damit der untere Rücken nicht überanstrengt wird. Laß Hals und Arme entspannen. Geh so weit, bis du eine leichte Dehnung in den Rückseiten der Beine spürst. Dehne 15 – 25 Sekunden in dieser leichten Phase, bis du entspannt bist. Fördere deine körperliche Entspannung, indem du dich im Geiste auf den Bereich konzentrierst, der gedehnt wird. Mach die Übung nicht mit durchgedrückten Knien, und federe nicht auf und ab. Halte ganz einfach eine leichte Dehnung, und richte dich nach deinem Gefühl, nicht danach, wie weit du gehen kannst.

Wenn du diese Dehnübung machst, wirst du sie hauptsächlich in den Kniebeugern und den Kniekehlen spüren. Der Rücken wird auch gedehnt, aber der größte Teil der Dehnungen wird in den Beinen bemerkbar sein.

Einige werden ihre Zehen berühren können, andere gerade bis über die Fußknöchel kommen. Obwohl wir in unserer Beweglichkeit alle unterschiedlich sind, haben wir eins gemeinsam: Wir alle dehnen unsere Muskeln.

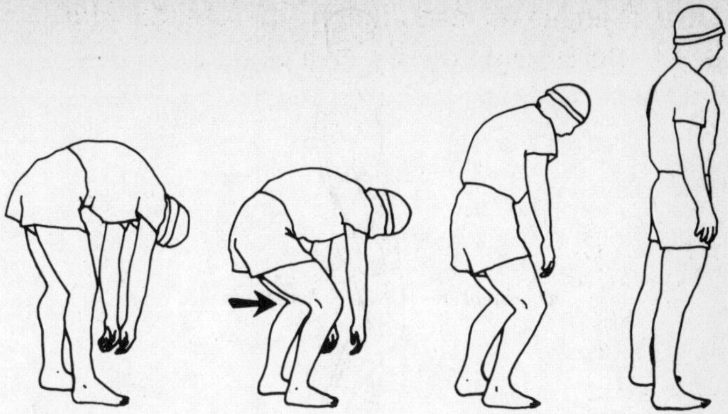

Wichtig: Vergiß nicht, wann immer du dich aus der Taille vorbeugst, die Knie leicht angewinkelt zu halten. Dies entlastet den unteren Rücken. Benutze die großen Muskeln der Oberschenkel, um dich wieder aufzurichten, nicht die kleinen des unteren Rückens. Richte dich nie mit durchgedrückten Knien auf.

Diese Dehnübung ist besonders wertvoll, bevor man irgendwelche schweren körperlichen Arbeiten vornimmt, ausdrücklich früh morgens und bei kaltem Wetter. Indem die Muskeln des unteren Rückens geschont werden, lassen sich viele Verletzungen verhindern.

Dieses Prinzip ist wichtig beim Anheben von schweren Gegenständen (siehe S. 148–149).

Als nächstes nimm eine Stellung mit leicht angewinkelten Knien und flach aufliegenden Fersen ein, die Füße geradeaus und schulterbreit auseinandergestellt. Bleibe 30 Sekunden lang so stehen.

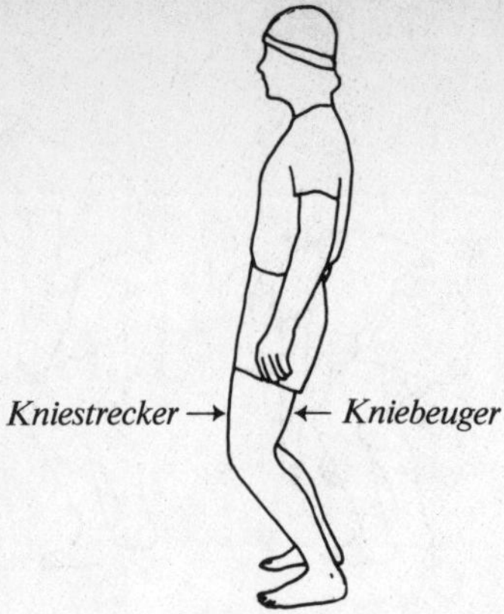

In dieser Stellung spannst du die Kniestrecker und entspannst die Kniebeuger. Die Hauptfunktion der Kniestrecker ist, das Bein zu begradigen, während die Kniebeuger die Funktion haben, das Bein am Knie zu biegen. Da diese Muskeln entgegengesetzte Wirkungen haben, läßt das Anspannen der Kniestrekker die Kniebeuger entspannen.

Während du nun diese Haltung mit gebeugten Knien hältst, achte auf den Unterschied im Gefühl zwischen der Vorder- und Rückseite der Oberschenkel. Die Kniestrecker sollten hart und gespannt sein, die Kniebeuger dagegen weich und entspannt. Es ist leichter, die Kniebeuger zu dehnen, wenn sie vorher entspannt wurden.

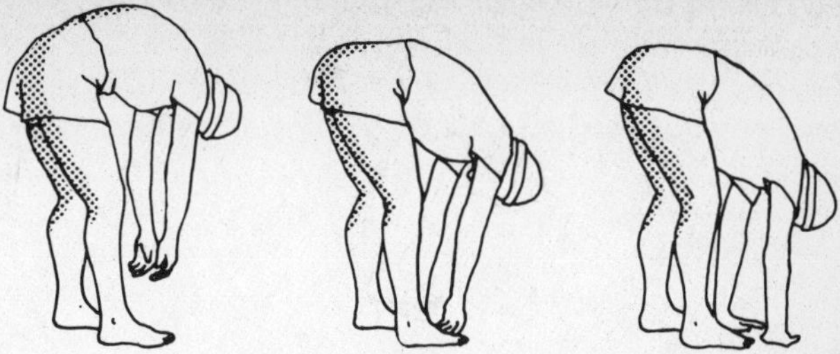

Richte dich aus dieser Position wieder auf, und beuge dich dann wieder mit leicht gebeugten Knien. Nicht nachfedern. Du kannst wahrscheinlich bereits etwas weiter herunterkommen. Halte diese Dehnung 30 Sekunden lang.

Eine Erinnerung: Knie beim Aufrichten leicht beugen.

Deine Körperhaltung beim Dehnen muß bequem und stabil sein.

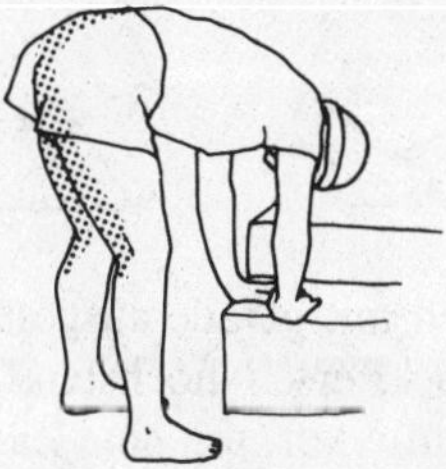

Du wirst es leichter finden, diese Dehnübung zu halten, wenn du dein Gewicht auf Arme und Beine verteilen kannst. Wenn du es nicht schaffst, deine Handflächen bei angewinkelten Knien auf dem Boden abzustützen (welches viele Menschen nicht können), dann bediene dich einer Stufe, eines Vorsprungs oder eines Stapels von Büchern, um dich mit den Händen aufzustützen. Finde eine gleichmäßige, leichte Dehnung sowie eine ausgeglichene Gewichtsverteilung zwischen Händen und Füßen, damit du entspannt sein kannst.

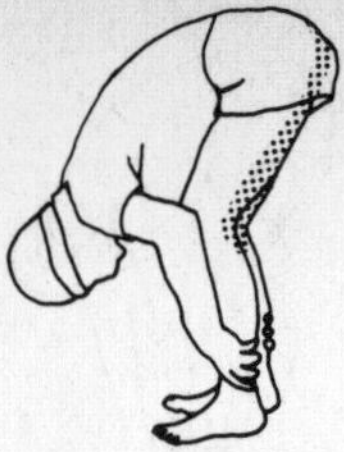

Zur Variation dieser Dehnung hältst du den Beinbereich über den Knöcheln mit den Händen fest. Indem du den Oberkörper mit den Händen herabziehst, kannst du die Dehnung in den Beinen und im Rücken verstärken und dich in einer sehr stabilen Stellung auf das Entspannen konzentrieren. Geh hierbei nicht zu weit. Zieh dich nur so weit herab, wie du entspannt bleiben kannst. Dehnen und halten, die Knie leicht angewinkelt.

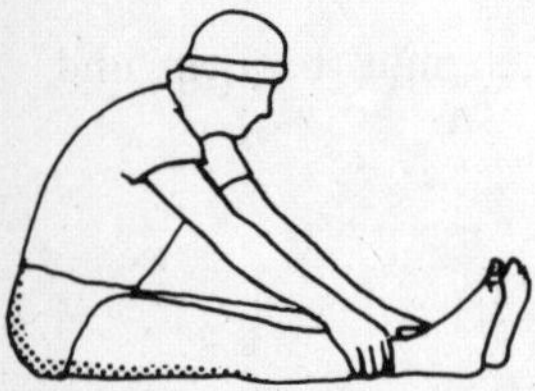

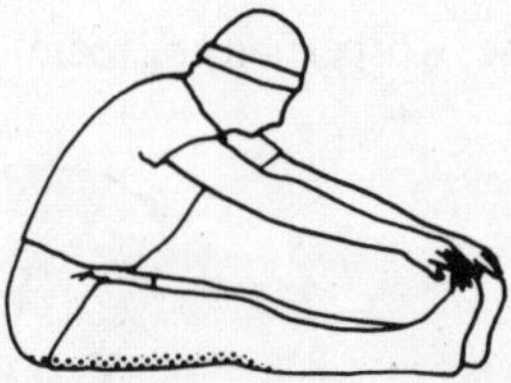

Als nächstes setze dich mit gerade ausgestreckten Beinen hin, die Füße aufrecht, die Fersen höchstens 15 cm auseinander. Beuge dich aus der Hüfte vor, um eine leichte Dehnung zu erhalten. So 20 Sekunden lang halten. Du wirst dies wahrscheinlich in den Kniekehlen spüren und an den Rückseiten der Oberschenkel. Du kannst auch im unteren Rücken Dehnung spüren, wenn deine Rückenmuskulatur verhärtet ist.

Neige den Kopf nicht, wenn du die Übung beginnst. Versuche, die Hüfte nicht nach hinten kippen zu lassen.

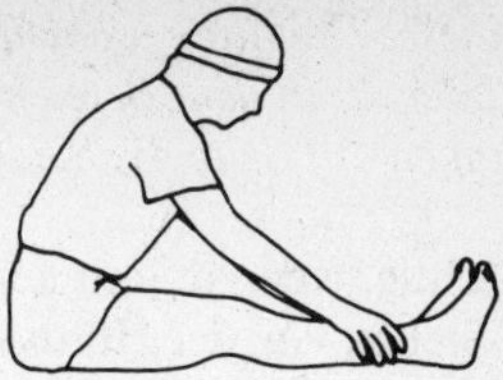

Denk daran, dich von der Hüfte her zu beugen, ohne den unteren Rücken rund werden zu lassen.

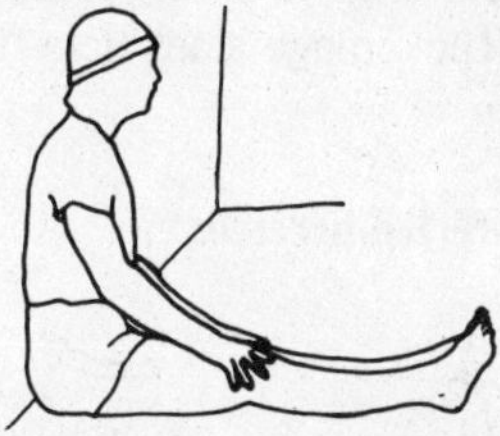

Es kann sein, daß du eine Wand als Stütze brauchst, um den unteren Rücken gerade zu halten. Diese Position alleine kann bereits eine ausreichende Dehnung sein, wenn deine Muskulatur sehr verhärtet ist.

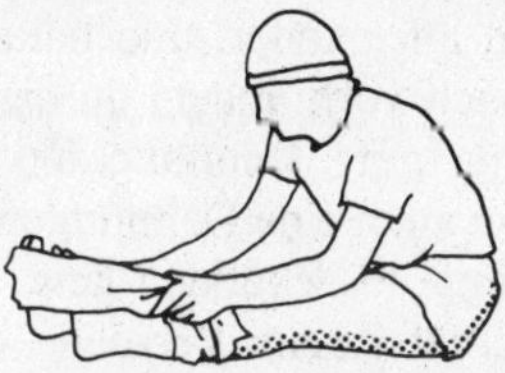

Wenn du Schwierigkeiten hast, eine gute Haltung zu finden, in der du dehnen und entspannen kannst, dann nimm ein Handtuch zu Hilfe. Lege das Handtuch um deine Füße, halte die Enden fest, und zieh dich von der Hüfte nach vorn, bis du dort bist, wo du dich dehnst und dennoch entspannt bist. Zieh dich mit ausgestreckten Armen nach vorne. Arbeite dich mit den Fingern am Handtuch herab, bis sich die Dehnung richtig anfühlt.

Wenn diese Dehnung deinen unteren Rücken zu belasten scheint oder du in dem Bereich Probleme gehabt hast, probiere die Übungen auf Seite 49. Sie werden dir angenehmer sein.

Sei vorsichtig, wenn du mit ausgestreckten Beinen dehnst oder dich im Stehen von der Hüfte vorwärts beugst. Du sollst in diesen Positionen nicht überdehnen. Da die Rückseiten der Beine wahrscheinlich unterschiedlich verhärtet und verspannt sind, sollte das Dehnen beider Beine gleichzeitig vermieden werden, wenn du Probleme im Bereich der Lendenwirbel hast. Wenn eines oder beide Beine sehr verhärtet sind, ist es schwierig, beide gleichzeitig so zu dehnen, daß es für jedes einzelne richtig ist. Es ist leichter, in der Rückenlage jedes Bein für sich zu dehnen.

Dehnungen des Unterleibbereichs

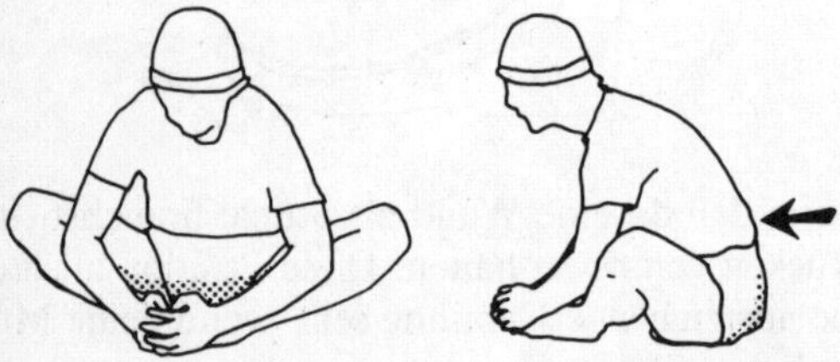

Stelle deine Fußsohlen aneinander, und halte die Zehen fest. Zieh dich behutsam nach vorn, indem du dich von der Hüfte aus biegst, bis du eine gute Dehnung im Unterleibbereich spürst. Du kannst dabei auch eine Dehnung im Rücken bemerken. Halte diese Stellung 40 Sekunden lang. Leite die Übung nicht mit Kopf und Schultern ein. Versuche, deine Ellenbogen außerhalb der Beine zu halten, so daß die Dehnübung Stabilität und Balance hat. Es ist leichter, wenn du völlig stabil bist.

> Nicht vergessen – kein Federn beim Dehnen. Finde eine Haltung, die so bequem ist, daß du gleichzeitig dehnen und entspannt sein kannst.

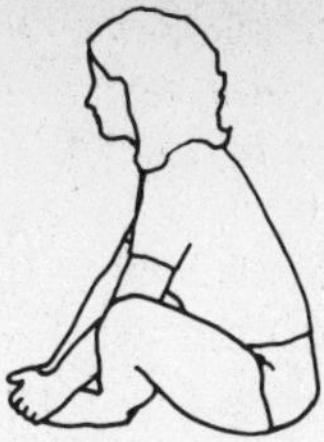

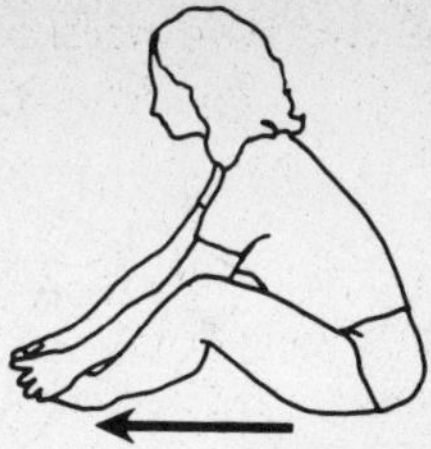

Wenn es dir schwer fällt, dich nach vorne zu beugen, sind deine Fersen vielleicht zu nahe am Unterleib.

Ist dies der Fall, halte deine Füße weiter vor. Dies gibt dir Bewegungsraum nach vorne.

Variationen:

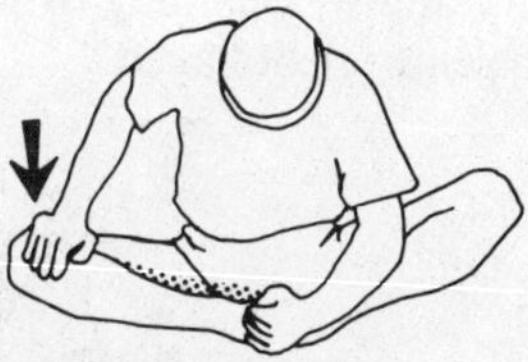

Halte deine Füße mit einer Hand fest, den Ellenbogen auf dem Unterschenkel, um das Bein nieder zu halten und es zu stabilisieren. Mit der anderen Hand auf der Innenseite des Beines (nicht auf dem Knie) schiebe das Bein behutsam nach unten, um eine Dehnung an dieser Seite des Unterleibes zu erreichen und zu isolieren. Dies ist eine sehr gute isolierende Dehnung für diejenigen, die einen verspannten Unterleib auflockern wollen, so daß die Knie natürlicher herabsinken können.

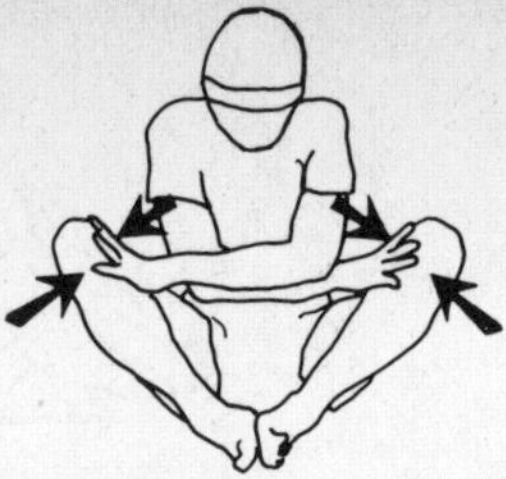

Indem die Hände leichten Widerstand gegen die Innenseiten der entgegenliegenden Oberschenkel ausüben, versuche die Knie gerade so weit zusammenzudrücken, daß die Muskeln im Unterleib angespannt werden. Halte diese stabilisierte Spannung 5 – 8 Sekunden lang, entspanne und dehne den Unterleib wie in den vorhergegangenen Übungen. Diese Technik von Spannung – Entspannung – Dehnung ist wertvoll für Sportler, die Unterleibsprobleme erlebt haben.

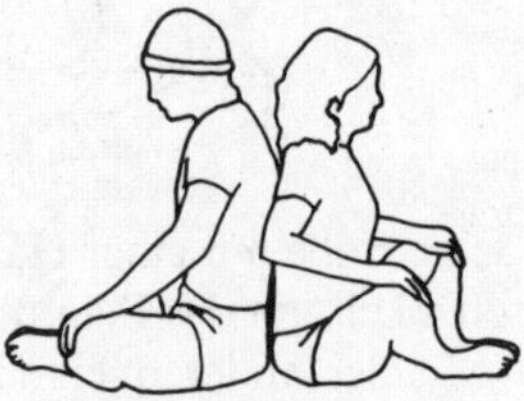

Eine andere Methode, verhärtete Unterleibsmuskeln zu dehnen, ist, sich gegen eine Wand oder ein Möbel zu setzen. Mit geradem Rücken und aneinander gelegten Fußsohlen drücke die Schenkel sanft mit den Händen herunter (nicht auf den Knien, sondern knapp darüber). Drücke bis du eine gute, gleichmäßige Dehnung spürst. Halte die Position 30 Sekunden lang.

Es ist möglich, diese Dehnübung zu zweit zu machen. Am besten Rücken an Rücken zur gegenseitigen Stützung.

Wenn du bislang Schwierigkeiten hattest, im ›Schneidersitz‹ zu sitzen, wirst du entdecken, daß die Unterleibsdehnungen dir diese Position erleichtern werden. Eine gute, entspannende Position, die den Rücken sowie die Innenseiten der Schenkel dehnt, erhältst du, wenn du dich kreuzbeinig hinsetzt und dich dann vorbeugst, bis du eine gute, bequeme Dehnung spürst. Wenn möglich, halte die Ellenbogen vor den Knien. Halte diese Stellung und entspann dich. Sie fühlt sich im unteren Rücken wirklich gut an und ist eine leichte Übung für die meisten Menschen.

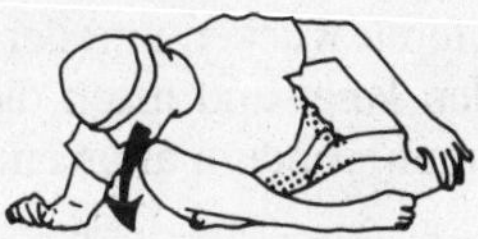

Eine Variation besteht darin, deinen Oberkörper über ein Knie zu beugen, anstatt gerade nach vorne. Dies tut den Hüften gut. Denke daran, von der Hüfte aus zu beugen.

Die Wirbelsäulendrehung:

Die Wirbelsäulendrehung ist gut für den oberen sowie unteren Rücken, die Seiten der Hüfte und den Brustkorb. Sie ist auch vorteilhaft für die inneren Organe und hilft dir, eine schlanke Taille zu behalten. Sie wird es dir erlauben, dich zur Seite zu drehen oder nach hinten zu sehen, ohne den ganzen Körper drehen zu müssen.

Sitze mit ausgestrecktem rechten Bein. Stelle das linke Bein an, kreuze über das rechte Bein mit dem linken Fuß, und setze ihn neben dem rechten Knie auf (Siehe Abb.). Nun biege den rechten Arm, und lege ihn an die Außenseite des linken Oberschenkels, oberhalb des Knies. Während der Dehnung übe Druck mit dem Ellenbogen auf das Bein aus, um es ruhig zu halten.

Während du dich mit der linken Hand abstützt, wende den Kopf langsam, und blicke über die linke Schulter; drehe den Oberkörper gleichzeitig zum linken Arm hin. Während du den Oberkörper drehst, stelle dir vor, die Hüfte würde sich in derselben Richtung drehen (obwohl sie dies nicht wird, da sie vom rechten Arm unbeweglich gehalten wird). Dies sollte dir eine gute Dehnung im unteren Rücken und der Hüftseite schaffen. Halte sie 15 Sekunden lang, und mach die Übung beidseitig. Halte den Atem nicht an, sondern atme entspannt weiter.

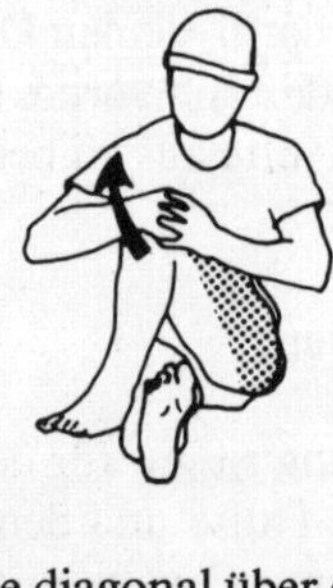

Variation: Zieh dein Knie diagonal über deinen Körper in Richtung der gegenüber befindlichen Schulter, bis du eine leichte Dehnung in der Hüftseite spürst. Halte dies 30 Sekunden lang, und mach es beidseitig.

Zusammenfassung

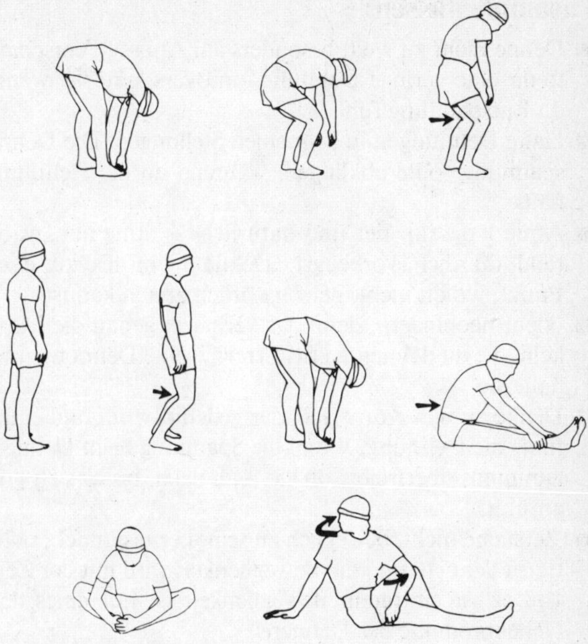

Man neigt dazu, mehr Zeit mit dem ersten Bein oder Arm oder Bereich zu verbringen, der gedehnt wird, zieht meistens die ›leichte‹, beweglichere Seite vor. Wegen dieser natürlichen Tendenz wird mehr Zeit mit den ›guten‹ und weniger mit den ›schlechten‹ Körperseiten verbracht. Um diesen Unterschied der Beweglichkeit des Körpers auszugleichen, dehne zuerst deine verhärtete Seite. Dies wird erheblich zu deiner Auflockerung beitragen.

An diesem Punkt wollen wir einige der grundsätzlichen Techniken des Dehnens zusammenfassen:

- Dehne nicht zu weit, besonders am Anfang. Verschaffe dir eine geringe Dehnung, und verstärke sie, wenn du Entspannung fühlst.
- Halte Dehnungen in bequemen Stellungen. Die Dehnspannung sollte abklingen, während du die Dehnung hältst.
- Atme langsam, tief und natürlich – atme aus, während du dich vorbeugst. Dehne nicht bis zu dem Punkt, wo du nicht mehr natürlich atmen kannst.
- Nicht nachfedern, denn das verhärtet genau die Muskeln, die du dehnen willst. Erreiche eine Dehnung und halte sie.
- Denke an den Körperteil, der gedehnt wird, und empfinde die Dehnung. Wenn die Spannung beim Dehnen zunimmt, übertreibst du sie. Laß nach, bis es sich gut anfühlt.
- Versuche nicht, beweglich zu sein. Lerne einfach, richtig zu dehnen, und die Beweglichkeit wird mit der Zeit von selbst eintreten. Beweglichkeit ist nur eines der Nebenprodukte des Dehnens.

Weitere Dinge, an die wir denken sollten:

- Wir sind jeden Tag anders. An manchen Tagen sind wir verspannter als an anderen.
- Du bestimmst, was du empfindest, durch das, was du tust.
- Regelmäßigkeit und Entspannung sind die wichtigsten Faktoren beim Dehnen. Wenn du mit regelmäßigem Dehnen anfängst, wirst du auf natürliche Weise aktiv und in Form sein.
- Vergleiche dich nicht mit anderen. Auch wenn deine Muskulatur verhärtet und unbeweglich ist, soll dich das nicht davon abhalten, zu dehnen und dich körperlich zu verbessern.
- Richtiges Dehnen bedeutet, innerhalb deiner Grenzen dehnen, entspannt und ohne zu wetteifern.
- Dehnen hält deinen Körper für Bewegung bereit.
- Mach Dehnübungen, wann immer dir danach ist. Sie werden dir immer guttun.

Dehnübungen für den Rücken

Es ist am besten, auf einer festen, aber nicht harten Fläche zu dehnen, besonders wenn du Dehnübungen für den Rücken durchführst. Wenn du auf einer zu harten Fläche übst, wird es dir schwerer fallen zu entspannen.

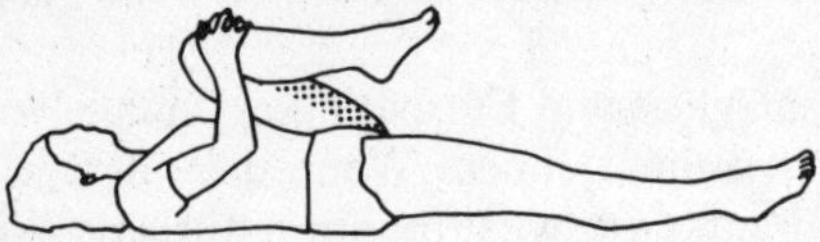

Liege auf dem Rücken, und ziehe das linke Knie an die Brust. Halte den Hinterkopf nach Möglichkeit auf der Matte, aber nicht verkrampft. Wenn es dir nicht möglich ist, den Kopf unten zu halten, kümmere dich nicht darum. Halte das andere Bein so gerade wie möglich, aber auch hier nicht verkrampft. Mach die Übung beidseitig, halte sie jeweils 30 Sekunden lang. Sie wird dir helfen, die Rückenmuskulatur und die Kniebeuger aufzulockern.

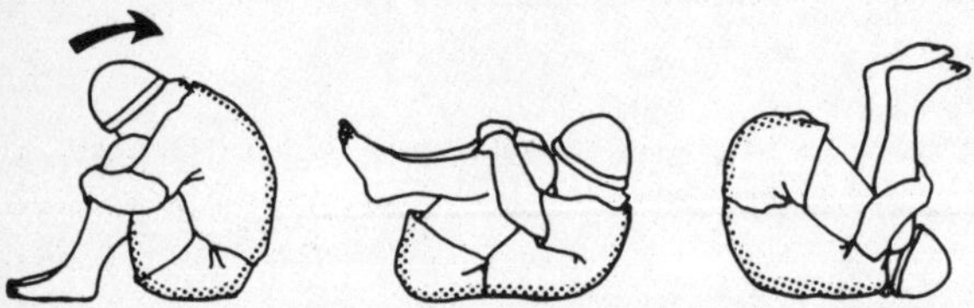

Mach diese Übung nicht auf hartem Untergrund, sondern benutze eine Matte oder einen Teppich. Umfasse im Sitzen die Knie, und zieh sie an deine Brust. Halte dein Kinn auf der Brust, und rolle behutsam die Wirbelsäule auf und ab. Dies dehnt die Muskeln entlang der Wirbelsäule.

Versuche, gleichmäßig und kontrolliert zu rollen. Rolle 4–8mal vor und zurück oder bis du spürst, daß sich dein Rükken auflockert. Laß dir Zeit. Übertreibe nicht, sondern entwickle dein körperliches Wohlbefinden allmählich.

Beginne diese Übung in derselben Position wie oben. Während du rückwärts rollst, kreuze die Unterschenkel, und zieh gleichzeitig die Füße von außen an die Brust. Laß die Füße los, während du wieder ins Sitzen rollst, so daß die Beine dann zusammen und nicht gekreuzt sind. Beginne das Rollen immer mit ungekreuzten Beinen. Wechsle bei Wiederholungen der Übung die Beine beim Kreuzen ab (rechts über links und umgekehrt), damit beim Ziehen der untere Rücken beidseitig gleichmäßig gedehnt wird. Wiederhole 6 – 8mal.

Vorsicht: Wenn deine Rückenmuskulatur extrem verspannt ist, dehne sie am Anfang nicht zu weit. Lerne, die Technik und dein Gleichgewicht zu halten. Zieh die Beine immer mit leichter, gleichbleibender Kraft an. Arbeite langsam und unangestrengt, konzentriere dich auf deine Entspannung, und lerne dabei, Geduld zu entwickeln.

Nimm dir Zeit bei Rückendehnungen. Hetze nicht durch die Übungen. Konzentriere dich darauf, bei jeder Dehnübung, die du machst, entspannt zu sein. Finde Dehnungen, die sich bequem anfühlen, und quäle dich nicht.

Jetzt, wo die Rückenmuskeln etwas gedehnt und aufgelockert sind, rolle langsam rückwärts, mit den Beinen und Füßen über Kopf. Halte die Hände auf den Hüften, als Stützen und zur

Kontrolle. Versuche eine Haltung zu finden, die bequem ist und dich normal atmen läßt. Halte den Atem nicht an. Wenn du eine bequeme Position gefunden hast, entspanne.

Eine gute Methode, den Rücken zu dehnen, ist, eine für dich bequeme Haltung zu finden, die Dehnung durch eine geringe Veränderung zu verstärken und dann in die ursprüngliche, bequeme Position zurückzukehren. Lerne zu dehnen und zu entspannen. Sei nicht in Eile dabei.

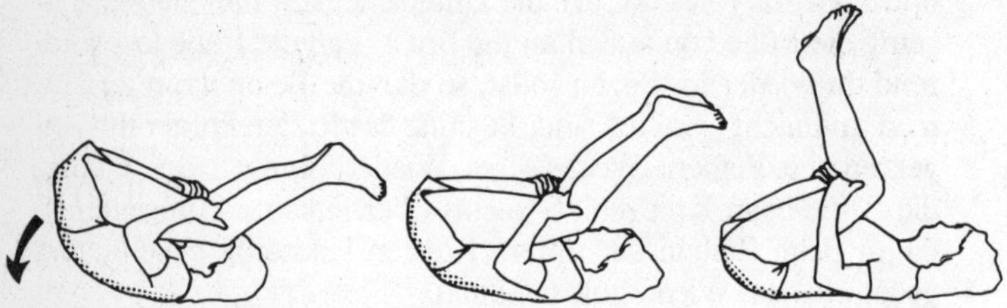

Mit den Beinen über Kopf rolle langsam nach unten und versuche, auf jedem einzelnen Wirbel zu rollen, einem nach dem anderen. Zu Anfang wirst du wahrscheinlich schnell abrollen, aber durch Übung wird sich dein Rücken so auflockern, daß du langsam abrollen kannst, Wirbel für Wirbel.

Halte die Kniekehlen fest und die Knie gebeugt, während du abrollst. Benutze Arme und Hände, um die Beine still zu halten. Dadurch kannst du besser kontrollieren, wie schnell du abrollst. Halte den Kopf auf dem Boden. Du mußt den Kopf eventuell leicht bewegen, um die Balance zu halten.

Das langsame Herausrollen aus der Beine-über-Kopf-Position ist ein sehr guter Weg, genau festzustellen, welcher Teil deines Rückens am verspanntesten ist. Es sind die Bereiche, die sich am schwierigsten langsam abrollen lassen. Aber du kannst die Verhärtung und die Ungelenkigkeit der Wirbelsäule wegdehnen, wenn du dir jeden Tag etwas Zeit nimmst, um daran zu arbeiten.

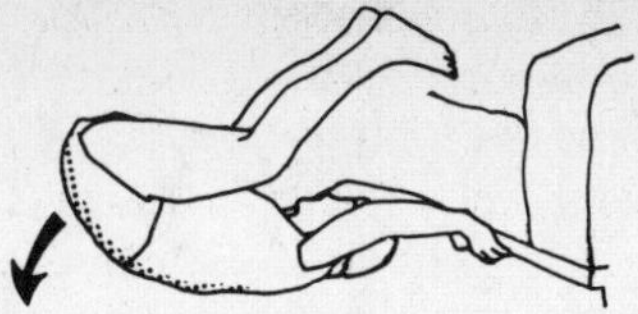

Um die Dehnung beim Abrollen aus dieser Übung zu intensivieren, strecke die Arme über Kopf, und halte dich an etwas Stabilem fest, wie an der Kante der Matte oder an einem schweren Möbelstück. Jetzt halte die Arme ein wenig und die Beine stärker angewinkelt, und rolle Wirbel für Wirbel nach unten. Indem du dich mit den Händen irgendwo festhältst, erreichst du eine vollständigere Dehnung des Rückens. Gehe langsam und kontrolliert vor.

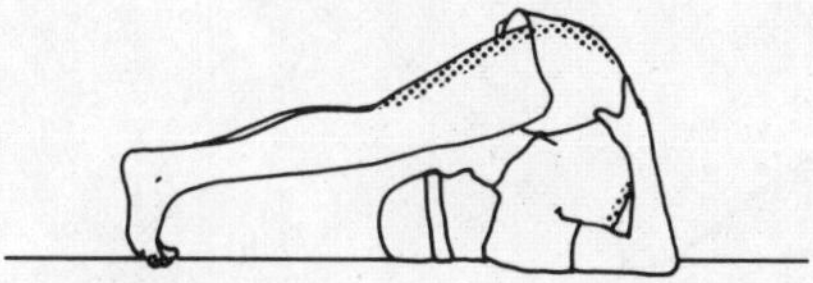

Es gibt viele Variationen der Beine-über-Kopf-Position:

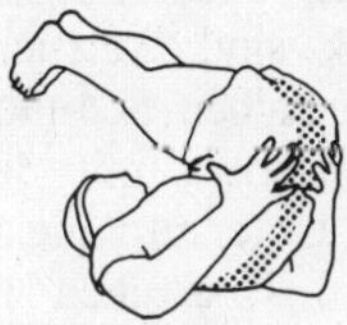

Wenn du es nicht schaffst, den Boden hinter dir mit den Zehen zu berühren, finde einfach eine Haltung, die mit angewinkelten Knien bequem ist.

Oder beuge die Knie, und laß die Beine beidseitig neben deinem Kopf auf dem Boden ruhen.

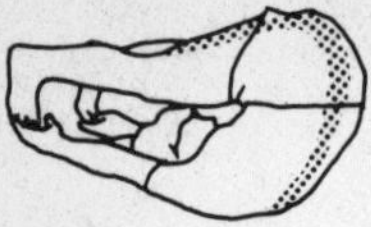

Wenn du ziemlich gelenkig bist, kannst du diese Übung mit geraden Beinen und Finger-Zehen-Berührung machen. Dies wird die Kniebeuger weiterdehnen und die Dehnung von mittlerem bis unterem Rücken verstärken.

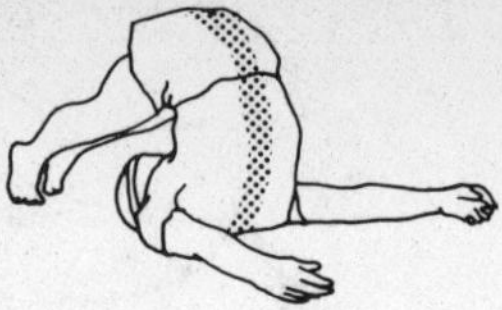

Oder du kannst die Beine fast gerade halten und die Arme ausstrecken.

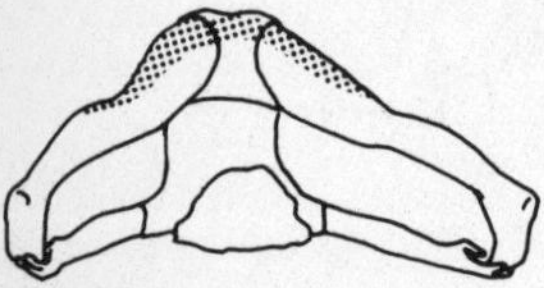

Es ist auch möglich, den Unterleib aus der Beine-über-Kopf-Haltung heraus zu dehnen.

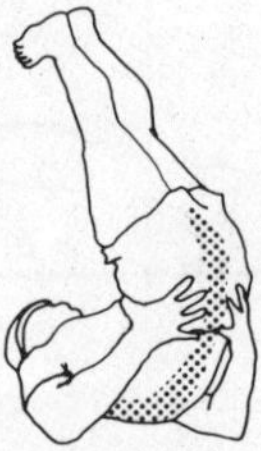

Wenn deine Bauchmuskeln relativ stark sind, versuche eimal einen halben Schulterstand zu machen, mit den Händen zur Unterstützung an den Hüften. Übe, dich im Gleichgewicht zu halten.

In all diesen Haltungen kannst du den mittleren Teil deines Körpers sehen und spüren. Wenn du diese Dehnübungen schwierig findest und sie dir wenig Gelegenheit zum Atmen lassen, trägst du vielleicht zu viel Mehrgewicht an der falschen Stelle an dir herum. Wenn der Körper sich in irgendeiner dieser Variationen der Beine-über-Kopf-Haltung bequem anfühlt, funktioniert er offensichtlich effizienter.

Diese Dehnübung ist gut, um Bauchspeck zu verringern, den Rücken zu dehnen, und sie ist eine gute Stellung, die Füße anzuheben und damit die Blutzirkulation in den unteren Gliedmaßen zu verbessern.

Bei vielen von uns ermüdet der Lendenbereich nach stundenlangem Stehen oder Sitzen. Eine Position, die diese Spannung verringern hilft, ist die Hocke.

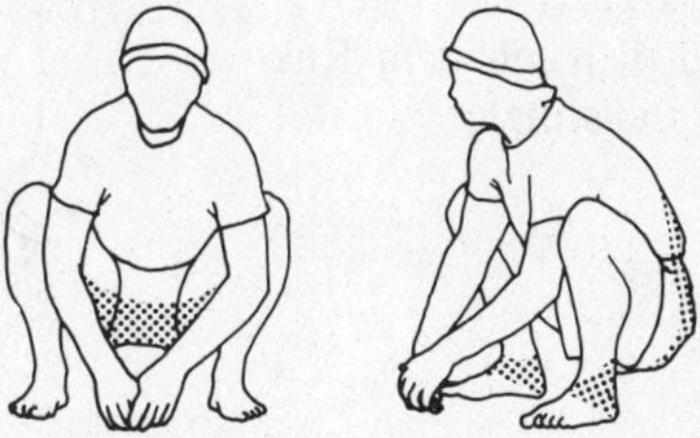

Aus dem Stand heraus hocke dich hin, die Füße flach auf dem Boden und ca. 15° nach außen gewinkelt. Die Fersen sollten 10–30 cm auseinander sein, je nachdem, wie gelenkig du bist oder, wenn du mit Dehnübungen erfahrener bist, genau weißt, welchen Körperteil du dehnen willst. Die Hocke dehnt die Vorderseiten der Unterschenkel, die Knie, den Rücken, die Fußknöchel, die Achillessehnen und den Beckenboden. Halte die Knie außerhalb der Schultern. Die Knie sollten sich direkt über den großen Zehen befinden. Halte diese Stellung bequem 30 Sekunden lang. Für manche Menschen wird dies leicht sein, für andere sehr schwierig.

Variationen: Zu Anfang kann es Probleme mit dem Gleichgewicht geben, man fällt meistens hintenüber, weil die Fußgelenke und Achillessehnen zu stark gespannt sind. Wenn du dich nicht so hinhocken kannst, wie oben gezeigt wird, gibt es andere Wege, diese Haltung zu erlernen.

Versuche auf einer schiefen Ebene zu hocken

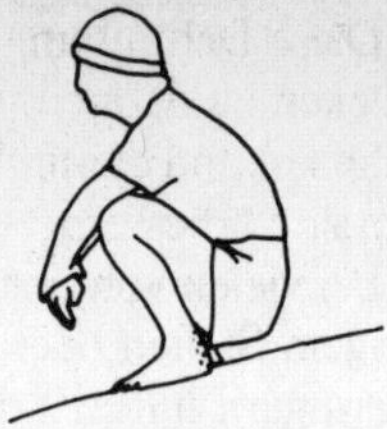

oder indem du dich mit dem Rükken an eine Wand stützt.

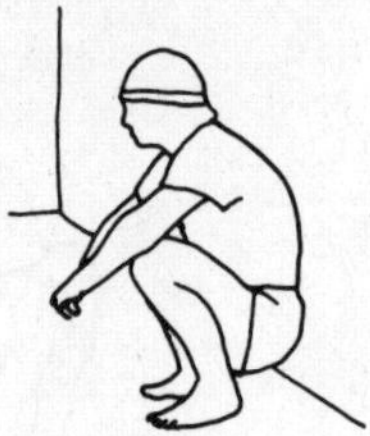

Du kannst eine Stange oder einen Pfahl festhalten, um dein Gleichgewicht zu halten.

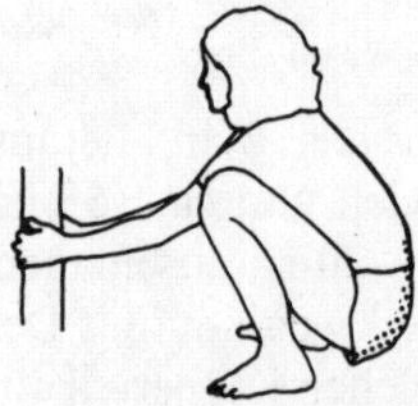

Die Hocke wird zu einer sehr bequemen Position und hilft, jegliche Verspannung im Lendenbereich zu lindern.

Sei vorsichtig, wenn du irgendwelche Probleme mit den Knien gehabt hast. Falls Schmerzen eintreten, brich diese Dehnübung ab.

Das Halten der richtigen Dehnspannung für einige Zeit erlaubt dem Körper, sich an diese neuen Positionen zu gewöhnen. Bald wird sich der gedehnte Bereich der leichten Spannung anpassen, und allmählich kann und wird der Körper diese neuen Positionen einnehmen, ohne daß die früheren Verspannungen spürbar sein werden.

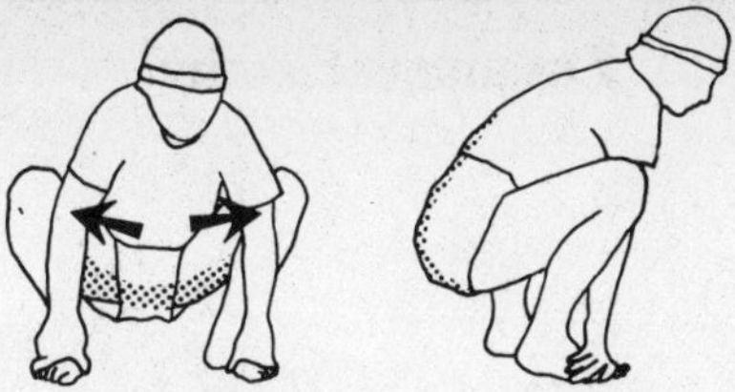

Um die Dehnung im Unterleib zu verstärken, halte die Ellenbogen innerhalb der Oberschenkel, und drücke mit ihnen leicht nach außen, während du dich geringfügig aus der Hüfte heraus nach vorne beugst. Die Daumen sollten an den Innenseiten und die Finger an den Außenseiten der Füße liegen. Halte die Dehnung 20 Sekunden lang, überdehne nicht. Wenn du Schwierigkeiten mit dem Gleichgewicht hast, hebe die Fersen etwas an.

Um von der Hocke wieder in den Stand zurückzukehren, zieh dein Kinn etwas zurück, und hebe dich gerade hoch, indem die Beine die Arbeit leisten und der Rücken gerade bleibt. Neige den Kopf beim Aufstehen nicht nach vorne, da dies zuviel Druck auf den Lendenbereich ausübt.

Zusammenfassung

Das Hochlegen der Füße

Das Hochlegen der Füße vor und nach körperlicher Betätigung ist eine großartige Methode, die Beine zu beleben. Es gibt den Beinen Leichtigkeit und viel gleichbleibende Energie für den Alltag und für besondere Aktivitäten. Es ist ein wunderbarer Weg, auszuruhen und müde, abgeschuftete Füße zu entspannen. Es hilft dem gesamten Körper, sich besser zu fühlen. Auch können Krampfadern dadurch verhindert oder gemildert werden. Ich empfehle, die Füße mindestens zweimal am Tag zur Belebung und Entspannung hochzulegen.

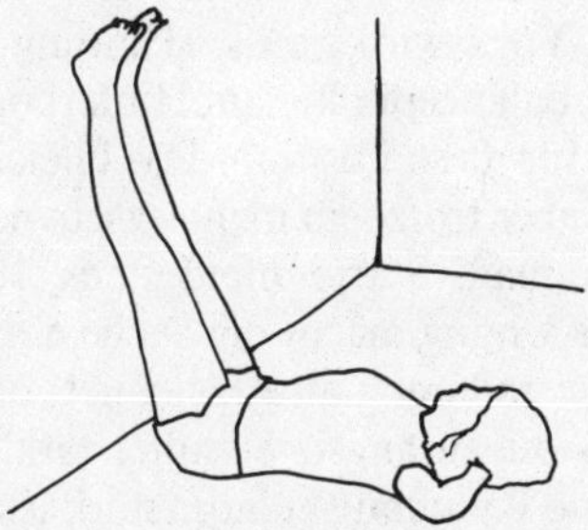

Sich auf den Boden legen und die Füße gegen eine Wand lehnen, ist ein einfacher Weg, sie hochzulegen. Halte den unteren Rücken flach dabei. Das Gesäß sollte mindestens 10cm von der Wand entfernt sein.

Falls du keine Wand zur Verfügung hast, kannst du die Füße aus der Beine-über-Kopf-Position heraus anheben.

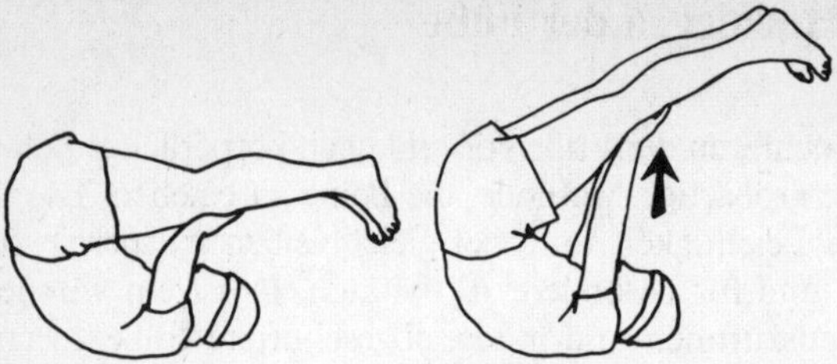

Lege die Handflächen auf die Knie, so daß die Finger zu den Zehen zeigen. Halte die Arme gerade oder drücke sie durch. Wenn du im Hüftbereich entspannen kannst, tragen die Arme das Gewicht der Beine. Dies ist eine sehr entspannende Haltung. Im Hatha-Yoga wird sie die ›Haltung der Gemütsruhe‹ genannt. Es gibt Balancepunkte am Hinterkopf und an der oberen Wirbelsäule für diese Position. Das Gleichgewicht ist nicht leicht zu finden, aber trotzdem nicht so schwierig, wie es zu Anfang erscheinen mag. Starte mindestens 10 – 12 gründliche Versuche. Etwas Übung macht die Sache einfach.

Schulterstände sind auch ausgezeichnet, um die Füße hochzuhalten. Wenn du anfängst, Schulterstände zu üben, ist es wichtig, daß deine Bauchmuskulatur stark ist.

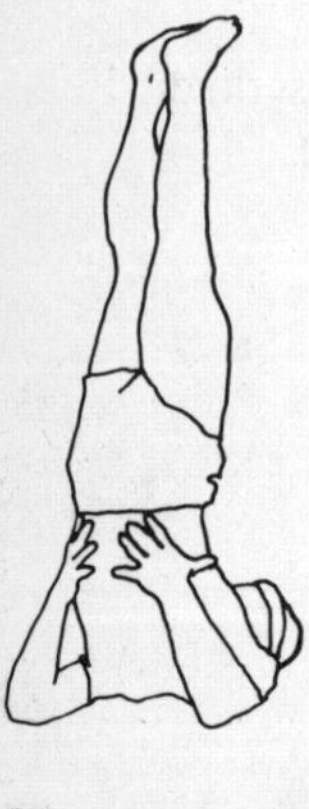

Halte die Hände hinten an den Hüften, und versuche, die Beine über deinem Kopf zu halten. Die Hände werden dich stützen und im Gleichgewicht halten. Spanne die Gesäßmuskeln an, um den Beckenbereich zu stützen und dir eine geradere Haltung zu geben.

Wenn dir diese Übung leichter fällt und deine Bauchmuskeln stärker geworden sind, kannst du mit den Händen loslassen und die Arme über den Kopf legen, hinter den Rücken oder gerade entlang der Beine. Diese letzte Position ist relativ fortgeschritten und schwierig.

Fange mit Schulterständen von nur wenigen Sekunden an. Verlängere allmählich die Zeit, während der du deine Füße hochhältst.

Wir mögen wissen, daß Dehnen und regelmäßige Leibesübungen guttun, aber Wissen alleine genügt nicht. Das Tun ist das Wichtige, denn was nützt uns Wissen, wenn wir es nicht anwenden, um erfüllter zu leben?

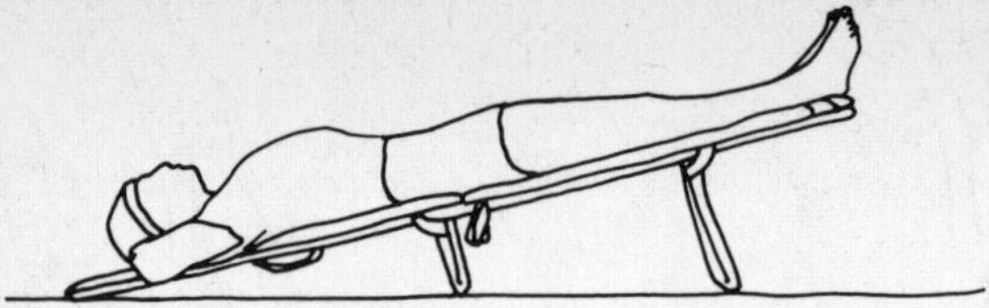

Eine sehr gute Möglichkeit, die Füße hochzulegen, bietet die schiefe Ebene (entsprechende Liegen sind im Sportfachhandel erhältlich). Benutze das Brett nicht, um Übungen durchzuführen, sondern liege einfach darauf und entspanne ca. 5 Minuten lang, und verlängere die Zeiten allmählich auf 15–20 Minuten.

Dies ist eine gute Position, um den Bauch einzuziehen und schlank zu sein. Die inneren Organe werden langsam in eine normale Lage zurücksinken. Für Menschen, die sich schlank fühlen und auch so aussehen wollen, ist diese Lage ausgezeichnet.

Wenn du das Brett verläßt, bleibe erst einmal 2–3 Minuten lang aufrecht sitzen, bevor du aufstehst. Du solltest aus allen Positionen mit hochgelagerten Füßen langsam aufstehen, damit dir nicht schwindelig wird.

Variationen:

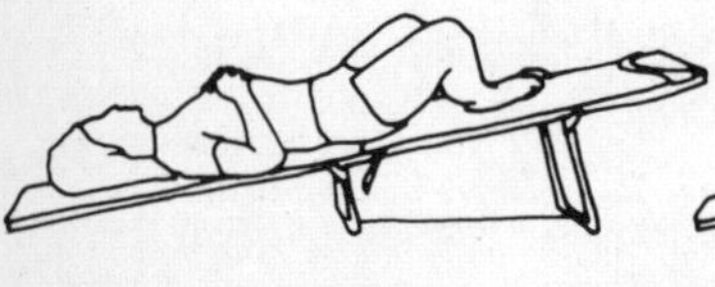

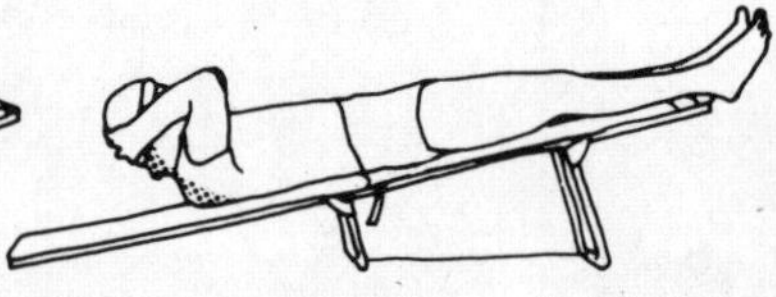

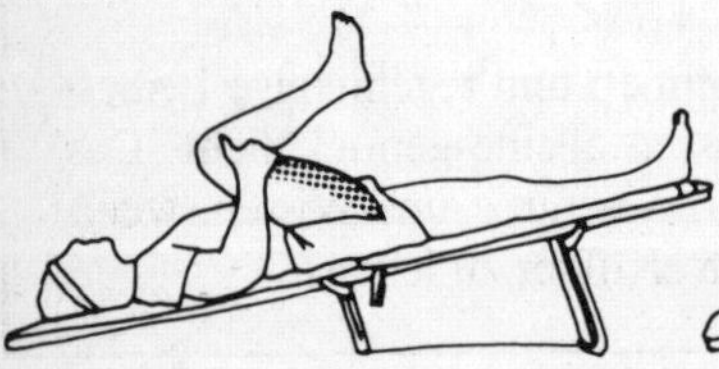

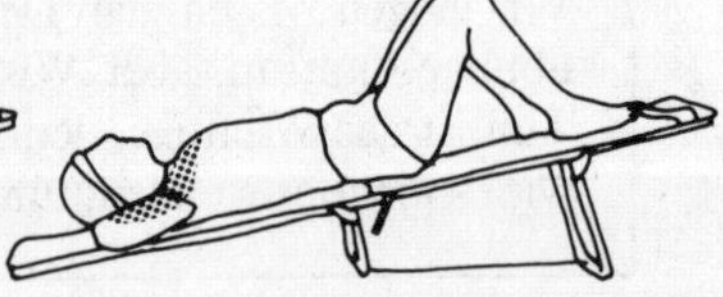

Zusammenfassung

Dehnübungen im Stehen für Beine und Hüften

Diese Serie von Dehnübungen wird deinem Gehen und Laufen helfen. Sie gibt den Beinen Beweglichkeit und Energie. All diese Dehnübungen können im Stehen durchgeführt werden.

Um die Wade zu dehnen, stell dich vor eine solide Stütze, und lehne dich mit den Unterarmen dagegen, den Kopf auf den Händen. Winkle ein Bein an, und stell den Fuß auf den Boden vor dir, das andere Bein gestreckt nach hinten. Bewege die Hüfte langsam vor, und halte den unteren Rücken dabei gerade. Die Ferse des geraden Beines soll aufliegen. Die Zehen zeigen nach vorn oder sind etwas nach innen gedreht. Die Dehnung 30 Sekunden lang halten. Nicht nachfedern, beidseitig üben.

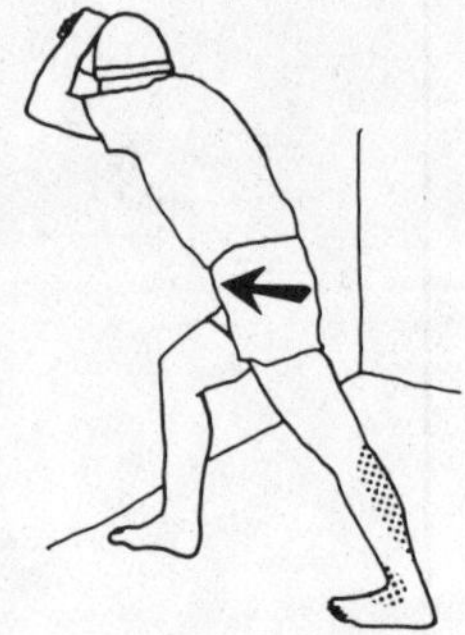

Um die Wade und die Achillessehne zu dehnen, senke die Hüfte, während du das Knie etwas biegst. Halte den Rücken gerade. Der hintere Fuß sollte etwas nach innen zeigen, mindestens jedoch geradeaus, die Ferse liegt fest auf. Halte die Dehnung 25 Sekunden lang. Der Bereich der Achillessehne benötigt lediglich ein geringes Dehngefühl.

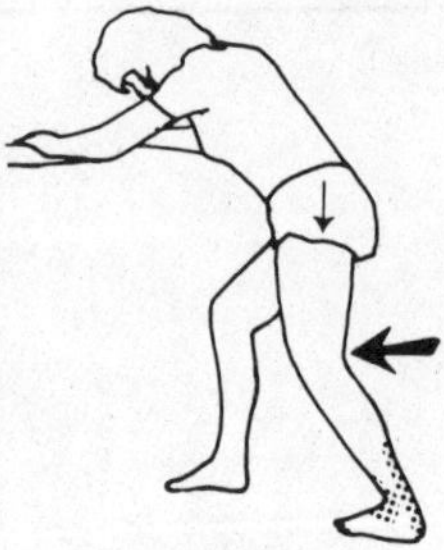

Um die Außenseite der Hüfte zu dehnen, stell dich genauso hin wie bei der Wadendehnung. Dehne die rechte Hüftseite, indem du die Hüfte rechts etwas nach innen drehst. Verschiebe die rechte Hüftseite etwas nach außen, indem du die Schultern geringfügig in die entgegengesetzte Richtung der Hüfte schiebst. Halte eine gleichmäßige Dehnung 25 Sekunden lang, und mach die Übung beidseitig.

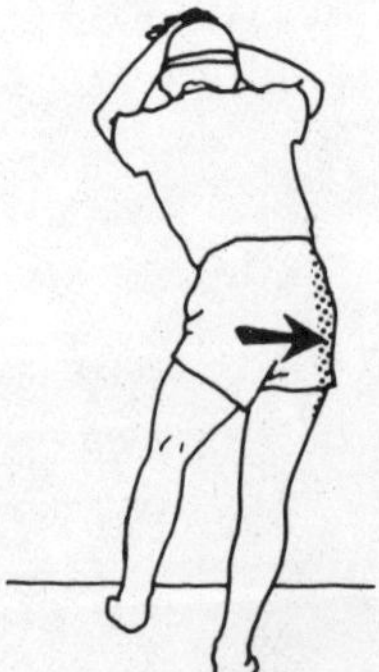

Achillessehne und Fußgelenke können auf verschiedene Weise gedehnt werden. Die Möglichkeiten einer Wand als Stütze und die Position der gestreckten Zehen (S.64) habe ich bereits besprochen. Wenn du diesen Bereich weiter dehnen möchtest, kannst du einen Kantstein oder eine Treppe benutzen.

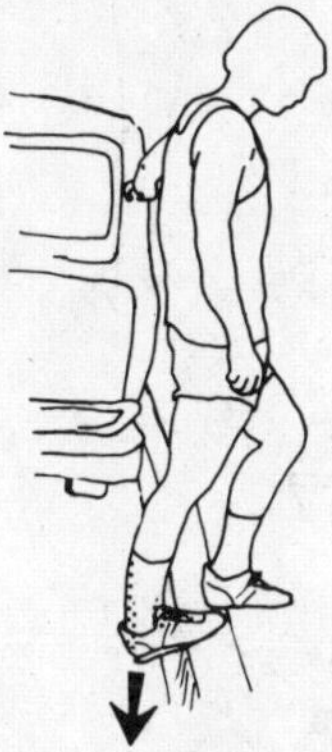

Stell den Ballen des Fußes auf die Kante des Vorsprungs, und laß den Rest des Fußes herabhängen. Drücke die Ferse unter die Ebene der Kante. Mach die Übung langsam, und verbessere dein Gleichgewicht. Es kann sein, daß du dich an einem Auto oder Treppengeländer abstützen mußt. Das Bein, dessen Achillessehne und Fußgelenk gedehnt werden, sollte gerade gehalten werden. Bei dieser Übung nur die leichte Phase durchführen. Diese 20 Sekunden lang halten.

Führe die Übung auch mit leicht angewinkeltem Knie durch, um das Dehngefühl auf einen höheren Teil der Achillessehne zu verlegen.

Dies ist eine gute Dehnübung nach anstrengendem Sport oder wenn sich die Waden und Achillessehnen extrem hart anfühlen. Sie kann praktisch überall durchgeführt werden und verleiht den unteren Beinen etwas mehr Belebung.

Stütz dich ab oder halte dich an etwas fest, und zieh das Knie zur Brust hoch. Bleibe aufrecht und beuge dich nicht vor. Dies ist eine milde Dehnung für die oberen Kniebeuger, das Gesäß und die Hüfte. Der Fuß am Boden sollte geradeaus zeigen und das Knie etwas gewinkelt sein (2 cm). Halte eine leichte Dehnung 30 Sekunden lang, und mach die Übung beidseitig.

Stelle den Fußballen auf eine feste Stütze (Mauer, Zaun, Tisch). Der untere Fuß zeigt geradeaus. Biege jetzt das Knie des oberen Beines, während du die Hüfte nach vorne bewegst. Dies sollte den Unterleib, die Kniebeuger und die Vorderseite der Hüfte dehnen. Halte die Dehnung 30 Sekunden lang. Übe mit beiden Beinen. Wenn möglich, nimm die Hände, um dir an der Stütze Balance und Halt zu verschaffen. Diese Übung wird es dir leichter machen, die Knie zu heben.

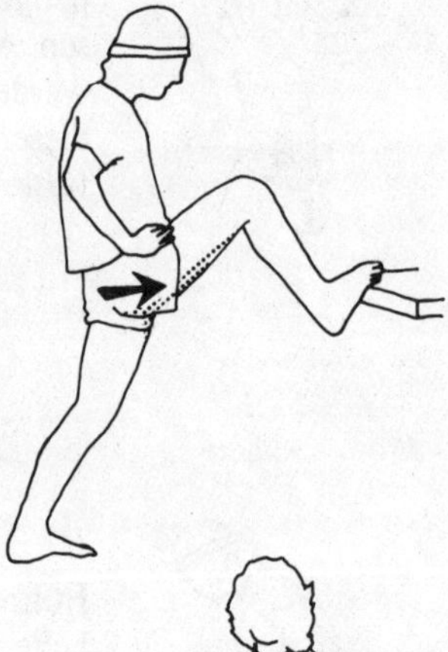

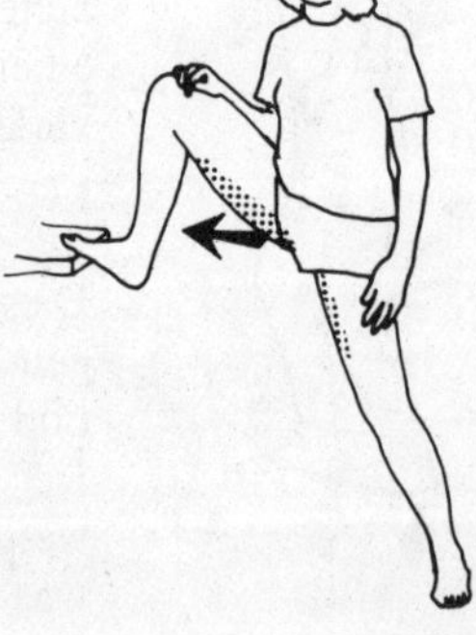

Variation: Anstatt den unteren Fuß geradeaus zeigen zu lassen, drehe ihn um 90°, so daß er parallel zur Stütze steht, und führe die Übung durch wie oben beschrieben. Dies dehnt die Innenseiten der Oberschenkel. 25 Sekunden lang halten.

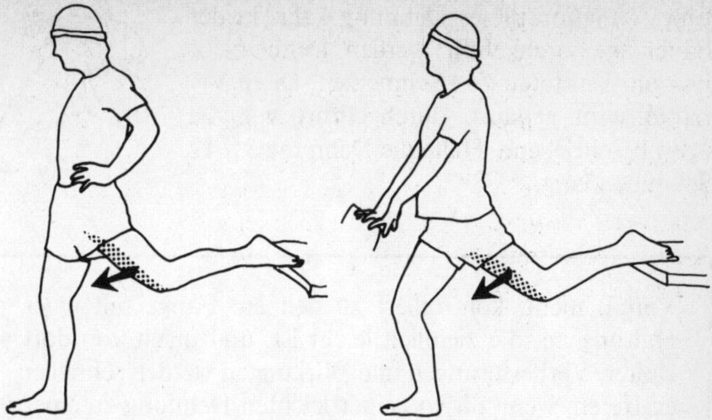

Strecke den Fuß nach hinten, und stütze ihn auf einem geeigneten Vorsprung oder Möbel in bequemer Höhe ab. Zieh das Bein in Gedanken vor, um eine Dehnung der vorderen Hüfte und der Kniestrecker zu schaffen. Zieh die Gesäßmuskeln während dieser Übung zusammen. Halte das stehende Bein leicht gebeugt (2cm) und den Oberkörper senkrecht. Der stehende Fuß sollte gerade nach vorn zeigen. Du kannst die Dehnung verändern, indem du das stehende Bein etwas mehr beugst. Halte eine leichte Dehnung 20 Sekunden lang. Übe durch entspannte Wiederholung, bei dieser Dehnübung bequem und im Gleichgewicht zu sein.

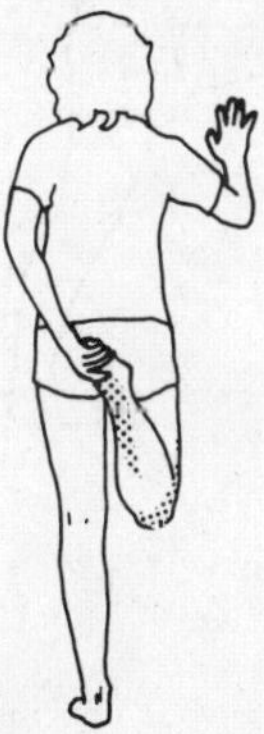

Um Kniestrecker und Knie zu dehnen, halte die Spitze des rechten Fußes mit der linken Hand, und zieh die Ferse behutsam an das Gesäß heran. Das Knie beugt sich in einem natürlichen Winkel, wenn du den Fuß mit der entgegengesetzten Hand hältst. Diese Übung hilft bei der Genesung eines Knies und bei verwandten Problemen. Halte die Dehnung 30 Sekunden lang je Bein.

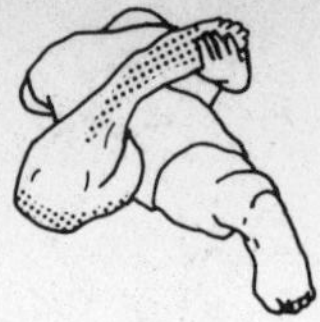

Eine Variation dieser Dehnung kann in der Bauchlage durchgeführt werden. Dehne nicht bis zum Eintreten von Schmerzen. Diese Variante wird genauso durchgeführt wie die oben beschriebene. Halte die Dehnung 8 – 12 Sekunden lang.

> Vergiß nicht, kontrolliert zu dehnen. Fange mit einer Haltung an, die ziemlich leicht ist, und mach von dort weiter. Verbesserungen und Wirkungen werden schneller eintreten, wenn du von einer leichten Dehnung zu einer fortschreitenden Dehnung übergehst. Laß dich langsam beweglicher werden. Denke immer daran, daß verkrampftes Vorgehen dich davon abhalten wird, die vielen Vorteile des Dehnens zu genießen.

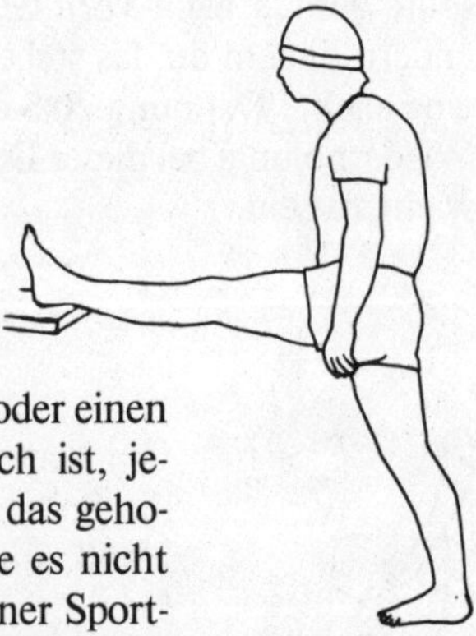

Lege die Ferse auf eine Abstützung oder einen Vorsprung, der ungefähr taillenhoch ist, jedoch in jedem Fall bequem. Da du das gehobene Bein geradehalten willst, sollte es nicht zu hoch liegen. Wenn du dich in einer Sportanlage befindest, kann eine Hürde genau das richtige sein, da die meisten in der Höhe verstellbar sind. Das stehende Bein sollte ein wenig gebogen sein (2cm), mit dem Fuß wie beim Gehen oder Laufen nach vorne zeigend.

Während du jetzt geradeaus siehst, beuge dich langsam aus der Hüfte vor, bis du eine gute Dehnung an der Rückseite des gehobenen Beines spürst. Halte sie und entspanne. Finde die leichte Dehnung, entspanne, und dann verstärke sie. Dies ist eine sehr gute Vorbereitung zum Laufen oder Gehen.

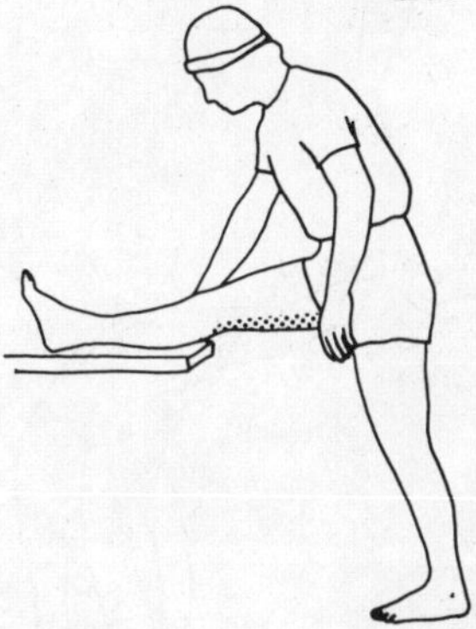

Variation: Wenn es dir schwerfällt, deine Zehen zu berühren, stütze einen größeren Teil des Beines in bequemer Höhe ab. Dann kannst du die Vorderkante der Stütze als Halt benutzen, während du das richtige Dehngefühl in den Kniebeugern schaffst.

Um die Innenseite des gehobenen Beines zu dehnen, dreh den Fuß auf dem Boden parallel zur Abstützung. Laß den Körper in dieselbe Richtung wie den auf dem Boden befindlichen Fuß schauen, dreh die linke Hüftseite leicht nach innen. Biege dich langsam zur Seite, die linke Schulter in Richtung des linken Knies. Dies sollte die Innenseite des Oberschenkels dehnen. Halte eine leichte Dehnung 15 Sekunden lang und eine fortschreitende Dehnung 20 Sekunden lang. Das Knie des stehenden Beines sollte durchweg leicht gebeugt sein. Übe mit beiden Beinen.

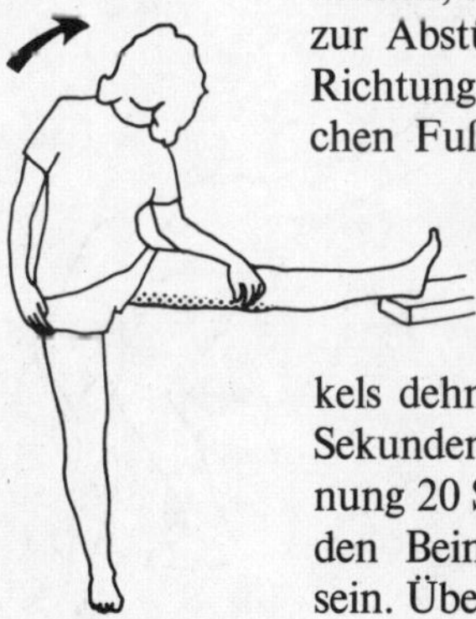

Variation: Um die Dehnung zu verändern, nimm die linke Hand, um die rechte Hand samt Arm über den Kopf zu ziehen. Dies ist gut für die Rumpfseite sowie die Innenseite des gehobenen Beines. Halte eine leichte Dehnung 15 Sekunden lang, und übe beidseitig. Sieh und spüre den Unterschied zwischen beiden Seiten. Um die Dehnung durchzuführen, mußt du ziemlich beweglich sein.

Um die Dehnung zu verändern, beuge dich von der Taille aus dem Fuß am Boden entgegen. Das gehobene Bein sollte gerade bleiben, wird sich jedoch nach innen drehen, während du dich bückst. Halte die Position, und dehne die Kniebeuger des stützenden Beines. Dieses Knie sollte während der Dehnung gebeugt sein. Halte eine leichte Dehnung 20 Sekunden lang.

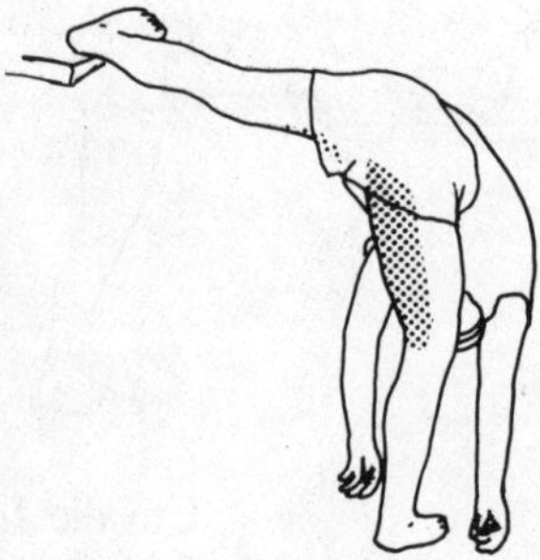

Wenn du den Unterleibsbereich des gehobenen Beines dehnen willst, biege das stützende Bein, und halte das gehobene Bein gerade. Wenn es dir möglich ist, stütze dich am Boden mit den Händen ab. Halte eine leichte Dehnung 20 Sekunden lang.

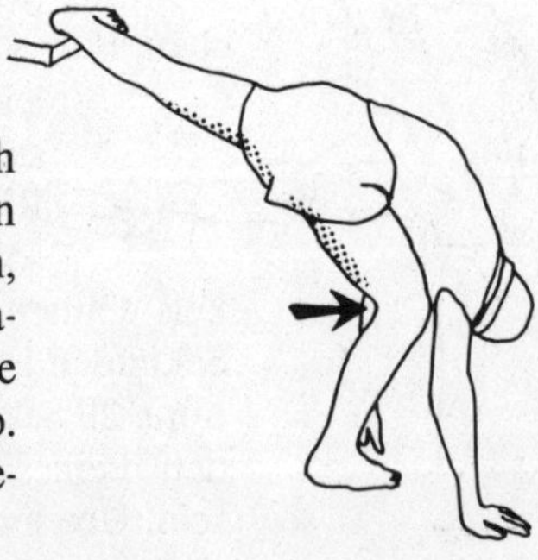

Zusammenfassung

Es ist wichtig, daß wir unser Leben lang beweglich bleiben, so daß wir im Alter die Probleme vermeiden können, die durch steife Gelenke, verhärtete Muskeln und schlechte Haltung verursacht werden. Eine der auffälligsten Begleiterscheinungen des Alters ist der Verlust der Bewegungsvielfalt, und Dehnen ist vielleicht das Wichtigste, was man tun kann, um den Körper locker zu halten.

Dehnübungen im Stehen für den Oberkörper

Die nächsten Dehnübungen eignen sich ausgezeichnet, um die Taille schlank zu halten. Sie werden deine seitlichen Muskeln von den Armen bis zur Hüfte dehnen. Sie werden im Stehen gemacht, und du kannst sie überall und jederzeit durchführen.

Stehe mit den Füßen schulterbreit auseinander und den Zehen geradeaus zeigend. Mit den Beinen leicht gewinkelt (2 cm), stütze dich mit einer Hand in der Taille ab, während du den anderen Arm hoch und über den Kopf streckst. Nun biege dich langsam aus der Taille heraus zu der Seite, in die deine obere Hand zeigt. Bewege dich langsam, spüre eine gute Dehnung. Halte sie und entspanne. Verlängere allmählich die Zeit, während der du die Dehnung halten kannst (eine leichte Dehnung 10 – 15 Sekunden lang). Komme immer langsam und kontrolliert aus der Dehnung heraus. Keine schnellen oder ruckartigen Bewegungen.

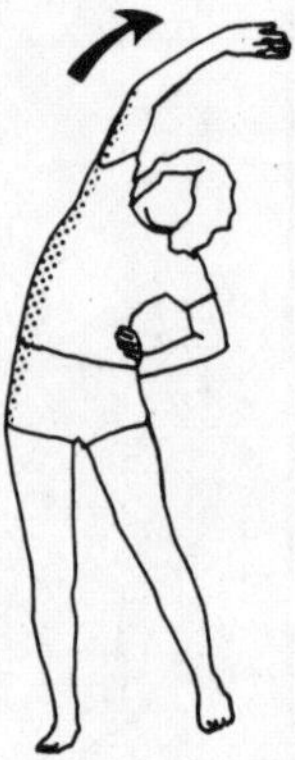

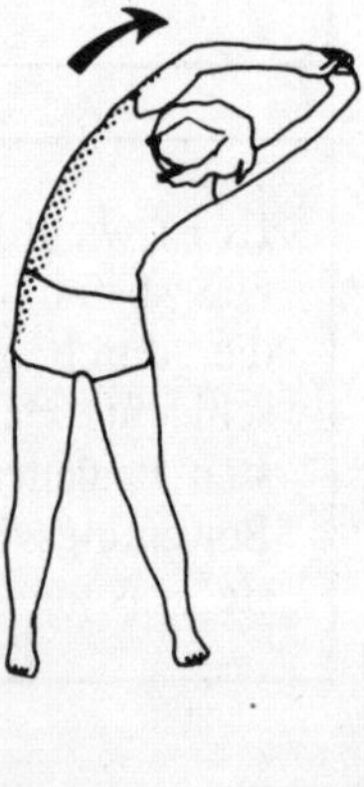

Statt eine Hand an der Hüfte als Stütze zu benutzen, strecke beide Arme über den Kopf. Während die Hände sich festhalten, biege dich langsam seitlich nach links hinüber, laß den linken Arm den rechten dabei ziehen.

Indem du einen Arm benutzt, um den anderen zu ziehen, verstärkst du die Dehnung entlang der Wirbelsäule und den Seiten. Nicht überdehnen. Halte eine leichte Dehnung 8 – 10 Sekunden lang.

Diese Dehnübung wirkt auf die Muskeln entlang der Wirbelsäule.

Abb. 1 *Abb. 2*

Stelle dich mit einem Abstand von 30 – 60 cm mit dem Rücken zu einem Zaun oder einer Mauer. Mit den Füßen etwa schulterbreit auseinander und gerade nach vorne zeigend, drehe deinen Körper langsam, bis du die Hände auf die Fläche hinter dir in Schulterhöhe auflegen kannst (Abb. 2). Drehe dich in eine Richtung und berühre die Wand, kehre in die Ausgangsstellung zurück, und dann drehe dich in die entgegengesetzte Richtung und tu dasselbe. Zwinge dich nicht zu Drehungen, die nicht mehr bequem sind. Falls du Probleme mit den Knien hast, mache diese Dehnübung sehr langsam und behutsam. Bleibe entspannt und versuche nicht, etwas zu erzwingen. Halte die Position 10 – 20 Sekunden lang. Verlängere allmählich die Zeiten. Halte die Knie leicht gebeugt (2 cm).

Variation: Um diese Dehnung zu verändern, wende deinen Kopf, und blicke über die rechte Schulter. Versuche, deine Hüfte möglichst nicht zu drehen, sondern sie parallel zur Wand zu halten. Halte eine leichte Dehnung 10 Sekunden lang, und arbeite beidseitig.

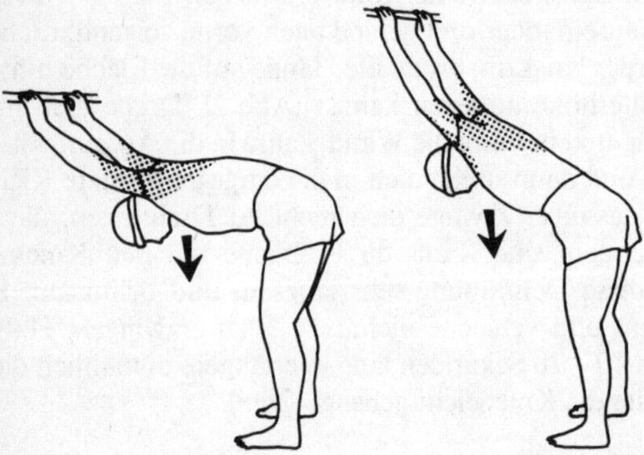

Eine weitere gute Dehnübung für Oberkörper und Rücken ist es, die Hände schulterbreit auseinander auf einen Zaun oder einen Vorsprung zu tun und den Oberkörper herabsinken zu lassen, während die Beine leicht gebeugt sind (2cm). Beuge die Knie immer, wenn du dich nach dieser Übung aufrichtest. Die Füße sollten direkt unter den Hüften sein.

Beuge nun die Beine ein bißchen mehr, und fühle, wie sich die Dehnung ändert. Halte dich auf verschiedenen Höhen fest, und ändere somit den Dehnungsbereich. Nachdem du in dieser Übung routiniert bist, wird es dir möglich sein, die Wirbelsäule wirklich zu dehnen. Eine großartige Übung, wenn du den oberen Rücken und die Schultern den Tag über hast hängen lassen. Dies wird einige Macken aus einem müden Rücken vertreiben. Finde eine Dehnung, die du mindestens 30 Sekunden lang halten kannst.

Bei dieser Übung kannst du dir viele Haushaltsgegenstände zu Hilfe nehmen. Mach sie langsam. Sie kann fast überall durchgeführt werden, du brauchst lediglich etwas Überlegung und dann Initiative.

Um den Dehnbereich auf andere Weise zu verstärken und zu verlagern, bringe ein Bein hinter das andere und über die Linie deiner Längsachse, während du dich in die entgegengesetzte Richtung lehnst. Dies dehnt die schwer zu erreichenden Bereiche des Oberkörpers.

Ich finde diese Arm- und Schulterdehnungen sehr nützlich vor und nach dem Laufen. Sie erlauben größere Entspannung des Oberkörpers und freiere Armbewegung. Auch sind sie gut beim Heben von Gewichten oder als Aufwärmung für alle Oberkörper-Aktivitäten wie Tennis, Handball und Ähnliches.

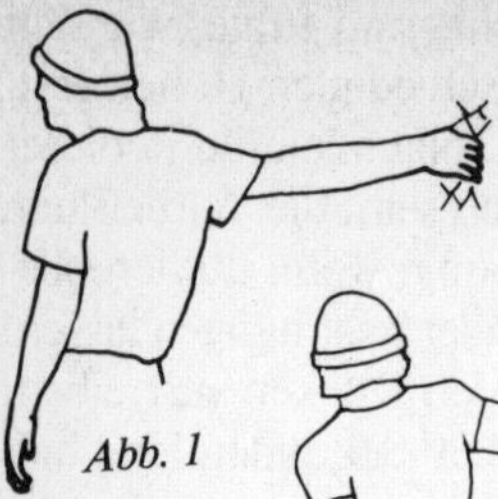

Abb. 1

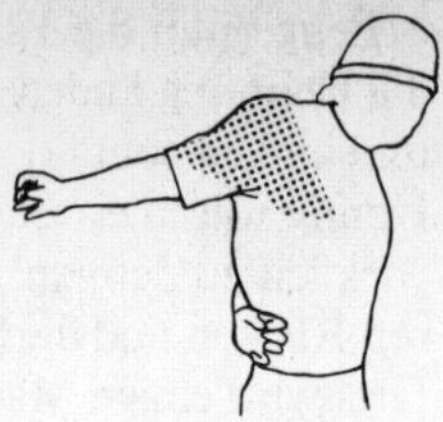

Blick von der anderen Seite des Zauns

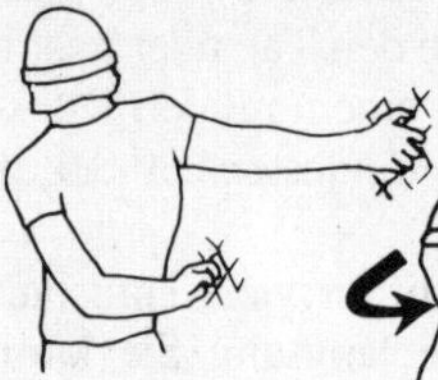

Abb. 2

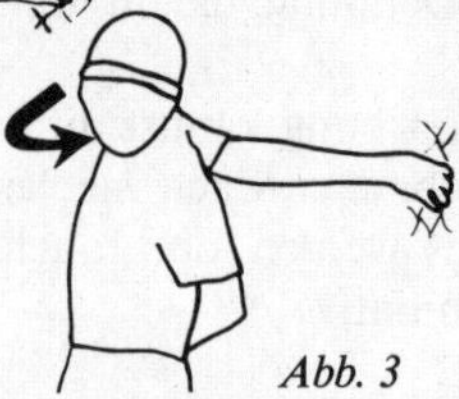

Abb. 3

Diese Dehnübung ist für die Vorderseiten von Armen und Schultern. Du benötigst einen Maschendrahtzaun, einen Türrahmen oder eine Wand dafür. Stell dich vor den Zaun, und halte dich daran fest (oder drücke dagegen) mit der rechten Hand auf Schulterhöhe (Abb. 1). Als nächstes führe den anderen Arm hinter dem Rücken vorbei, und greife den Zaun, oder was du gerade benutzst, wie in Abb. 2. Nun blicke über deine linke Schulter in Richtung deiner rechten Hand. Halte die Schulter nahe am Zaun, während du den Kopf langsam wendest (Abb. 3). Der Versuch, deine rechte Hand hinter dir zu sehen, ergibt eine gute Dehnung in den vorderen Schultern.

Dehne die andere Seite. Tu es langsam und kontrolliert. Das Gefühl einer guten Dehnung ist wichtig, nicht wie weit du dich dehnen kannst.

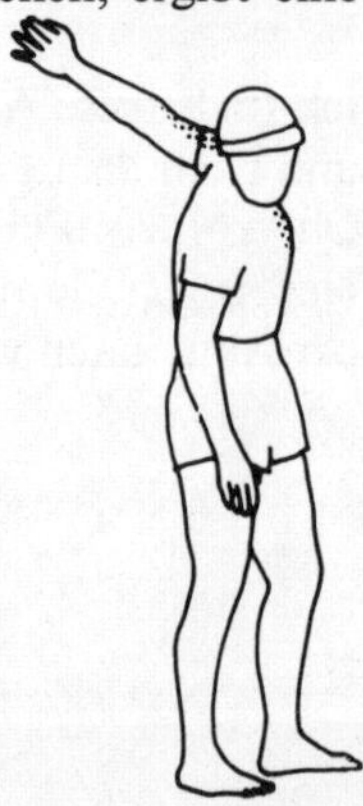

Variation: Von der eben beschriebenen Position ausgehend, dehne Arm und Schulter in verschiedenen Winkeln. Jeder wird eine andere Dehnung hervorrufen. Halte sie 10 Sekunden lang.

Hier ist eine weitere Dehnung, die du an einem Maschendrahtzaun oder einer Wand als Stütze und zur Balance machen kannst.

Abb. 1

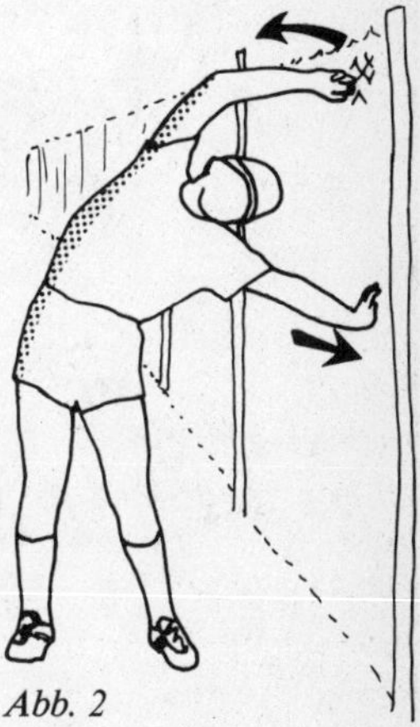

Abb. 2

Halte den Zaun ungefähr in Taillenhöhe mit der linken Hand fest. Reiche über den Kopf mit der anderen Hand, und erfasse den Zaun damit. Der linke Arm wird etwas gewinkelt sein, der rechte ausgestreckt (Abb. 1). Halte die Knie leicht gebeugt (2 cm).

Um die Taille und die Seiten zu dehnen, strecke den linken Arm aus, und zieh mit dem oberen, rechten Arm (Abb. 2). Halte 10 Sekunden lang, mach die Übung beidseitig.

Geh langsam in jede Übung hinein, und komm auch langsam aus ihr heraus. Du sollst weder hüpfen, rucken noch federn. Halte deine Bewegungen und Dehnungen flüssig und gut kontrolliert.

Zusammenfassung

Genieße das Dehnen nach Gefühl. Wenn du dich mit drastischen Spannungen quälst, weil du meinst, du solltest beweglich sein, dann nimmst du dir den wahren Nutzen des Dehnens. Wenn du richtig dehnst, wirst du entdekken: Je mehr du dehnst, um so leichter wird es, je leichter du dehnen kannst, um so mehr natürliche Freude wirst du daran haben.

Dehnübungen an der Reckstange

Dank der Schwerkraft ist es möglich, gute Dehnübungen an der Reckstange durchzuführen.

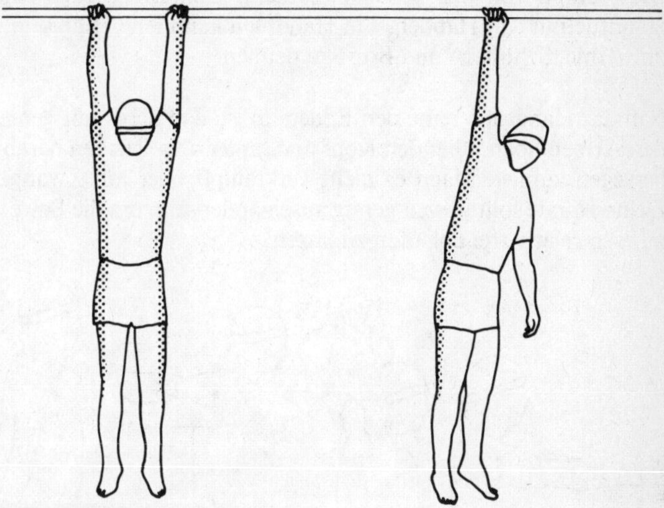

Halte dich mit beiden Händen fest, laß dein Kinn entspannt nach vorne sinken, während du ohne Bodenberührung hängst. Eine ausgezeichnete Übung für den Rücken. Fange mit 10 Sekunden an, verlängere später auf 60 Sekunden. Ein starker Griff macht diese Dehnübung leichter.

Laß eine Hand los, und hänge nur mit der anderen. Dies dehnt die Schulter, den Brustkorb und die obere Rückenpartie. Halten und entspannen. Sei auch hier behutsam mit dem Einsteig in die Übung. Halte diese Dehnung anfangs 5 Sekunden lang. Übertreibe zu Beginn die Zeiten nicht. Dies ist eine gute Dehnübung, wenn du die Entspannung zuläßt.

Vorsicht: *Versuche diese Übung nicht zu machen, wenn du eine Verletzung im Schulterbereich hast oder gehabt hast.*

Dehnübungen für den Oberkörper mit dem Handtuch

Die meisten von uns haben mindestens einmal am Tage ein Handtuch in den Händen. Ein Handtuch kann eine Hilfe sein, um Arme, Schultern und Brust zu dehnen.

Faß das Handtuch nahe den Enden an, so daß du es mit geraden Armen hoch, über den Kopf und hinter dem Rücken herab bewegen kannst. Mach es nicht verkrampft oder mit Zwang. Deine Hände sollten weit genug auseinander sein, um die Bewegungen relativ frei ablaufen zu lassen.

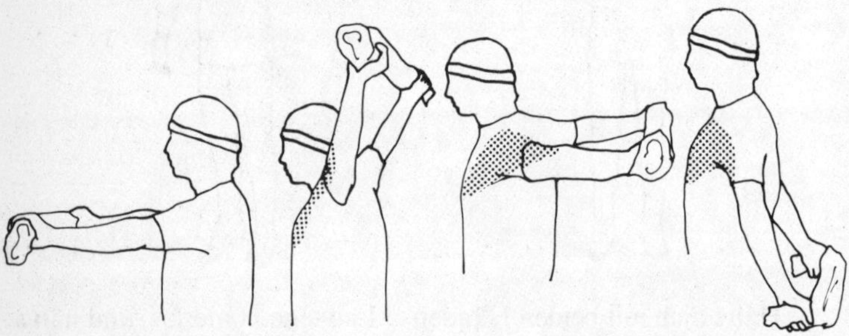

Um die Dehnwirkung zu verstärken, rücke die Hände etwas näher zusammen, und wiederhole den Bewegungsablauf, weiterhin mit geraden Armen. Gehe langsam vor, und spüre die Dehnung, aber überdehne nicht. Wenn es dir nicht gelingt, die Übung mit geraden Armen vollständig durchzuführen, sind deine Hände zu eng zusammen. Rücke sie weiter auseinander.

Du kannst diese Dehnung an jedem Punkt dieser Übung halten. Dies isoliert und verstärkt die Dehnung eines einzelnen Bereichs. Zum Beispiel: wenn deine Brust schmerzhaft und verhärtet ist, ist es möglich, dort die Dehnung zu isolieren, indem das Handtuch hinten auf Schulterhöhe mit ausgestreckten Armen gehalten wird, wie oben gezeigt. Halte die Dehnung 10–20 Sekunden lang.

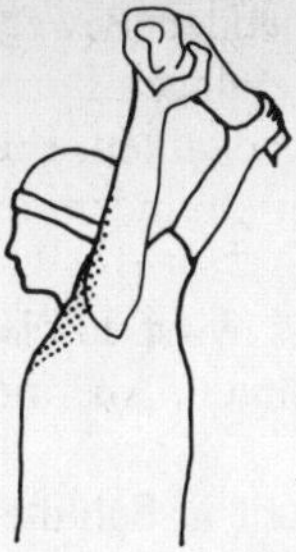

Eine weitere Serie von Dehnungen mit dem Handtuch beginnt damit, das Handtuch über den Kopf zu halten, mit ausgestreckten Armen.

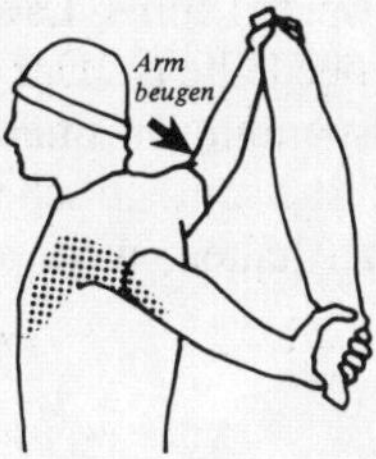

An diesem Punkt bringe den linken Arm nach hinten und herunter bis auf Schulterhöhe, während sich der rechte Arm im Winkel von 90° beugt.

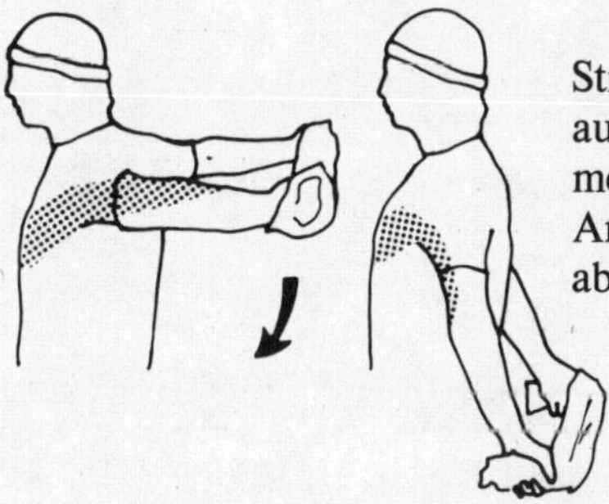

Strecke nun den rechten Arm auf der Höhe des linken Armes aus, und bringe beide Arme gleichzeitig weiter herab.

Dehnübungen sind kein Wettstreit. Du brauchst dich nicht mit anderen zu vergleichen, denn wir sind alle unterschiedlich. Zusätzlich sind wir jeden Tag anders, an manchen Tagen beweglicher als an anderen. Dehne bequem, innerhalb deiner Grenzen, und du wirst den Fluß der Energie zu spüren beginnen, die durch richtiges Dehnen freigesetzt wird.

Dies kann langsam in einer durchgehenden Bewegung getan werden, oder du kannst an jedem dir gefälligen Punkt anhalten, um die spezifische Dehnung dort zu verstärken. Führe den gesamten Ablauf für die andere Seite durch, indem du den rechten Arm zuerst herabläßt.

Wenn du beweglicher geworden bist, wirst du die Hände am Handtuch enger zusammen halten können. Aber noch einmal: ohne Krampf.

Ich meine, daß lockere Beweglichkeit in Schultern und Armen bei Aktivitäten wie zum Beispiel Tennis, Laufen, Gehen und natürlich Schwimmen eine große Hilfe ist. Das Dehnen des Brustbereiches verringert Muskelspannungen und Verhärtung und fördert die Durchblutung. Es ist eigentlich sehr einfach, zu dehnen und den Körper locker zu halten, wenn du es regelmäßig betreibst.

Dehnübungen im Sitzen

Dies ist eine Serie von Dehnübungen, die du im Sitzen machen kannst. Sie sind gut für Menschen, die in Büros arbeiten. Du kannst Spannung abbauen und Körperteile beleben, die vom Sitzen steif geworden sind.

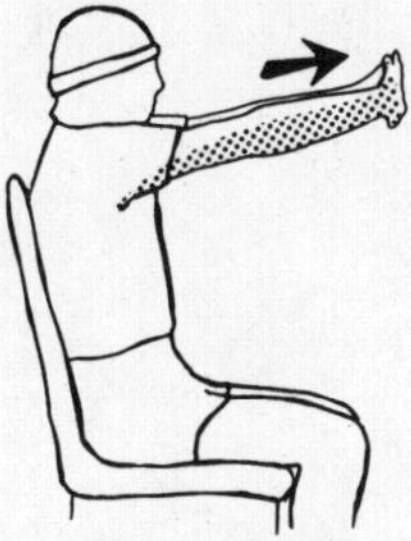

Falte die Hände, und strecke die Arme mit ausgekehrten Handflächen vor dir aus. Spüre die Dehnung in den Armen und zwischen den Schulterblättern. Halte die Dehnung 20 Sekunden lang, und mach die Übung mindestens 2mal.

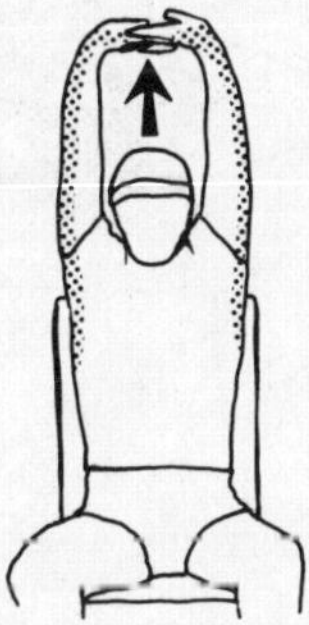

Falte die Hände, und drehe die Handflächen mit gestreckten Armen über deinem Kopf nach oben. Stelle dir vor, deine Arme zu verlängern, während du die Dehnung durch die Arme und die oberen Seiten des Brustkorbes spürst. Mach die Übung 3mal, und halte eine Dehnung, die sich gut anfühlt, 10 Sekunden lang.

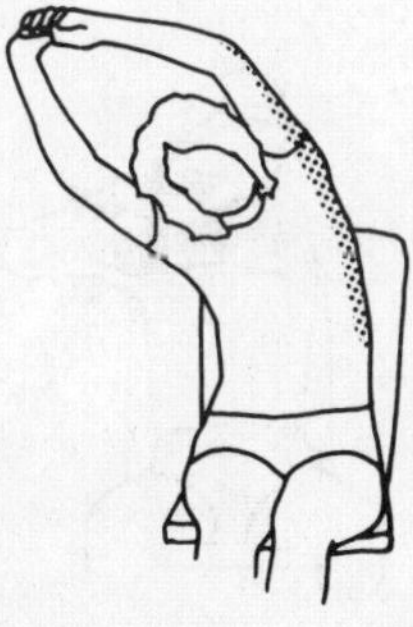

Mit den Armen nach oben gestreckt, halte die Außenkante der linken Hand mit der rechten Hand, und zieh den linken Arm zur Seite. Halte die Arme so gerade, wie du es bequem kannst. Dies dehnt den Arm sowie Seite und Schulter. Mach es beidseitig, und halte die Dehnung 15 Sekunden lang.

Halte den rechten Ellenbogen mit der linken Hand fest, dann zieh den Ellenbogen behutsam hinter den Kopf, bis du eine leichte Dehnspannung in der Schulter oder der Rückseite des Oberarmes spürst. Halte eine leichte Dehnung 30 Sekunden lang, aber überdehne nicht.

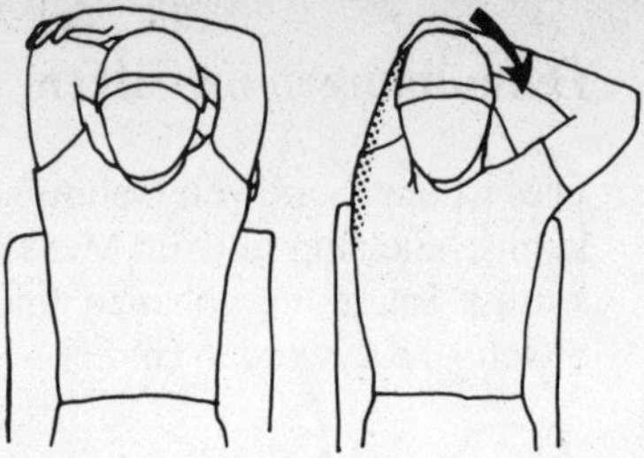

Mit hinter dem Kopf gefalteten Händen halte die Ellenbogen gerade zur Seite hin gestreckt, mit dem Oberkörper in einer gut ausgerichteten Haltung. Nun denke dir das Zusammenziehen der Schulterblätter, um ein Gefühl von Spannung im oberen Rücken und in den Schulterblättern hervorzurufen. Halte das Gefühl der nachlassenden Spannung 8–10 Sekunden lang und entspanne. Tu dies mehrere Male. Dies ist gut, wenn die Schultern und der obere Rücken verspannt und hart sind.

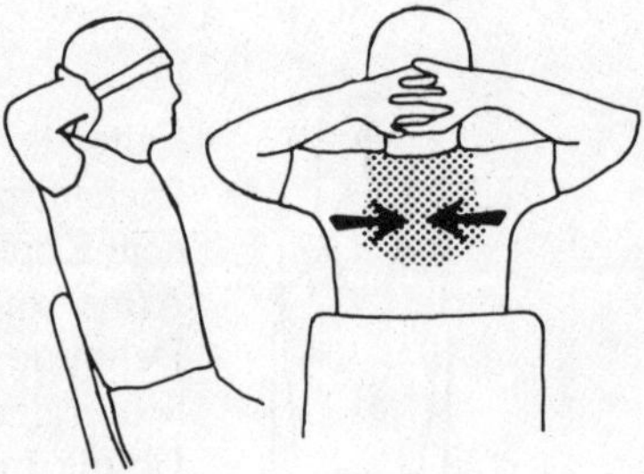

Halte den rechten Arm kurz über dem Ellenbogen mit der linken Hand fest. Nun zieh den Ellenbogen sanft zur linken Schulter hin, während du über die rechte Schulter blickst. Pro Seite jeweils 10 Sekunden lang halten.

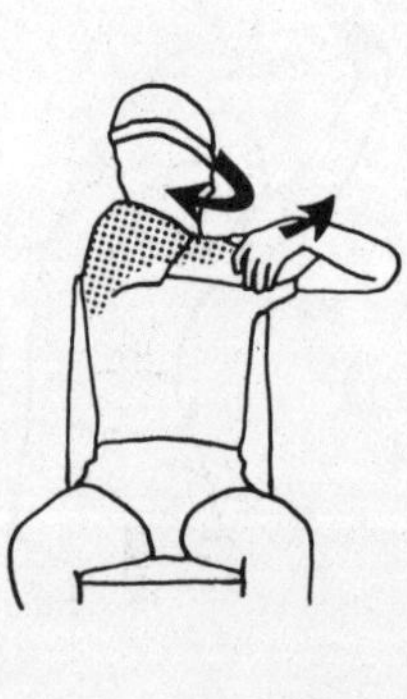

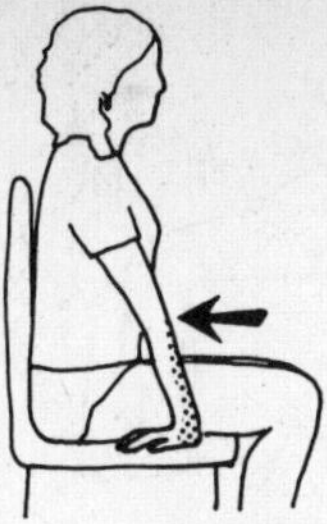

Eine Dehnübung für den Unterarm: Mit der Handfläche flach aufgelegt, Daumen nach außen und Finger nach hinten zeigend, lehne dich langsam zurück, während du die Handflächen weiterhin aufliegend hältst, um den Unterarm zu dehnen. Mach die Übung beidseitig. Du kannst auch beide Unterarme gleichzeitig dehnen, wenn du möchtest. Halte die Dehnung 35–40 Sekunden lang.

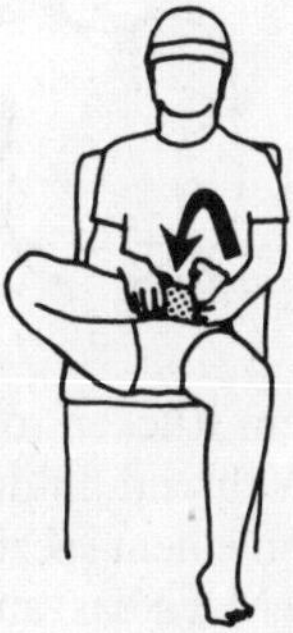

Dehnübung im Sitzen für Fußgelenk, Hüftseite und unteren Rücken:

Drehe deine Fußgelenke während du sitzt, im Uhrzeigersinn und entgegengesetzt, jeweils ein Gelenk, 20–30 Kreisungen.

Halte dein linkes Bein kurz unter dem Knie fest, und zieh es sanft zur Brust hin. Um eine Dehnung in der Seite des Oberschenkels zu isolieren, nimm den linken Arm, um das angewinkelte Bein quer zur rechten Schulter hin zu ziehen. Dehne beide Seiten, und halte eine leichte Dehnung 30 Sekunden lang.

Beuge dich vor, um den unteren Rücken zu dehnen und den Druck dort zu verringern. Auch wenn du keine Dehnung spürst, ist dies noch immer gut für den Kreislauf. So 45–50 Sekunden lang halten. Drücke mit den Händen auf die Schenkel, um dich leichter wieder aufzurichten.

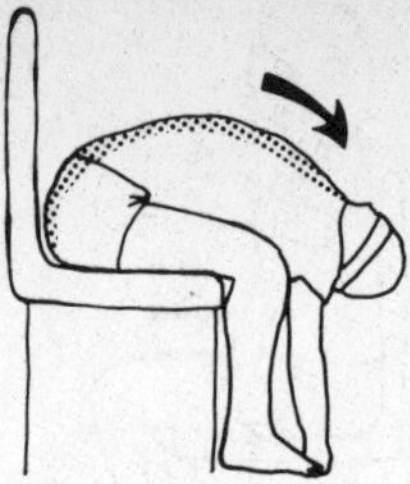

Dehnübungen für Gesicht und Hals:

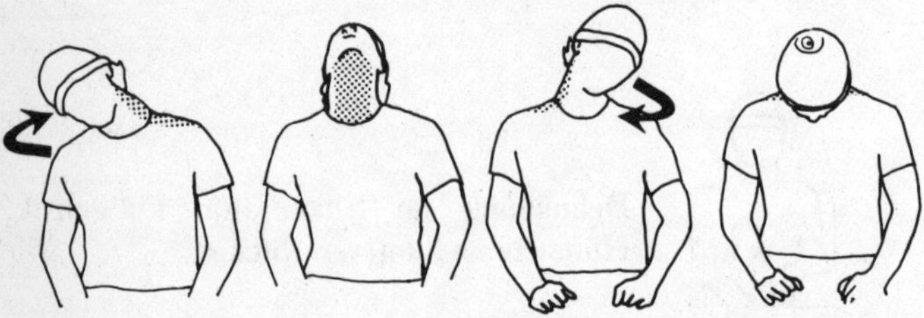

Setze dich in eine bequeme Position. Bei geradem Rücken rolle deinen Kopf sehr langsam im Kreise herum. Während du dies tust, kann dir das Gefühl kommen, du solltest an einem spezifischen Punkt anhalten und die Dehnung halten. Mach das, aber ohne Überanstrengung. Wenn du eine Position hältst, sei entspannt, und der Bereich wird sich allmählich auflockern.

Diese Dehnübungen für den Hals werden dir helfen, mit besserer Haltung zu sitzen oder zu stehen, wenn du entdeckst, daß du dich krumm hältst (siehe auch S. 272–273).

Diese Dehnübung kann zur Folge haben, daß dich die Menschen in deinem Umfeld für etwas sehr merkwürdig halten, aber das Gesicht ist oft sehr verspannt durch Stirnrunzeln oder ständiges Zwinkern wegen Überanstrengung der Augen.

Ziehe die Augenbrauen hoch, und öffne die Augen so weit wie möglich. Sperre gleichzeitig den Mund weit auf, um die Muskeln um Nase und Kinn zu dehnen, und strecke die Zunge heraus. Halte diese Dehnung 5 – 10 Sekunden lang. Die Spannung aus den Gesichtsmuskeln fortzubekommen wird dich lächeln lassen.

Wenn du nicht viel ununterbrochene Zeit zur Verfügung hast, nimm dir kurze Dehnpausen (ca. 5 Minuten) alle drei bis vier Stunden. Dies hilft dir, dich im Verlauf des Tages durchweg gut zu fühlen.

Zusammenfassung

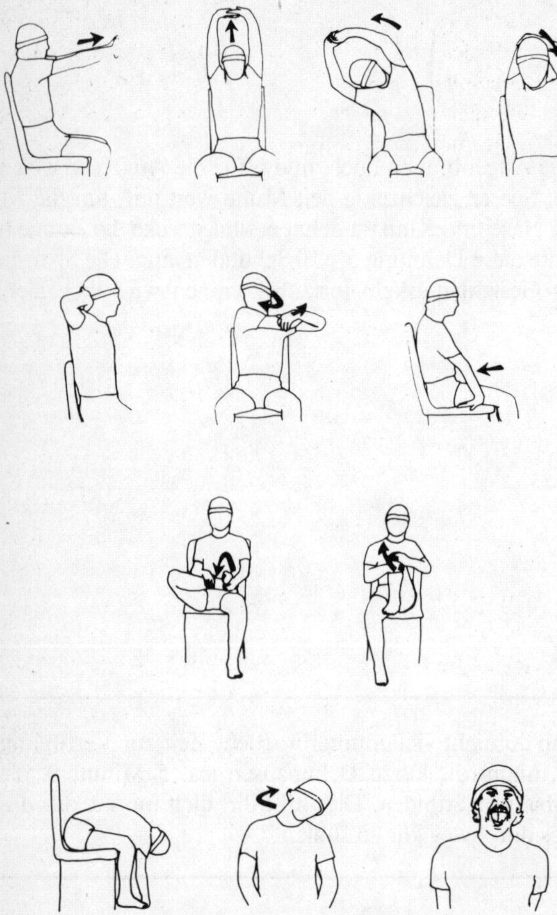

Bein- und Unterleibsdehnungen mit hochgelagerten Füßen

Eine Wand ist sehr nützlich, um die Beine zu dehnen, während du dich auf dem Rücken entspannst. Bei diesen Dehnübungen mußt du dir des leichten Dehnens bewußt sein und dann der allmählichen Verstärkung in die fortschreitende Dehnung hinein. Die Dehnübungen sind leicht durchzuführen und sollten in dieser Weise angegangen werden.

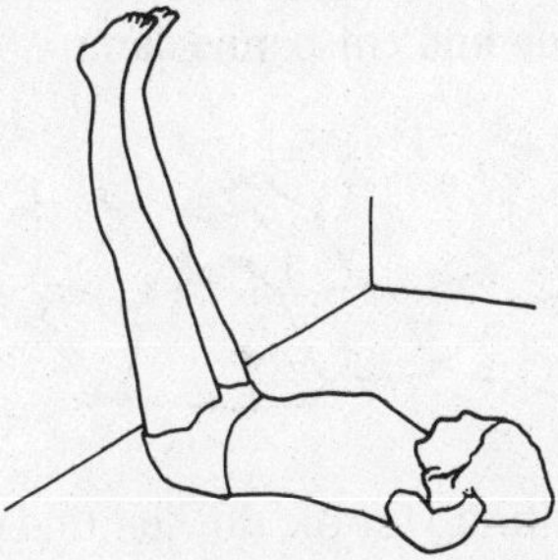

Beginne mit hochgestreckten, geschlossenen Beinen, mit dem Gesäß 10–15cm von der Wand, so daß der untere Rücken flach liegt und sich nicht vom Boden hochwölbt. Zu Anfang streck deine Füße nur ungefähr 1 Minute lang in dieser Weise hoch. Verlängere die Zeiten allmählich, bis du es 5–8 Minuten lang schaffst. Wenn deine Füße anfangen ›einzuschlafen‹, rolle auf die Seite, und setze dich hin. (Siehe S. 29 für die richtige Methode, dich aus dieser Position aufzusetzen.) Stehe nicht schnell auf, nachdem du die Füße hochgelegt hattest, da dir schwindelig werden könnte.

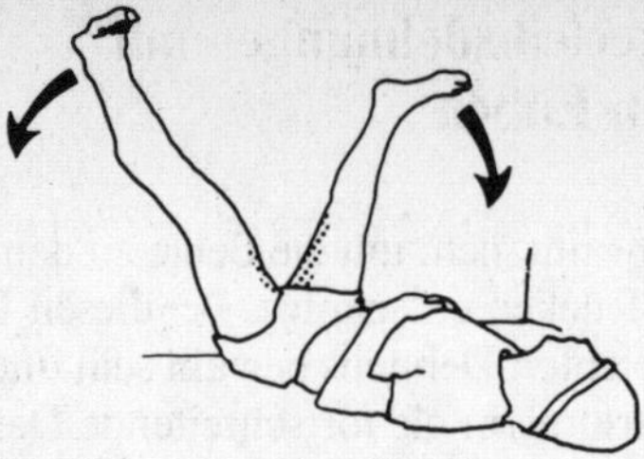

Es ist möglich, den Unterleib von dieser Position aus zu dehnen, indem du die Beine langsam spreizt, während die Fersen an der Wand bleiben, bis du eine leichte Dehnung spürst. Halte sie 30 Sekunden lang und entspanne dann.

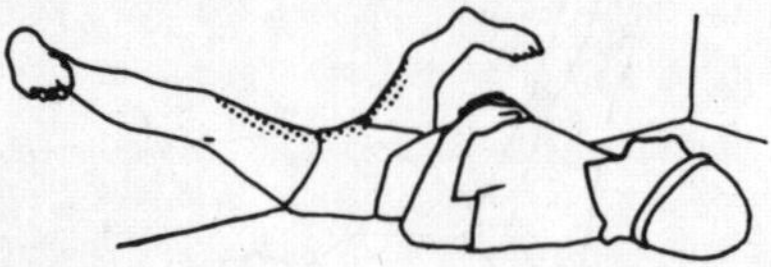

Wenn dir diese Haltung, für die du Zeit und Geduld brauchst, etwas leichter fällt, kannst du allmählich weiter dehnen, indem du die Beine herabsinken läßt. Eine fortgeschrittene Haltung wird hier gezeigt. Versuche nicht, sie nachzumachen, sondern dehne innerhalb deiner Grenzen. Überanstrenge dich nicht. Die Wand ermöglicht es, diese Dehnungen länger in einer entspannten, stabilen Position zu halten, ohne Energie durch mangelndes Gleichgewicht zu verschwenden.

Vergiß nicht, den richtigen Abstand von 10–15 cm von der Wand zu halten. Wenn du zu nahe an der Wand bist, kannst du Verspannung im unteren Rücken spüren.

Variation:

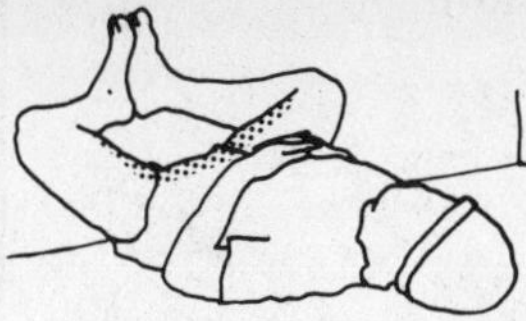

Drücke nicht direkt auf das Knie, sondern etwas darüber

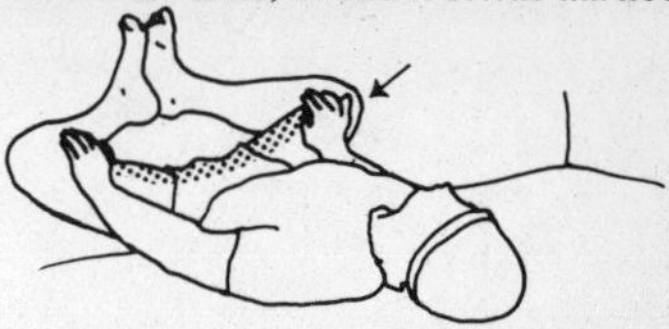

Stelle die Fußsohlen aneinander, und lehne sie gegen die Wand. Entspanne.

Um die Dehnung zu verstärken, nimm die Hände, um leicht auf die Oberschenkel zu drücken, bis du eine gute, leichte Dehnung spürst. Entspanne während du dehnst.

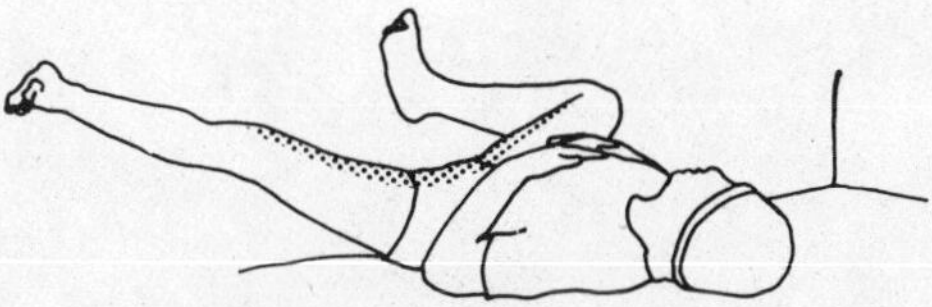

Um die Dehnung in den seitlichen Unterleibsbereichen zu verstärken und zu isolieren, strecke ein Bein aus.

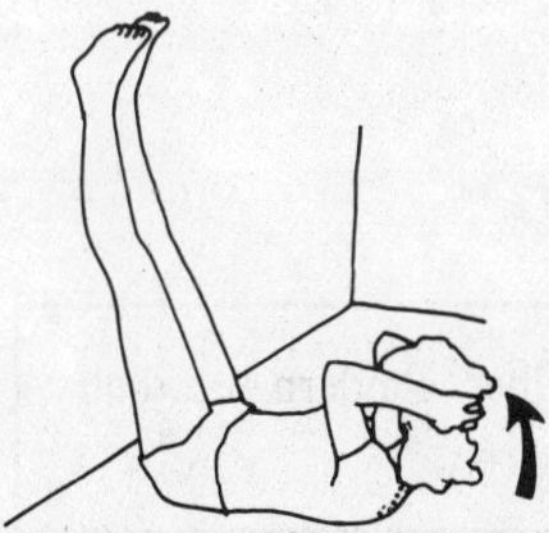

Um den Nacken von dieser Haltung aus zu dehnen, falte die Hände hinter dem Kopf (ungefähr auf Ohrenhöhe), und zieh den Kopf sanft nach vorn, bis du eine leichte Dehnung spürst. Halte sie 5 Sekunden lang, und wiederhole sie 2- bis 3mal. (Auf S. 36 findest du mehr über Nackendehnungen.)

Zusammenfassung

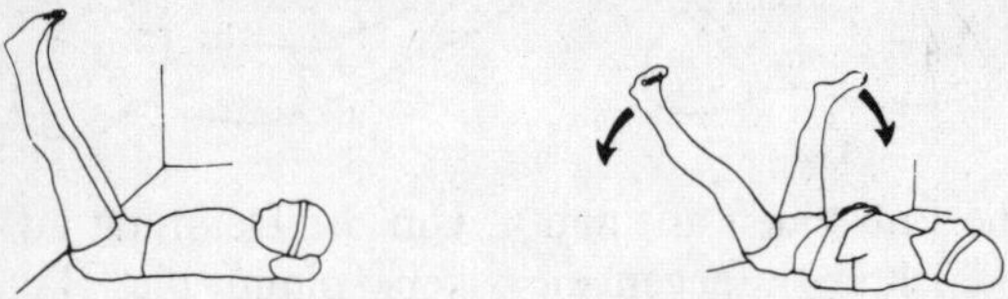

Dehne nicht der Beweglichkeit halber, sondern um dich wohl zu fühlen.

Dehnübungen für Unterleib und Hüfte bei gespreizten Beinen

Die folgenden Dehnübungen erleichtern seitliche Bewegungen, erhalten die Beweglichkeit und können Verletzungen verhindern. Gewöhne dich allmählich an diese Dehnungen, die hauptsächlich auf die Körpermitte wirken.

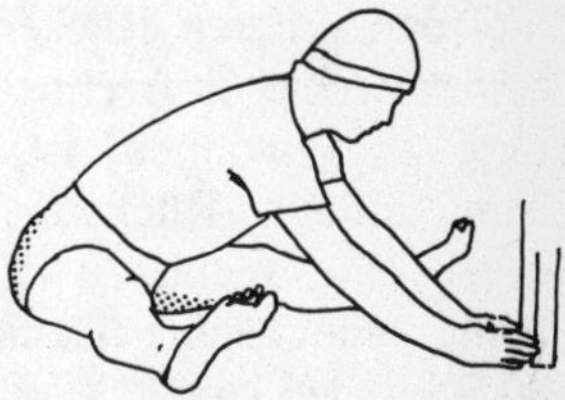

Setze dich mit bequem gespreizten Beinen hin. Um die Innenseiten der Oberschenkel und die Hüfte zu dehnen, beuge dich aus der Hüfte langsam vor. Halte die Kniestrecker dabei entspannt und die Füße aufrecht. Dehne 35 Sekunden lang. Halte deine Hände vorn zwecks Gleichgewicht und Stabilität, oder halte dich an etwas fest.

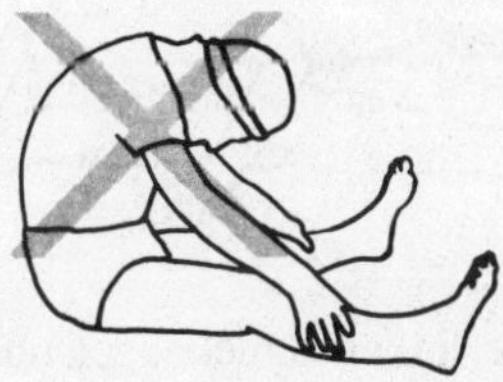

Beuge nicht Kopf und Schultern. Dies läßt die Hüfte zurückkippen und übt Druck auf den unteren Rücken aus. Falls dein unterer Rücken beim Vorbeugen gerundet ist, liegt das daran, daß die Hüfte, der Lendenbereich, die Kniebeuger und der Unterleib verspannt sind. Um dich richtig aus der Hüfte heraus zu beugen, mußt du den Rücken gerade halten.

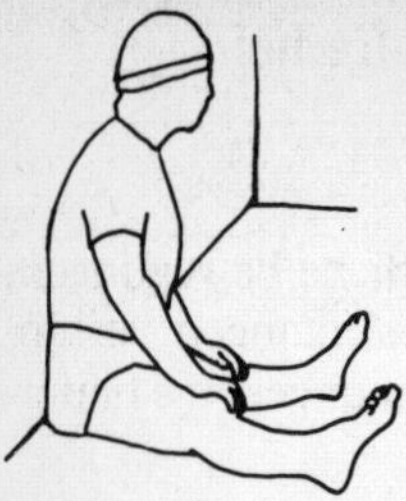

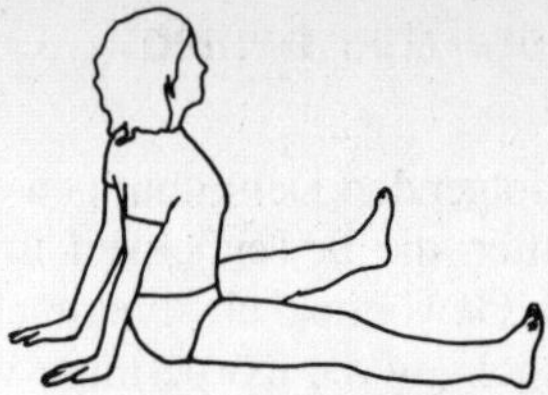

Ein guter Weg, deine Hüfte und den unteren Rücken an eine korrekte, aufrechte Haltung zu gewöhnen, ist, mit dem unteren Rücken flach gegen eine Wand zu sitzen. Halte eine leichte Dehnung 30 Sekunden lang.

Du kannst auch die Hände hinter dir aufstützen. So streckst du die Wirbelsäule, während du dich darauf konzentrierst, die Hüfte leicht nach vorn zu bewegen. Halte 20 Sekunden lang.

Beuge dich nicht nach vorne, bevor du dich in den oben gezeigten Haltungen wohl fühlen kannst. Gewöhne den Körper an diese Position, bevor du weiterdehnst.

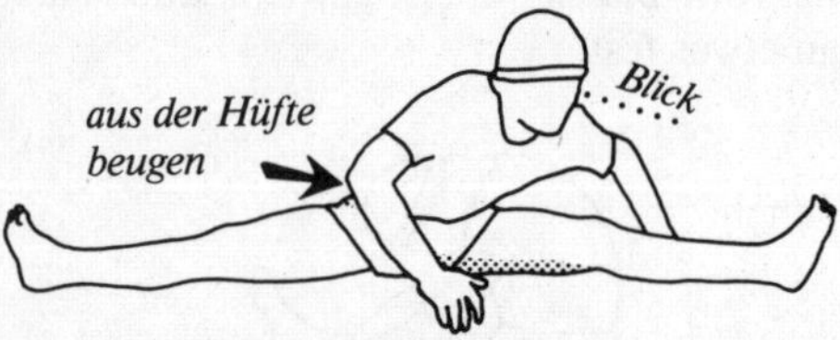

Variation: Um die linken Kniebeuger und die rechte Seite des Rückens zu dehnen, beuge dich langsam aus der Hüfte vor in Richtung des linken Fußes. Zieh das Kinn ein, und halte den Rücken gerade. Halte eine gute Dehnung mindestens 30 – 40 Sekunden lang. Falls notwendig, nimm ein Handtuch.

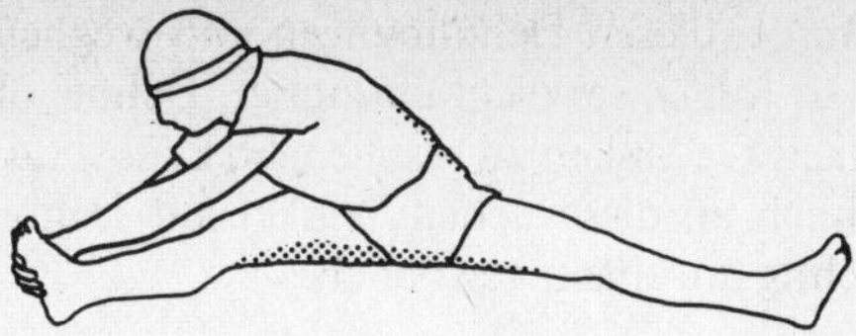

Eine weitere Variation besteht darin, diagonal mit der linken Hand zum rechten Fuß zu fassen, den rechten Arm zur Balance ausgestreckt. Dies verstärkt die Dehnung der Kniebeuger und des Rückens von den Schulterblättern bis zur Hüfte. Mach diese Übung beidseitig.

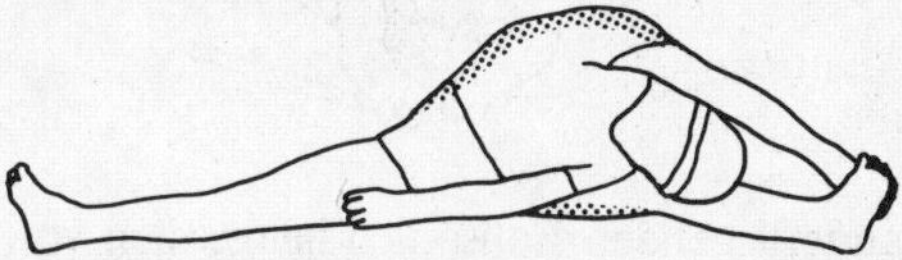

Eine fortgeschrittene Dehnübung: Strecke den rechten Arm über deinen Kopf, und ergreife den linken Fuß. Halte den anderen Arm dicht am Körper vor dir. Dies ist eine gute seitliche Dehnübung für den Rücken und die Beine. Halte 30 Sekunden lang. Mach die Übung beidseitig und überdehne nicht.

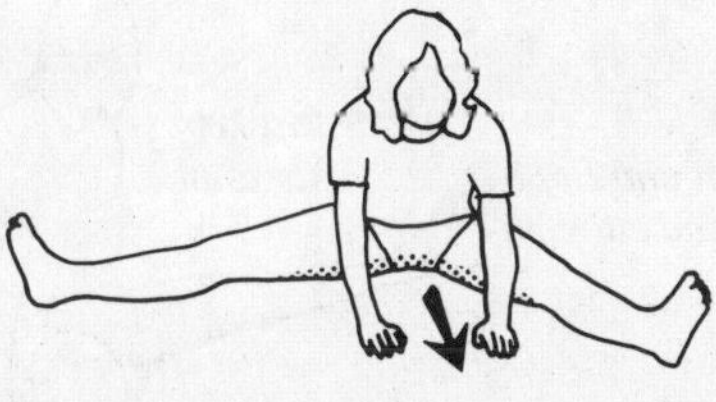

Lerne, Dehnspannung in diversen Winkeln zu halten. Dehne nach vorne, nach links und rechts, und dann bringe dir bei, Dehnungen in Winkeln zur linken und zur rechten Mitte zu halten. Benutze dieselbe Körper- und Beinanordnung wie vorhergehend beschrieben. Halte 30 Sekunden lang. Dehne mit völliger Selbstbeherrschung.

Wenn du bei diesen Dehnübungen unbeweglich wirkst und dich auch so fühlst, sei nicht entmutigt. Dehne, ohne dir über Beweglichkeit Gedanken zu machen. So kannst du deinen Körper allmählich an diese neuen Winkel mit Dehnspannungen, die sich richtig anfühlen, gewöhnen.

Ein zusätzlicher Weg, den Unterleib zu dehnen:

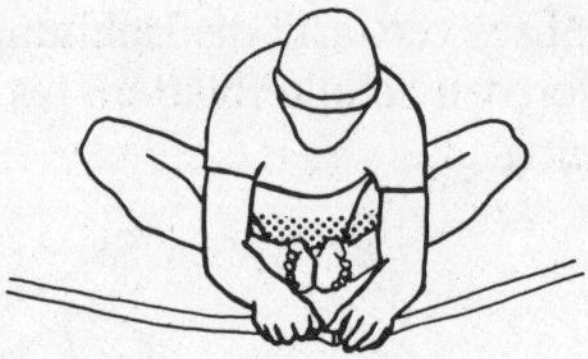

Mit aneinanderliegenden Fußsohlen beuge dich vor, und halte dich an etwas in Bodennähe vor dir fest (dies kann die Kante der Matte sein oder das Bein eines Möbelstücks). Benutze den Gegenstand als Hilfe, eine bequeme Dehnung zu halten, wenn du mit gespreizten Beinen sitzt.

Das Festhalten an einer Ecke der Turnmatte stabilisiert die Beine und macht es leichter, eine Dehnung zu halten, wenn du mit gespreizten Beinen sitzt.

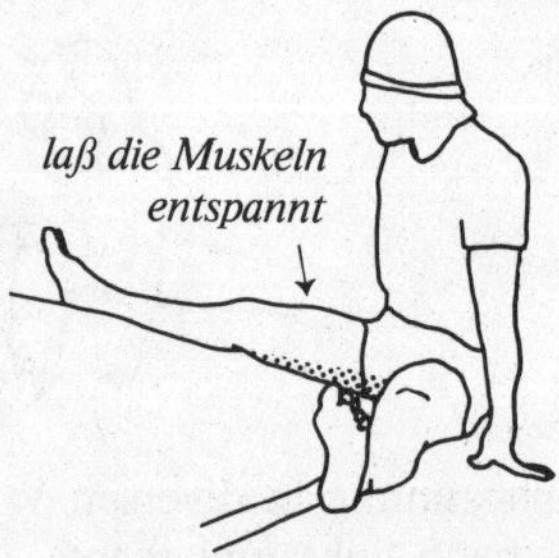

Setze dich auf die Ecke der Matte, und spreize die Beine entlang den Mattenkanten. Finde eine Haltung, in der du entspannen kannst, während du eine leichte Dehnung spürst. Halte sie 40 Sekunden lang. Stütze dich hinten mit den Armen ab.

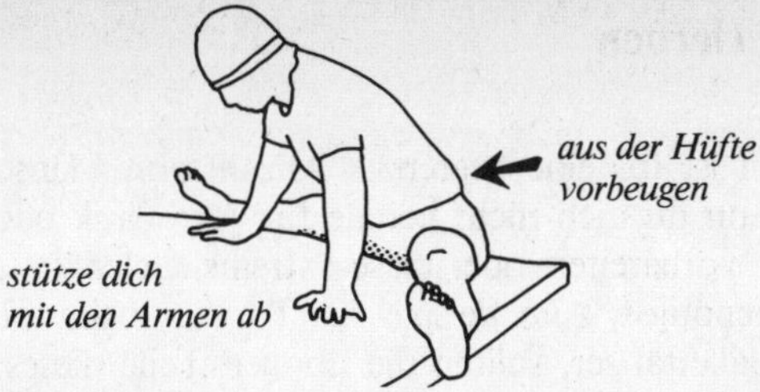

Um die Dehnung zu verstärken, rücke Gesäß und Hüfte nach vorne, und schiebe die Beine entlang der Mattenkante. Halte Zehen und Füße aufrecht. Laß die Beine sich nicht nach innen oder außen drehen. Eine gute Dehnübung zum Auflockern von Unterleib und Hüfte.

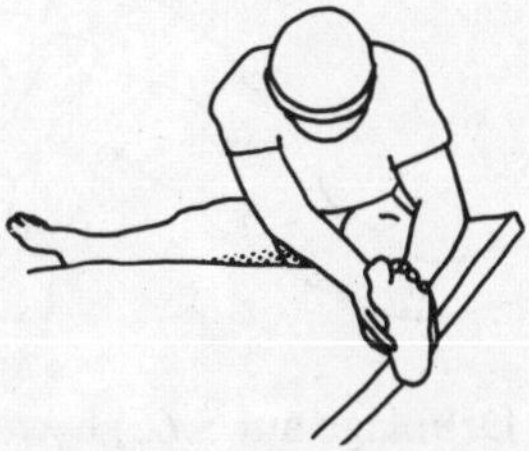

Um jeweils ein Bein zu dehnen, setze dich bequem auf die Ecke der Matte. Wende dich einem Fuß zu, und beuge dich von der Hüfte aus in diese Richtung. Strecke die Arme aus, und erfasse eine Stelle am Bein, die dir eine leichte Dehnung verschafft. Stelle dir vor, dein Kinn würde bis zum Knie oder noch weiter vorgestreckt, obwohl dies nicht der Fall sein mag. Entspanne dich. Setze dich wieder aufrecht hin, und dehne das andere Bein in gleicher Weise. Behandle das verspanntere Bein als erstes. Falls erforderlich, spanne ein Handtuch um die Fußsohle, um dir beim Dehnen zu helfen. Halte eine leichte Dehnung 30 Sekunden lang, ohne zu federn. Diese Übung ist gut für die Kniebeuger und den unteren Rücken.

Spagat erlernen

Dieser Teil ist für eine begrenzte Anzahl von Menschen gedacht. Wenn du dich nicht gerade für Akrobatik oder Tanzgymnastik vorbereitest oder diese extreme Gelenkigkeit nicht wirklich benötigst, zum Beispiel als Torwart beim Eishockey oder als Balletttänzer, sollten die übrigen Teile dieses Buches deinen Bedarf an Dehnübungen ausreichend befriedigen. Ich will dich nicht entmutigen, aber für den Alltag ist die Fähigkeit, Spagat zu machen, kaum eine wirkliche Notwendigkeit.

Längsspagat:

Ausgehend von der Dehnlage auf S. 65, bewege einen Fuß vorwärts, bis du eine kontrollierte Dehnung in den Rückseiten der Beine und im Unterleib spürst. Denke an ein gerades Absinken der Hüfte. Halte 30 Sekunden lang.

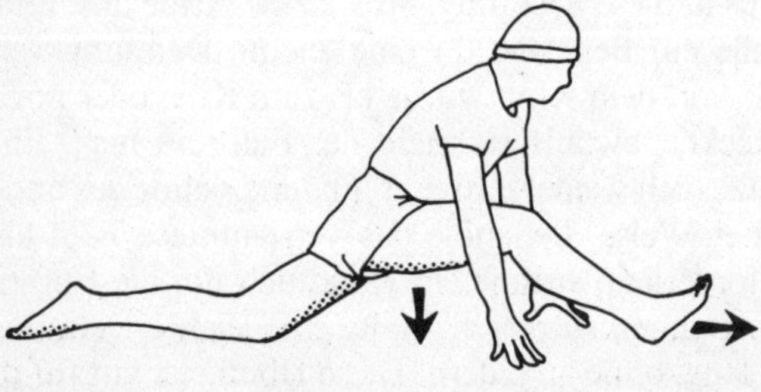

Bewege nun den vorderen Fuß etwas weiter weg, während du in eine fortschreitende Dehnung übergehst. Halte 30 Sekunden lang. Stütze dich mit den Händen ab. Je weiter du den Fuß vorschiebst, um so mehr hebt sich die Fußsohle vom Boden ab.

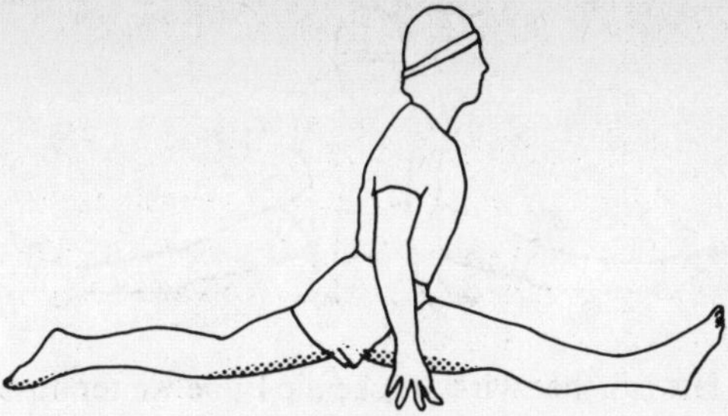

Mit zunehmender Gelenkigkeit schiebe den vorderen Fuß weiter vor, während du die Hüfte herabläßt. Halte die Schultern direkt über den Hüften und den Rücken aufrecht. Halte 30 Sekunden lang, und mach die Übung beidseitig.

Spagat zu erlernen, braucht Zeit und Regelmäßigkeit. Gehe sicher, daß du nicht überdehnst. Laß sich deinen Körper langsam an die Änderungen gewöhnen, die erforderlich sind, um Spagat bequem zu erlernen. Riskiere keine Verletzungen, um schneller voranzukommen.

Seitenspagat:

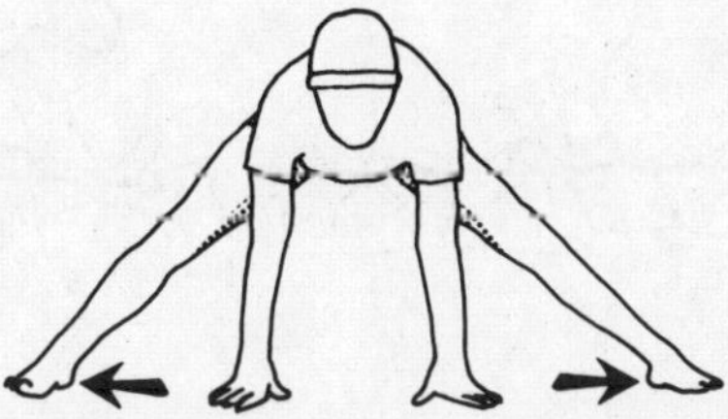

Aus dem Stand, die Füße geradeaus zeigend, spreize die Beine allmählich, bis du eine Dehnung an den Innenseiten der Oberschenkel spürst. Denke an ein senkrechtes Absinken der Hüfte. Stütze dich mit den Händen ab. Halte eine leichte Dehnung mindestens 30 Sekunden lang.

Wenn du beweglicher wirst, rücke die Füße weiter auseinander, bis die gewünschte Dehnung erreicht ist. Während du bei dieser Dehnübung dem Boden näherkommst, halte die Füße aufrecht und die Fersen auf dem Boden. Dies hält das Dehngefühl an den Innenseiten der Oberschenkel und schont die Kniebänder vor übermäßiger Spannung. (Wenn du die Füße flach auf dem Boden hältst, besteht die Gefahr der Überdehnung der inneren Kniebänder.) Halte 30 Sekunden lang. Sowie sich dein Körper dieser Haltung allmählich anpaßt, verstärke die Dehnung langsam, indem du die Hüfte weiter absinken läßt. Vermeide Überdehnungen!

Die Dehnübungen auf den Seiten 124 und 130 – 131 werden dir helfen, diese Spagatformen zu erlernen.

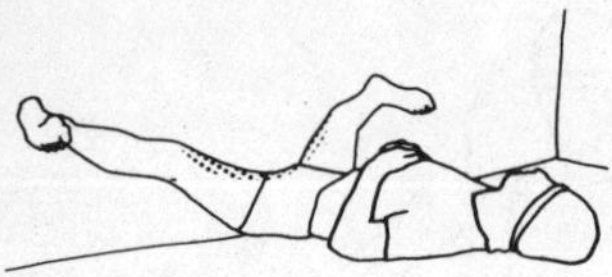

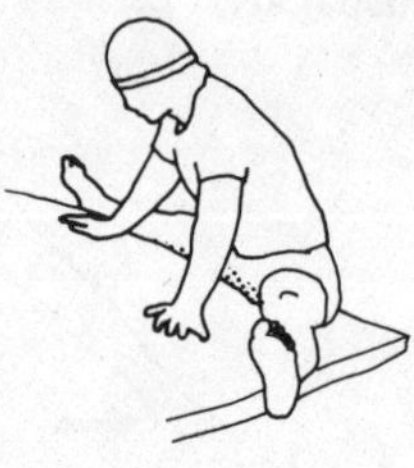

Dehnprogramme für den Alltag

Diese Dehnübungen können hilfreich im Umgang mit den muskulären Spannungen und Verspannungen des Alltags sein. Im folgenden Teil werden Dehnübungen für spezifische tägliche Aktivitäten vorgestellt, wie Gehen und Arbeiten, besondere Übungen für Menschen über 50 sowie Übungen, die spontan im Laufe des Tages durchgeführt werden können. Sobald du Dehnen gelernt hast, wirst du eigene Programme für deine Erfordernisse entwickeln können.

Sei sicher, daß dir die einzelnen Dehnübungen geläufig sind, bevor du diese Programme probierst. Um genaues zu erfahren, schlage die Seitenzahl nach, die unter jeder Zeichnung angegeben ist.

Morgens

Ungefähr 5 Minuten

Beginne den Tag mit einigen entspannten Dehnübungen, damit dein Körper natürlicher funktionieren kann. Verhärtete, steife Muskeln werden sich durch bequemes Dehnen besser anfühlen. Es kann eine Hilfe sein, vor dem Dehnen warm zu duschen.

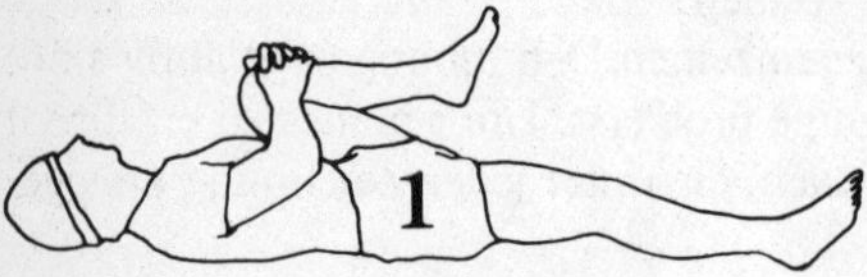

20 Sekunden je Bein
(Seite 40)

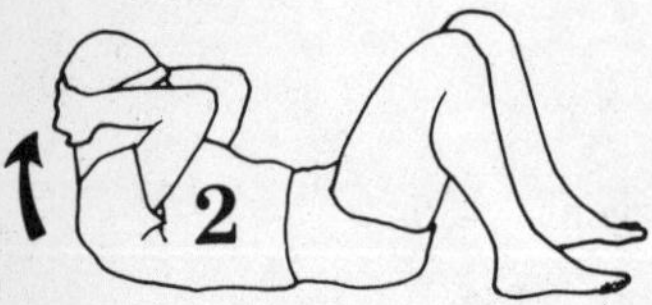

3mal,
jeweils 5 Sekunden
(Seite 36)

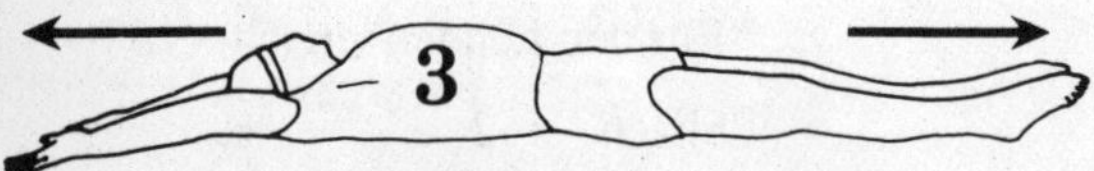

2mal,
jeweils 5 Sekunden
(Seite 39)

10mal
je Richtung
(Seite 43)

20 Sekunden
je Bein
(Seite 101)

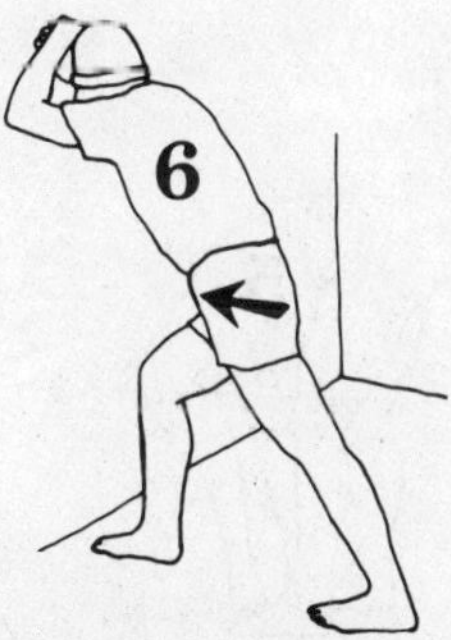

30 Sekunden je Bein
(Seite 98)

30 Sekunden
(Seite 72)

20 Sekunden
(Seite 70)

Vor und nach dem **Gehen**

Ungefähr 7 Minuten

Diese Dehnübungen werden die Bewegungen des Gehens freier und leichter werden lassen.

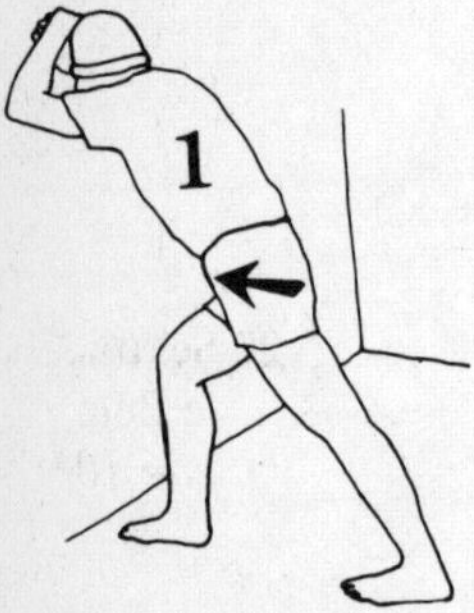

30 Sekunden je Bein
(Seite 98)

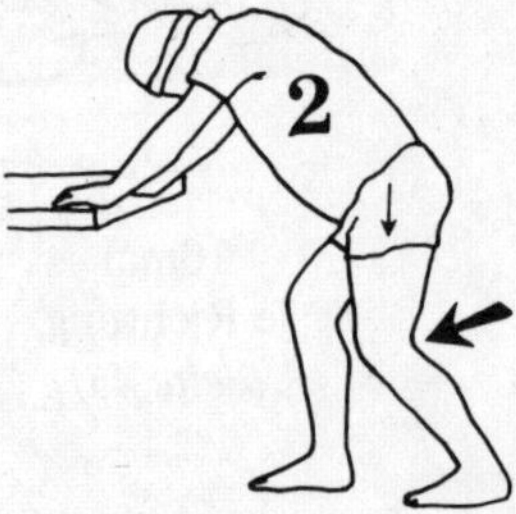

20 Sekunden je Bein
(Seite 98)

15 Sekunden je Bein
(Seite 101)

30 Sekunden
(Seite 72)

30 Sekunden
(Seite 70)

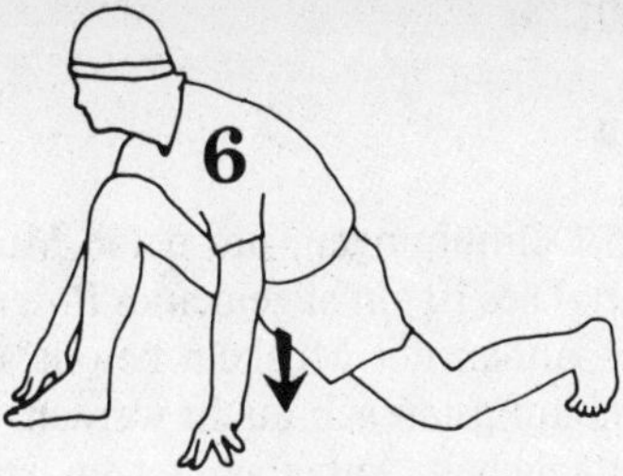

20 Sekunden je Bein
(Seite 65)

30 Sekunden
(Seite 76)

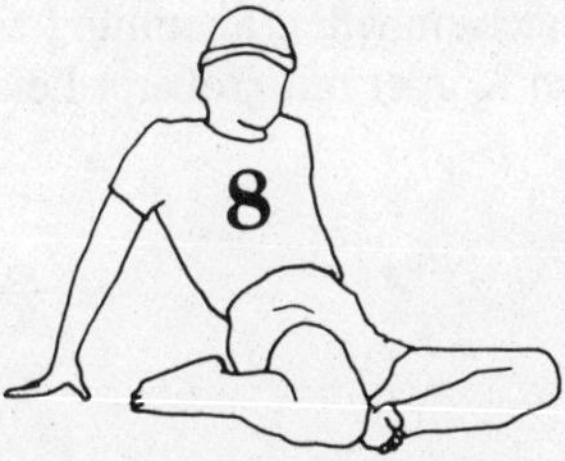

20 Sekunden je Bein
(Seite 46)

20 Sekunden je Bein
(Seite 49)

8 Sekunden je Seite
(Seite 106)

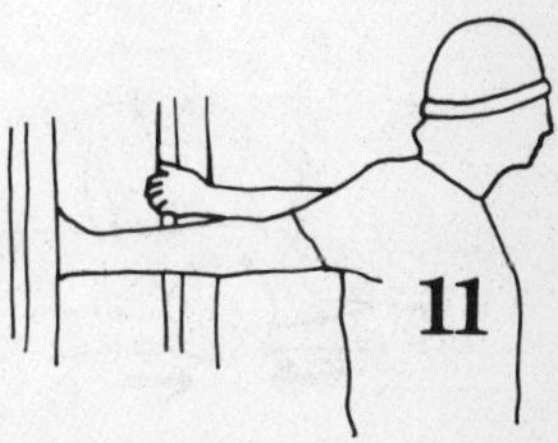

30 Sekunden
(Seite 59)

Alltägliche Dehnübungen

Ungefähr 10 – 15 Minuten

Benutze diese alltäglichen Dehnübungen, um deine Muskulatur leistungsfähig zu halten. Dies ist ein allgemeines Programm, das das Dehnen und Entspannen der Muskeln betont, die im normalen Tagesablauf am häufigsten gebraucht werden.

Beim Erledigen der alltäglichen Aufgaben setzen wir den Körper oft verkrampft und ungeschickt ein und schaffen Streß und Spannung. Eine Art von muskulärer ›Leichenstarre‹ tritt ein. Wenn du 10 – 15 Minuten pro Tag mit Dehnübungen verbringen kannst, wirst du dieser angesammelten Spannung entgegenwirken, und du kannst deinen Körper mit größerer Leichtigkeit einsetzen.

5mal je Richtung
(Seite 120)

20 Sekunden
(Seite 34)

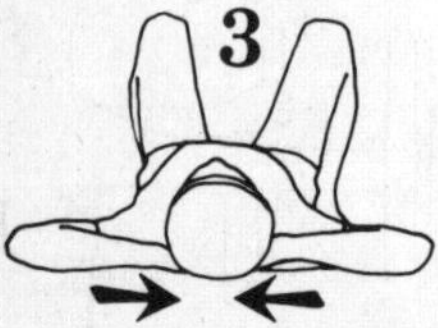

Schulterblätter zusammenziehen
2mal je 5 Sekunden
(Seite 37)

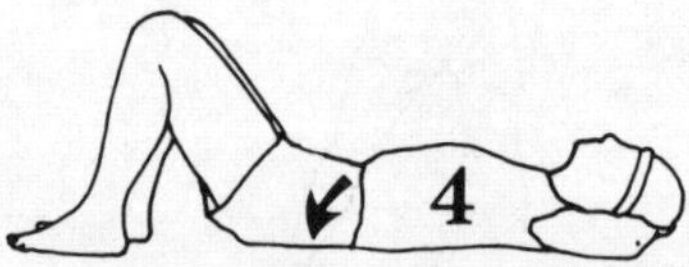

unteren Rücken flachlegen
2mal je 5 Sekunden
(Seite 37)

3mal je 5 Sekunden
(Seite 36)

20 Sekunden je Seite
(Seite 34 – 35)

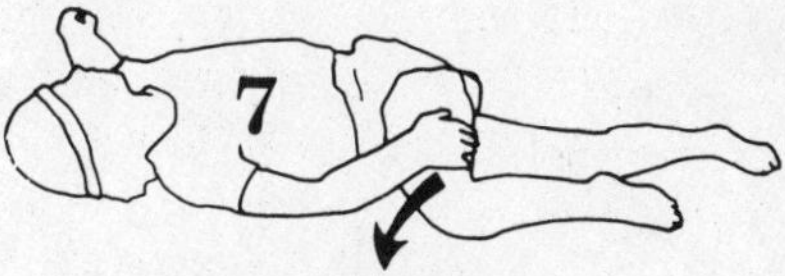

20 Sekunden je Seite
(Seite 41)

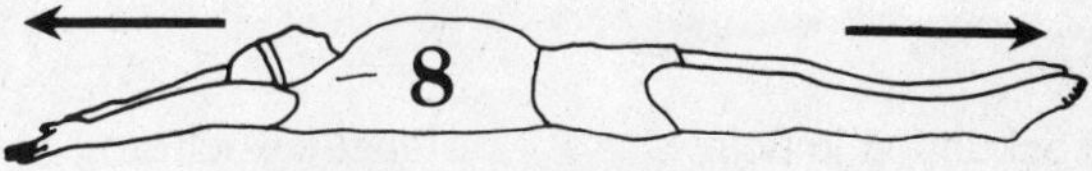

2mal je 5 Sekunden
(Seite 39)

20 Sekunden je Bein
(Seite 40)

30 Sekunden
(Seite 76)

10 Sekunden je Seite
(Seite 80)

30 Sekunden je Bein
(Seite 46)

20 Sekunden je Bein
(Seite 50)

10mal je Richtung
(Seite 43)

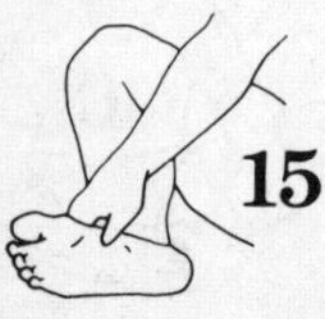

30 Sekunden je Fuß
(Seite 44)

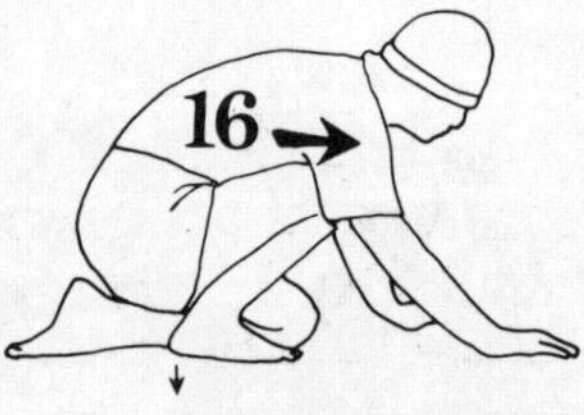

15 Sekunden je Bein
(Seite 64)

20 Sekunden je Bein
(Seite 65)

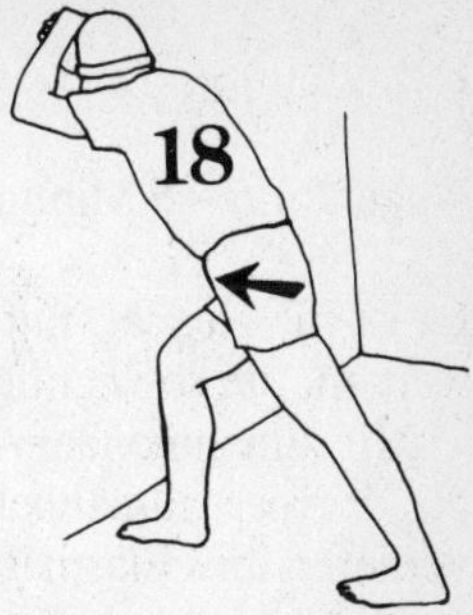

25 Sekunden je Bein
(Seite 98)

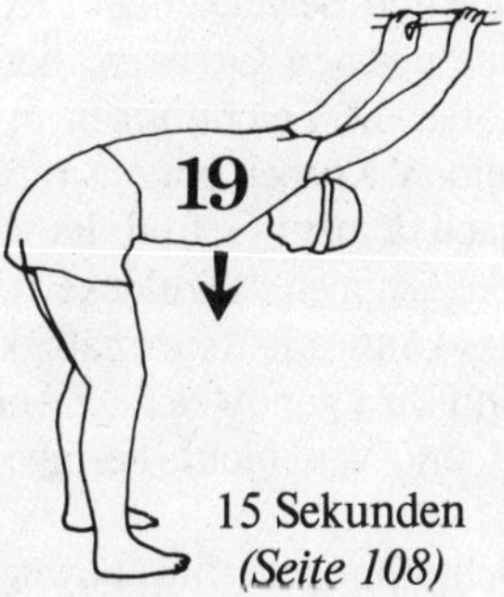

15 Sekunden
(Seite 108)

10 Sekunden je Arm
(Seite 57)

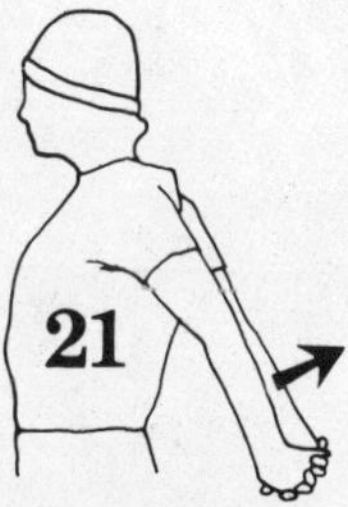

10 Sekunden
(Seite 60)

2 – 3 Minuten
(Seite 93)

Dehnübungen für **Menschen über 50**

Ungefähr 5 – 6 Minuten

Es ist nie zu spät, mit Dehnübungen zu beginnen. Je älter wir werden, um so wichtiger wird es, daß wir regelmäßig dehnen.

Mit zunehmendem Alter und mangelnder Aktivität verliert der Körper allmählich seine Bewegungsvielfalt, die Muskeln verlieren ihre Elastizität, werden schwach und hart. Jedoch hat der Körper eine erstaunliche Fähigkeit, seine verlorengegangene Beweglichkeit und Kraft erneut zu erlangen, wenn ein regelmäßiges Fitneß-Programm eingehalten wird.

Die grundlegenden Dehnmethoden bleiben dieselben, ungeachtet der Unterschiede in Alter und Beweglichkeit. Korrektes Dehnen bedeutet, daß du deine eigenen Grenzen nicht überschreitest. Du hast es nicht nötig, die Zeichnungen in diesem Buch nachzuahmen. Lerne deinen Körper ohne Kraftanwendung zu dehnen, dehne dich nach deinem Gefühl. Es wird Zeit brauchen, um verhärtete Muskelgruppen aufzulockern, die bereits seit Jahren so sind, aber es kann mit Regelmäßigkeit und Geduld geschafft werden. Wenn du irgendwelche Zweifel darüber hast, was du tun solltest und was nicht, befrage deinen Arzt, bevor du anfängst.

Hier ist eine Serie von Dehnübungen, um Beweglichkeit wieder herzustellen und zu erhalten.

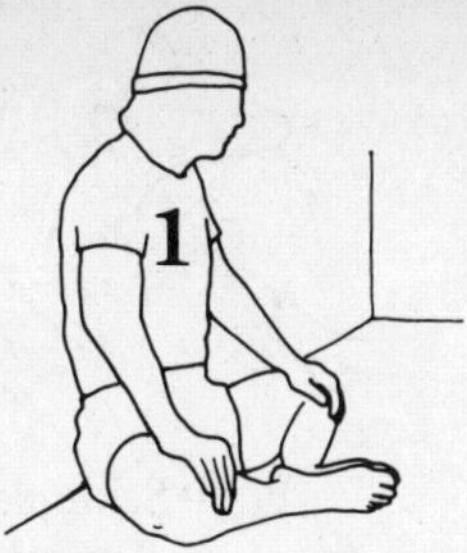

20 Sekunden
(Seite 78)

30 Sekunden
(Seite 76)

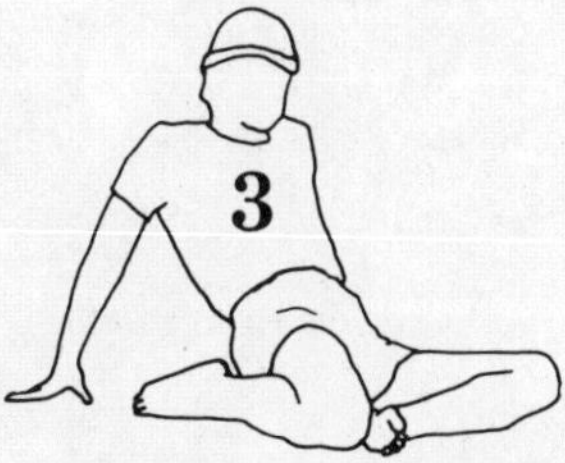

20 Sekunden je Bein
(Seite 46)

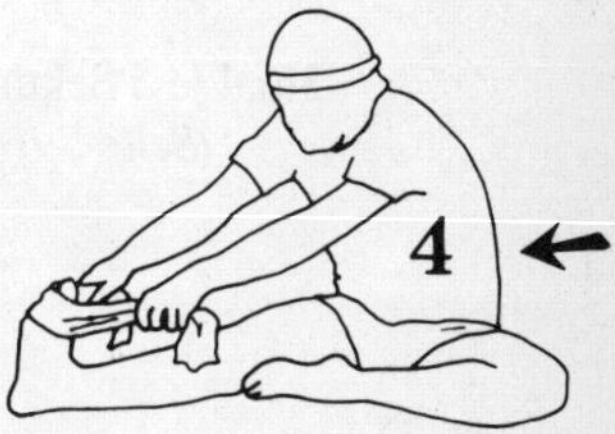

20 Sekunden je Bein
(Seite 50)

30 Sekunden
(Seite 34)

3mal je 5 Sekunden
(Seite 36)

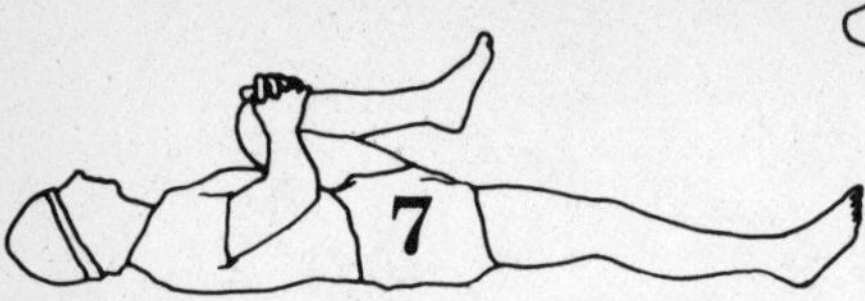

20 Sekunden je Seite
(Seite 40)

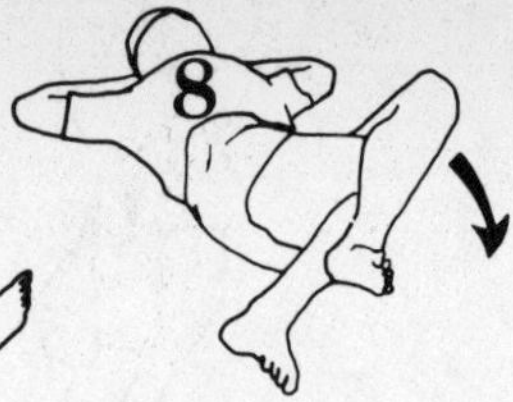

20 Sekunden je Seite
(Seite 34–35)

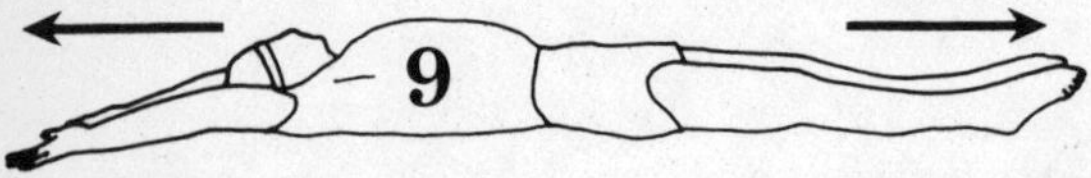

3mal je 5 Sekunden
(Seite 39)

20 Sekunden
(Seite 72)

20 Sekunden
(Seite 73)

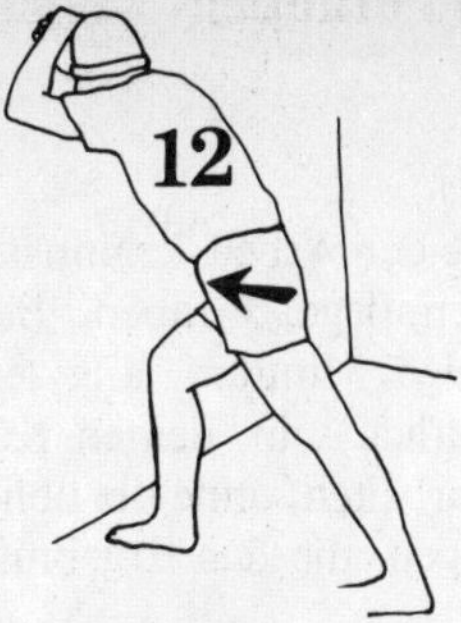

30 Sekunden je Bein
(Seite 98)

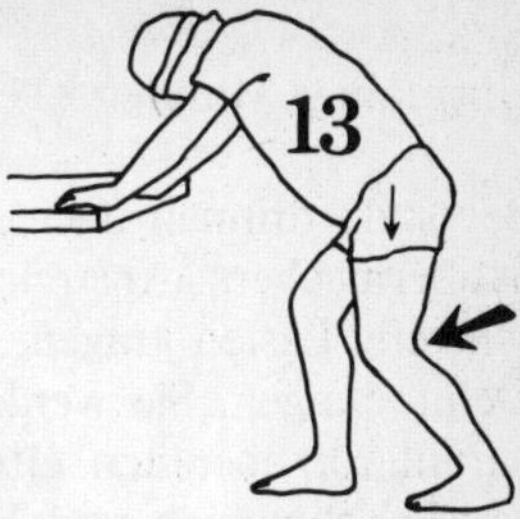

15 Sekunden je Bein
(Seite 98)

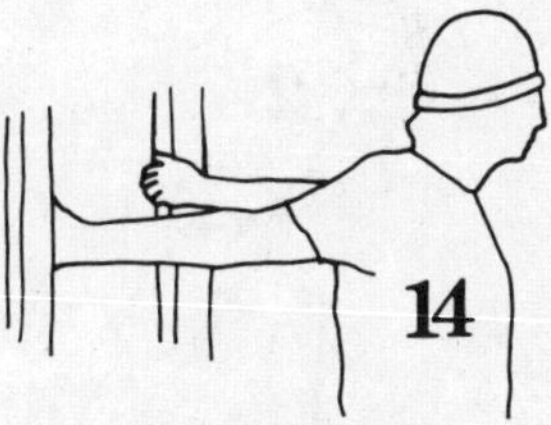

15 Sekunden
(Seite 59)

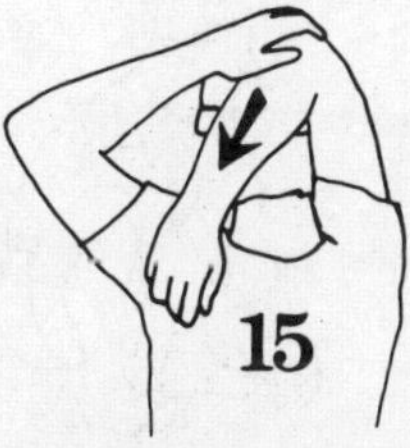

10 Sekunden je Arm
(Seite 57)

10 Sekunden
(Seite 59)

Vor und nach **Arbeit drinnen und draußen**

Ungefähr 5 Minuten

Bevor du drinnen oder draußen mit der Arbeit beginnst, wie Saubermachen, Anstreichen, Gartenpflege, Graben, Bauen, schwere Lasten tragen, mache einige Minuten lang leichte Dehnübungen. Sie werden dir behilflich sein, deinen Körper darauf vorzubereiten, effizienter zu arbeiten, ohne die üblichen Muskelschmerzen und Verspannungen, die das Ergebnis solcher Arbeit sind.

30 Sekunden
(Seite 72)

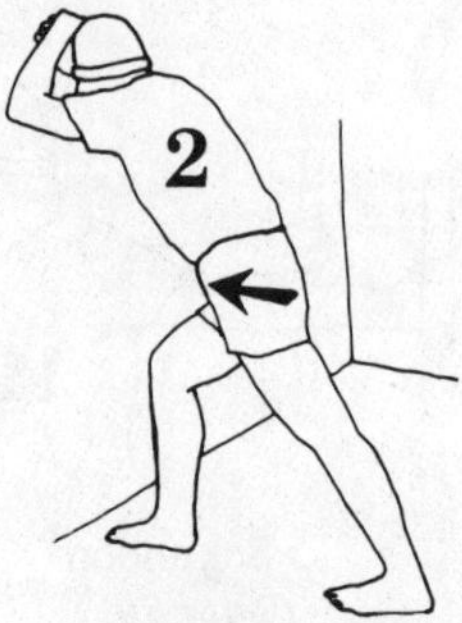

20 Sekunden je Bein
(Seite 98)

20 Sekunden
(Seite 70)

20 Sekunden
(Seite 89)

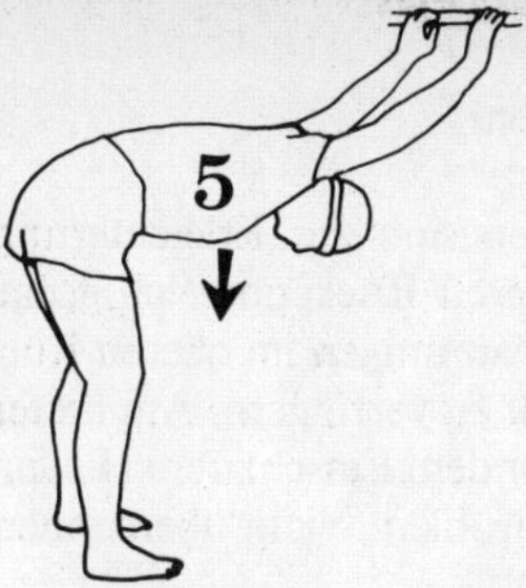

15 Sekunden
(Seite 108)

2mal je 10 Sekunden
(Seite 59)

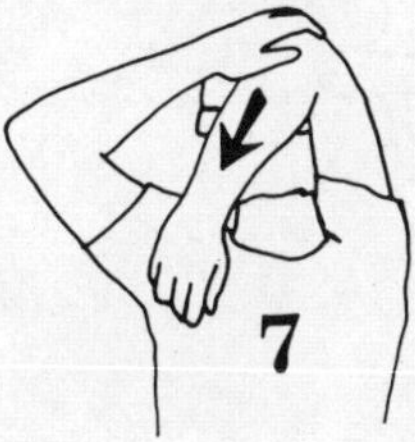

10 Sekunden je Arm
(Seite 57)

5mal je Richtung
(Seite 120)

20 Sekunden je Bein
(Seite 101)

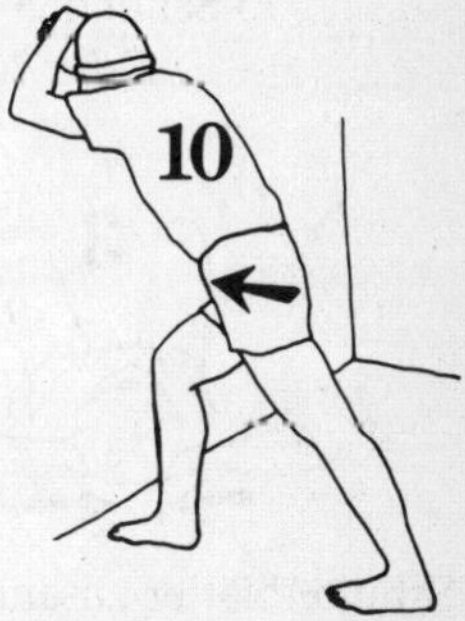

20 Sekunden je Bein
(Seite 98)

Für den **Lendenbereich**

Ungefähr 4 Minuten

Diese Dehnübungen sind zur Erleichterung von muskulären Schmerzen im unteren Rückenbereich gedacht und sind auch nützlich, um Verspannungen im oberen Rücken, in den Schultern und im Genick zu verringern. Am besten machst du sie jeden Abend kurz vor dem Einschlafen. Halte nur Dehnspannungen, die sich gut anfühlen. Nicht überdehnen.

30 Sekunden
(Seite 34)

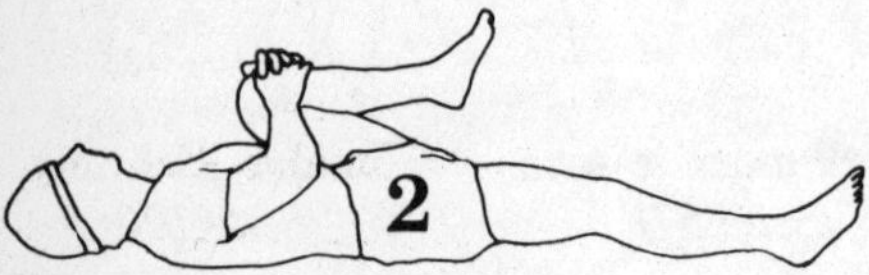

15 Sekunden je Bein
(Seite 40)

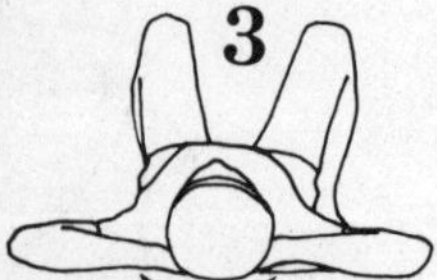

Schulterblätter zusammenziehen
2mal je 8 Sekunden
(Seite 37)

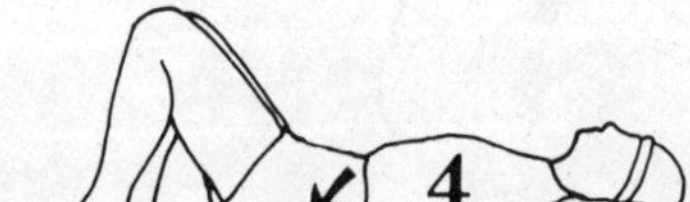

unteren Rücken flachlegen
2mal je 10 Sekunden
(Seite 37)

3mal je 5 Sekunden
(Seite 36)

30 Sekunden je Seite
(Seite 34–35)

30 Sekunden
(Seite 34)

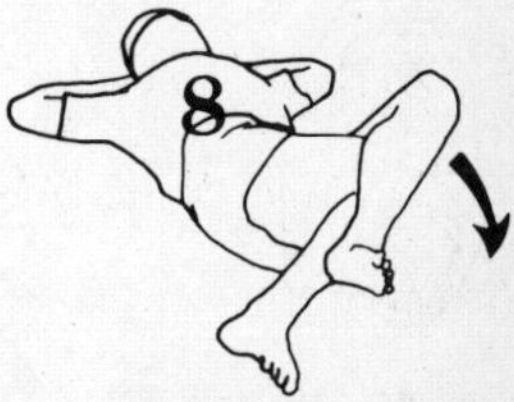

20 Sekunden je Seite
(Seite 34–35)

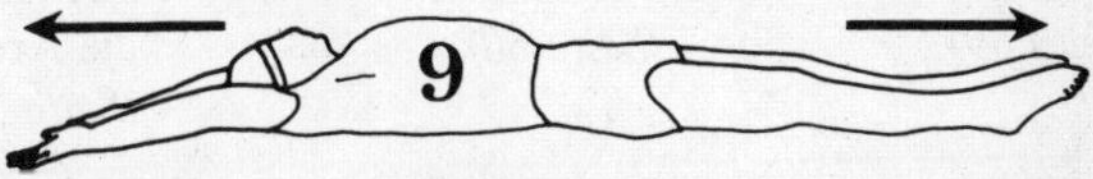

2mal je 5 Sekunden
(Seite 39)

25 Sekunden
(Seite 40)

(Seite 42)

Nach dem **Sitzen**

Ungefähr 5 Minuten

Dies ist eine Serie von Dehnübungen, die nach langem Sitzen gemacht werden sollte. Sitzen läßt das Blut in den unteren Beinen und Füßen anstauen, die Kniebeuger härter werden und die Muskeln von Rücken und Nacken hart und steif werden. Diese Dehnübungen verbessern deinen Kreislauf und lockern die Bereiche auf, die durch langes Sitzen verspannt worden sind.

15 Sekunden
(Seite 59)

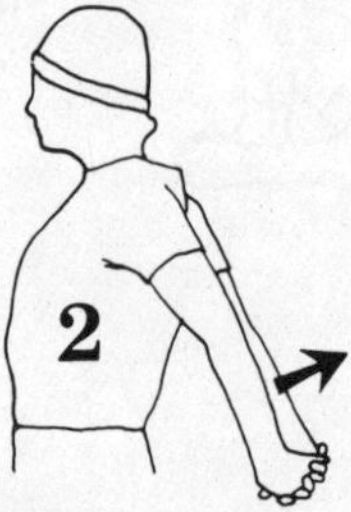

10 Sekunden
(Seite 60)

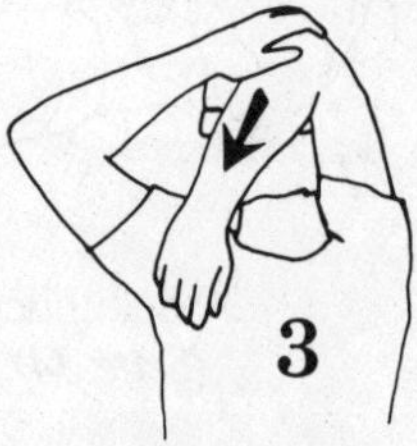

10 Sekunden
je Arm
(Seite 57)

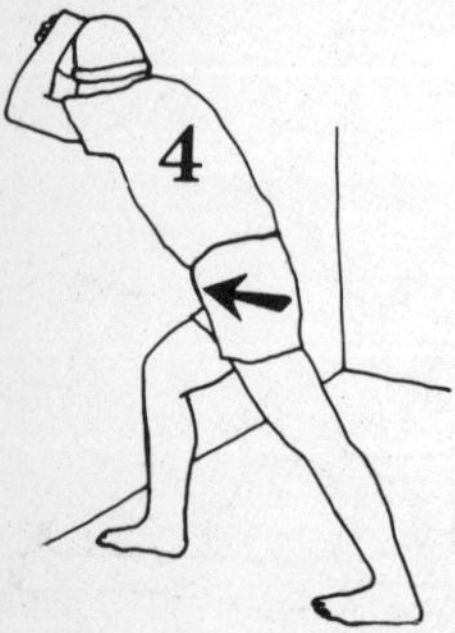

20 Sekunden je Bein
(Seite 98)

30 Sekunden
(Seite 34)

2mal je 5 Sekunden
(Seite 36)

20 Sekunden je Seite
(Seite 34 – 35)

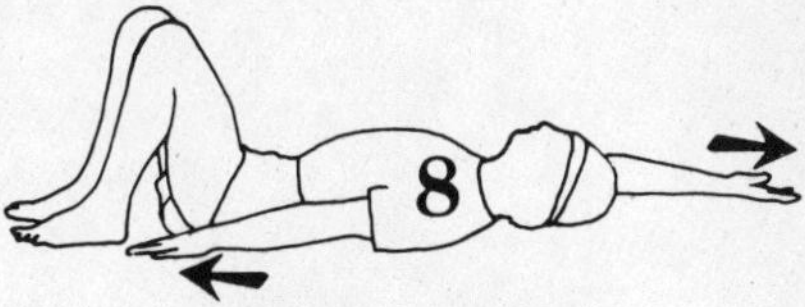

10 Sekunden je Seite
(Seite 38)

30 Sekunden
(Seite 76)

20 Sekunden je Bein
(Seite 44)

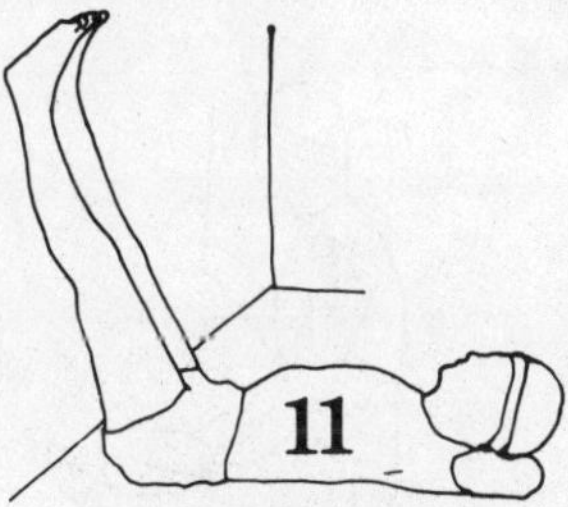

2 – 3 Minuten
(Seite 93)

5mal je Richtung
(Seite 120)

Beim **Fernsehen**

Viele Menschen meinen, sie hätten nicht genug Zeit, um Dehnübungen durchzuführen, sehen jedoch abends stundenlang fern. Wenn du dir selber helfen willst, dehne während du fernsiehst. Es wird dein Zuschauen nicht stören, und trotzdem erreichst du etwas in dieser bewegungslosen Zeitspanne.

(Seite 76)

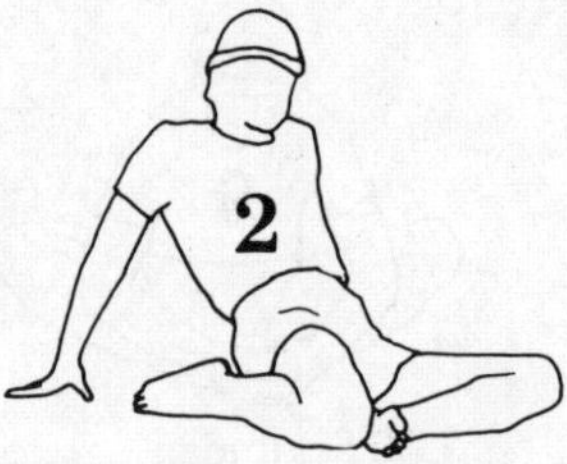

(Seite 46)

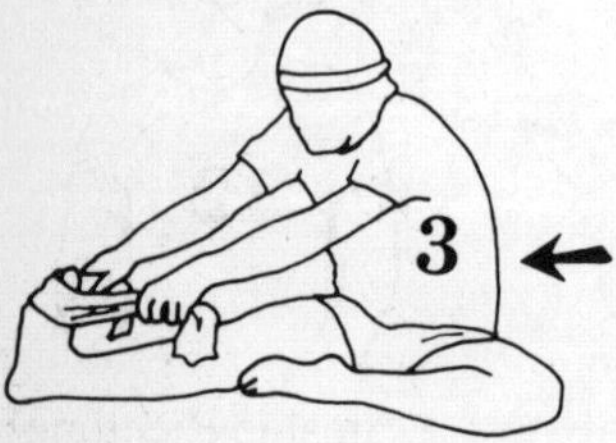

(Seite 50)

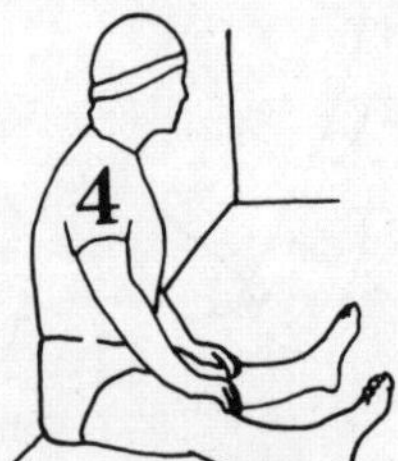

(Seite 128)

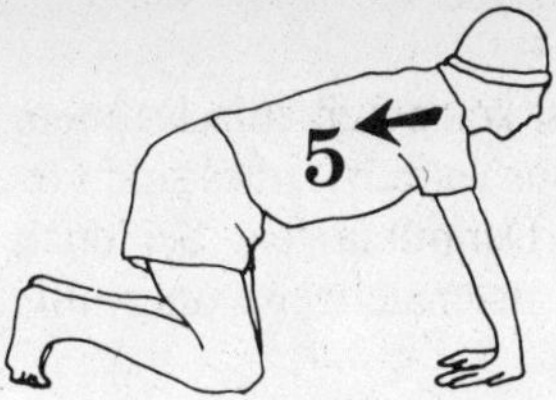

(Seite 56)

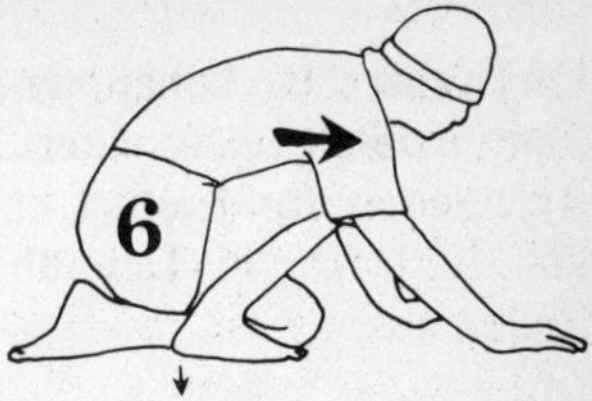

(Seite 64)

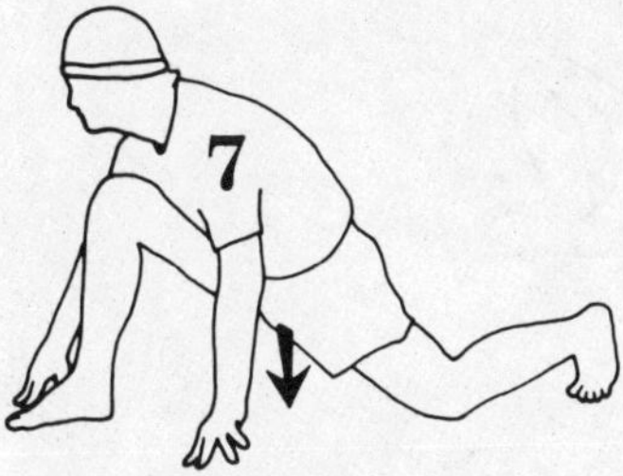

(Seite 65)

(Seite 80)

(Seite 44)

(Seite 43)

Spontane Dehnübungen

Du kannst nicht behaupten, du hättest keine Zeit zum Dehnen. Zeitung lesen, telefonieren, auf den Bus warten... dies sind Gelegenheiten für leichte, entspannte Dehnübungen. Sei doch kreativ: Denke dir Dehnübungen für normalerweise unerfüllte Zeiten aus.

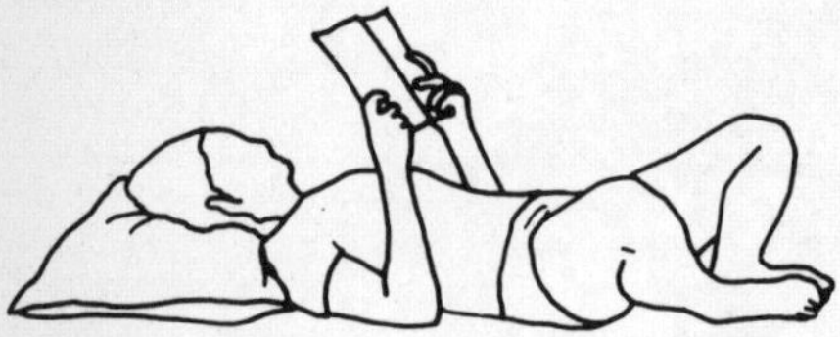

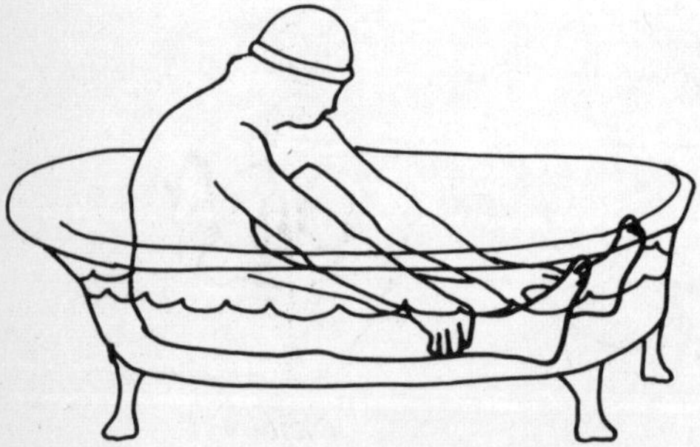

BUS STOP

Dehnprogramme für Sport und Körpertraining

Diese Programme werden dir helfen, dich auf diverse Sportarten und Aktivitäten vorzubereiten. Jedes Programm beinhaltet allgemeine Dehnungen für den ganzen Körper sowie spezifische Dehnungen je nach Sportart oder Aktivität.

Zu Beginn halte dich an diese Programme, aber nach einer gewissen Zeit kann es sein, daß du eigene entwickeln möchtest. Dagegen ist nichts einzuwenden, solange du die korrekten Dehntechniken befolgst (siehe Seiten 17 – 30). Sei sicher, daß du die einzelnen Dehnübungen kennst, bevor du mit den Programmen beginnst. Für Anweisungen schlage die Seiten auf, die bei jeder Abbildung angegeben sind.

Für Lehrer und Trainer: Diese Programme können als Richtlinien dienen. Du wirst sie vielleicht teilweise ändern wollen, um spezifischen Bedürfnissen und zeitlichen Beschränkungen zu entsprechen.

Vor und nach **Baseball**

Ungefähr 12 Minuten

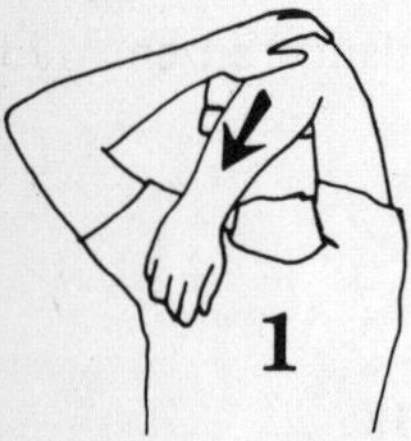

10 Sekunden je Arm
(Seite 57)

15 Sekunden
(Seite 59)

10 Sekunden je Seite
(Seite 57)

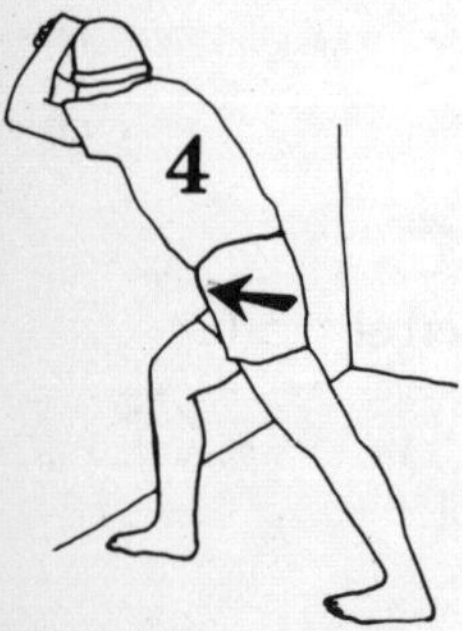

30 Sekunden je Bein
(Seite 98)

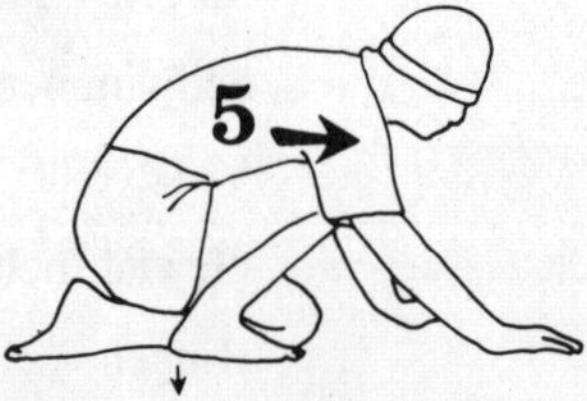

10 Sekunden je Bein
(Seite 64)

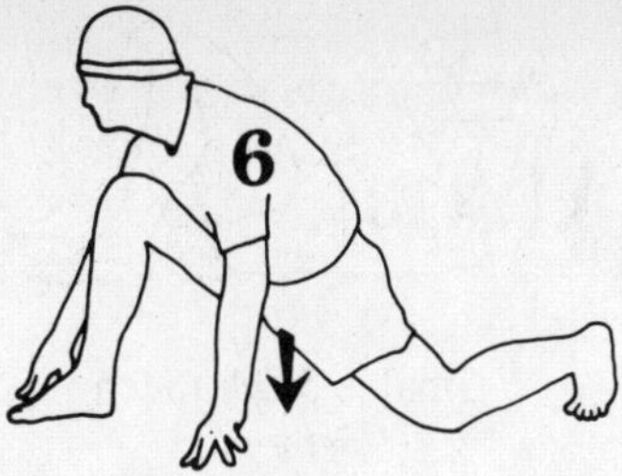

25 Sekunden je Bein
(Seite 65)

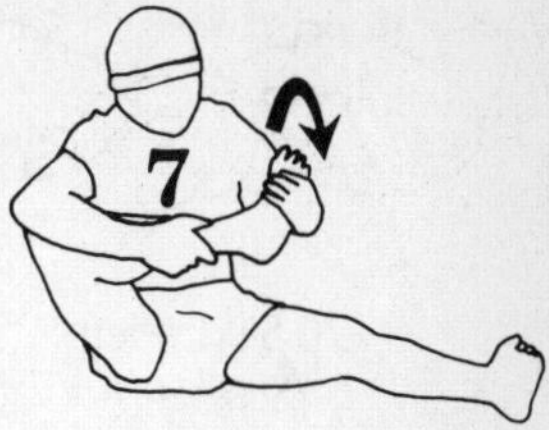

15mal je Richtung
(Seite 43)

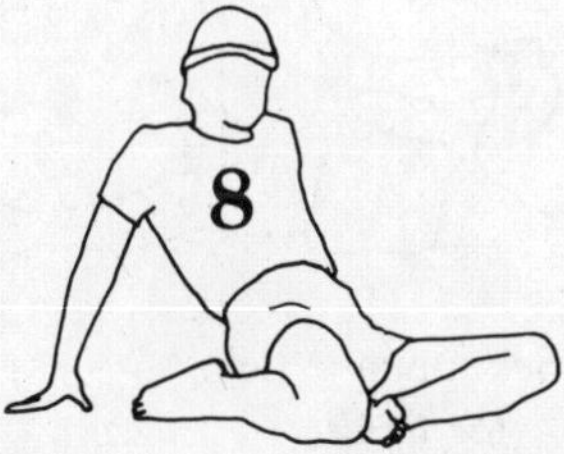

20 Sekunden je Bein
(Seite 46)

30 Sekunden je Bein
(Seite 50)

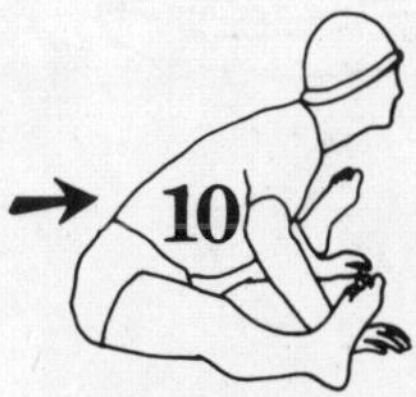

30 Sekunden
(Seite 127)

40 Sekunden
(Seite 76)

20 Sekunden
(Seite 34)

3mal je 5 Sekunden
(Seite 36)

20 Sekunden je Seite
(Seite 34–35)

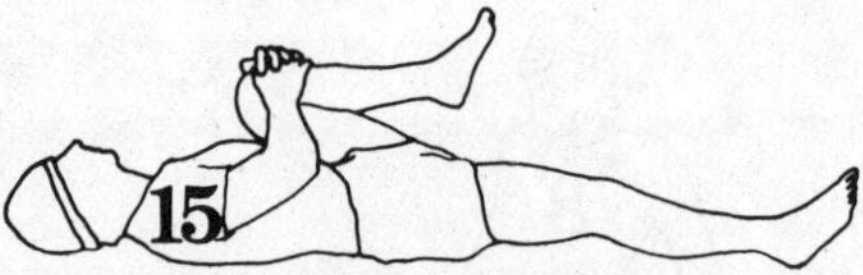

20 Sekunden je Bein
(Seite 40)

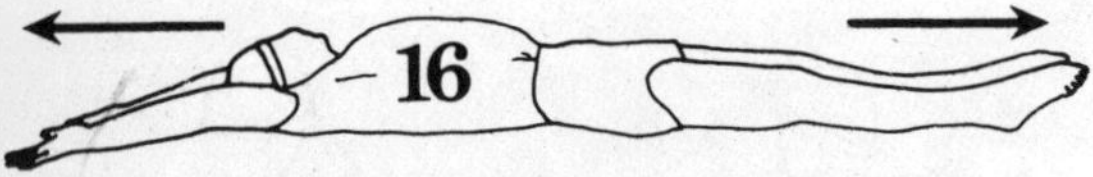

3mal je 5 Sekunden
(Seite 39)

20 Sekunden
(Seite 56)

10 Sekunden je Arm
(Seite 55)

15 Sekunden je Seite
(Seite 108)

10 Sekunden je Arm
(Seite 110)

15 Sekunden
(Seite 60)

Vor und nach **Basketball**

Ungefähr 12 Minuten

5mal je Richtung
(Seite 120)

10 Sekunden je Seite
(Seite 57)

20 Sekunden
(Seite 59)

30 Sekunden
(Seite 72)

20 Sekunden
(Seite 70)

30 Sekunden
(Seite 76)

30 Sekunden
(Seite 34)

3mal je 5 Sekunden
(Seite 36)

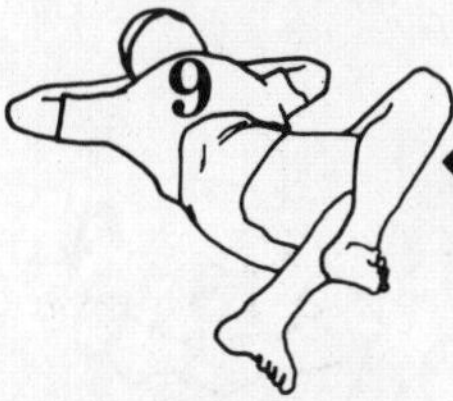

25 Sekunden je Seite
(Seite 34 – 35)

20 Sekunden je Bein
(Seite 40)

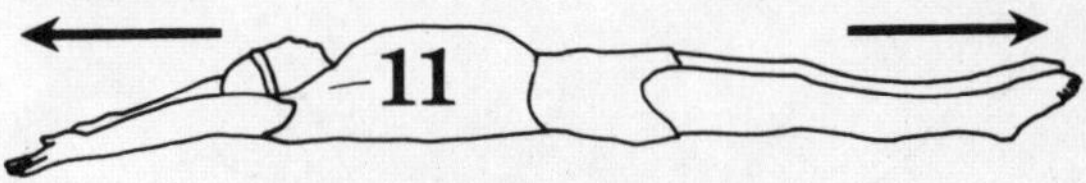

2mal je 5 Sekunden
(Seite 39)

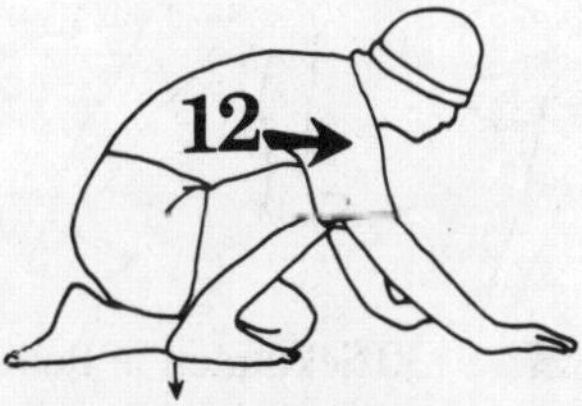

10 Sekunden je Bein
(Seite 64)

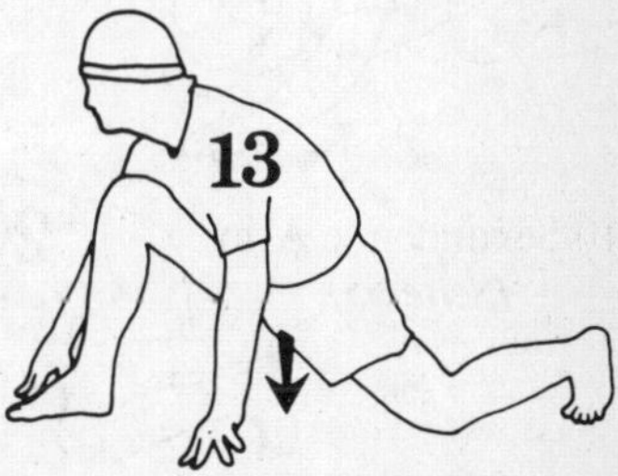

20 Sekunden je Bein
(Seite 65)

20 Sekunden je Bein
(Seite 46)

20 Sekunden je Bein
(Seite 50)

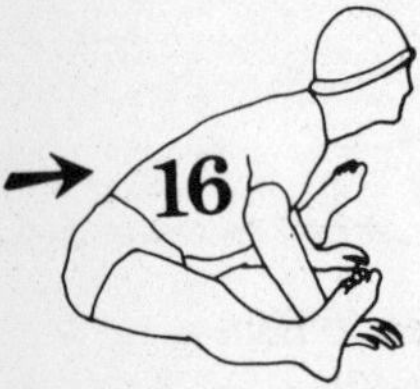

30 Sekunden
(Seite 127)

30 Sekunden
(Seite 76)

15mal je Richtung
(Seite 43)

10 Sekunden je Arm
(Seite 55)

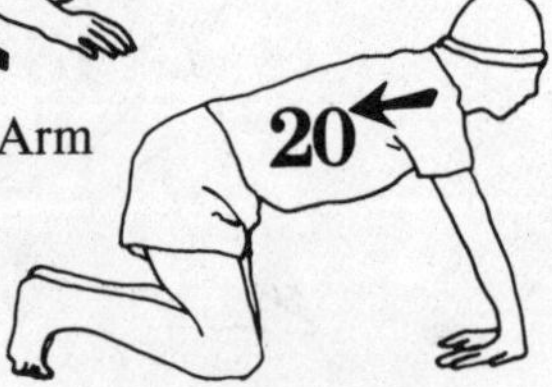

20 Sekunden
(Seite 56)

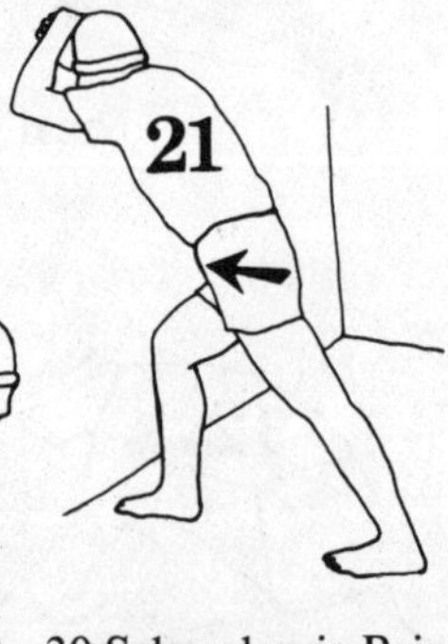

30 Sekunden je Bein
(Seite 98)

Vor und nach dem **Radfahren**

Ungefähr 10 Minuten

5mal je Richtung
(Seite 120)

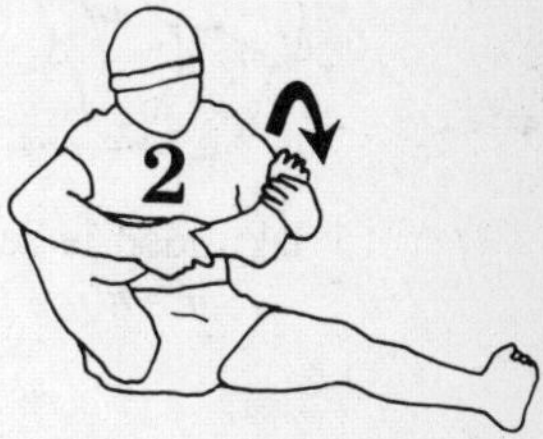

10mal je Richtung
(Seite 43)

30 Sekunden
(Seite 34)

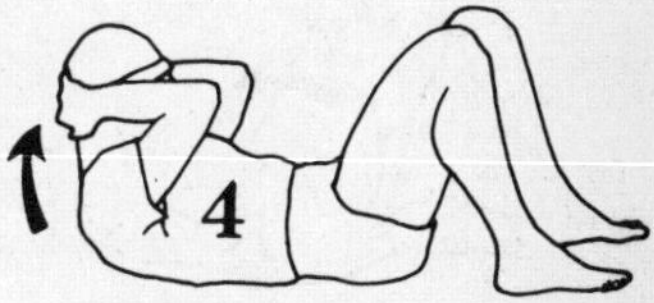

3mal je 5 Sekunden
(Seite 36)

30 Sekunden je Seite
(Seite 34–35)

30 Sekunden
(Seite 76)

15 Sekunden je Seite
(Seite 80)

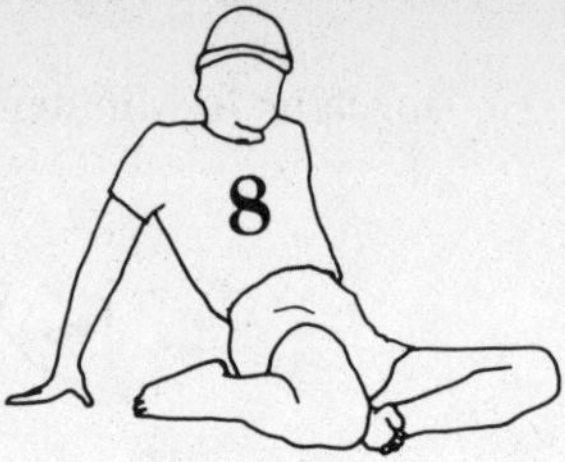

20 Sekunden
(Seite 46)

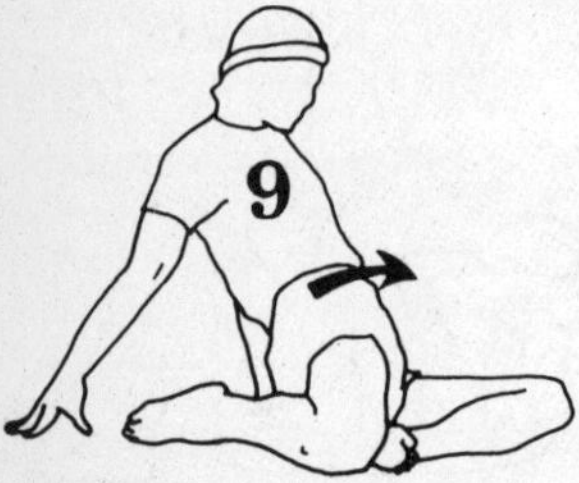

5 Sekunden
(Seite 48)

20 Sekunden
(Seite 46)

30 Sekunden
(Seite 50)

12

Wiederhole
8, 9, 10, 11 mit
dem anderen Bein

20 Sekunden
(Seite 89)

30 Sekunden
(Seite 70)

15 Sekunden je Bein
(Seite 101)

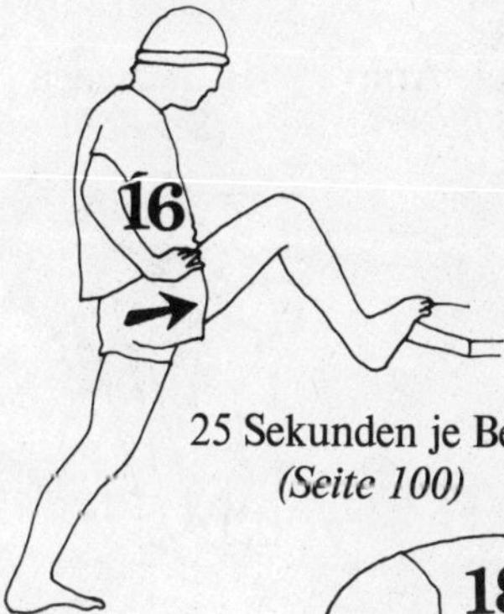

25 Sekunden je Bein
(Seite 100)

30 Sekunden je Bein
(Seite 98)

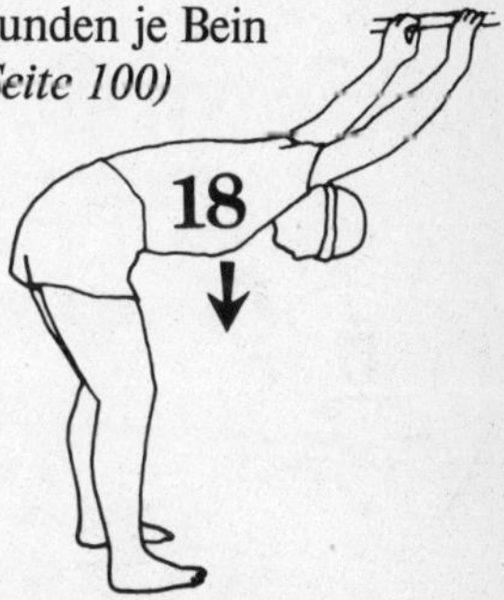

30 Sekunden
(Seite 108)

Vor und nach **Amerikanischem Football / Rugby**

Ungefähr 10 Minuten

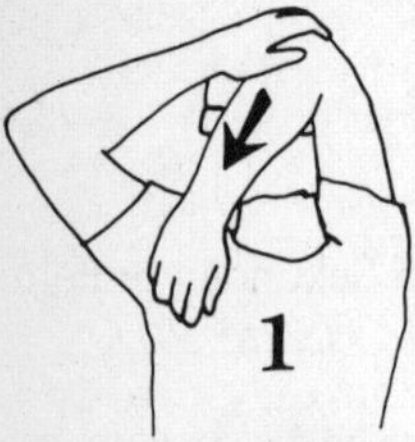

15 Sekunden je Arm
(Seite 57)

10 Sekunden
(Seite 59)

30 Sekunden
(Seite 72)

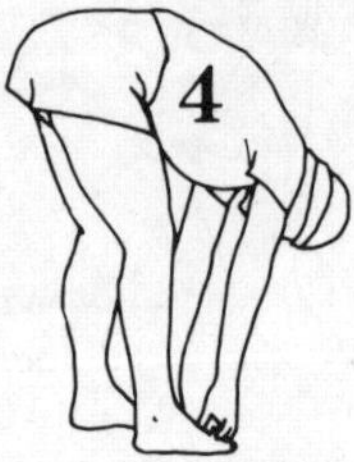

30 Sekunden
(Seite 70)

15mal je Richtung
(Seite 43)

30 Sekunden
(Seite 76)

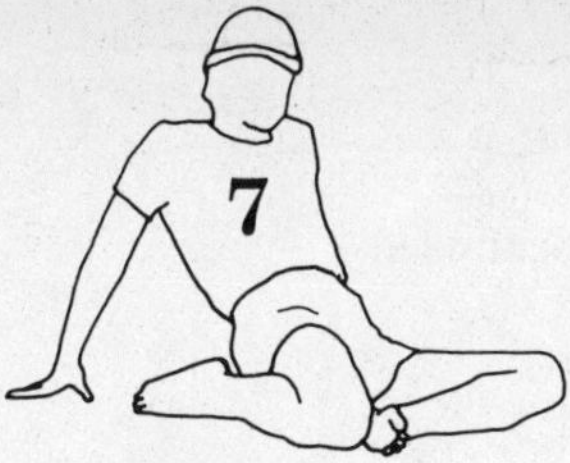

30 Sekunden je Bein
(Seite 46)

30 Sekunden je Bein
(Seite 50)

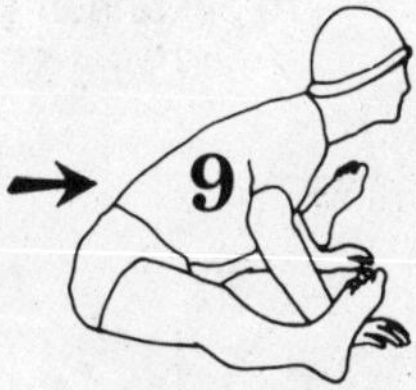

30 Sekunden
(Seite 127)

20 Sekunden
(Seite 76)

3mal je 5 Sekunden
(Seite 36)

20 Sekunden je Seite
(Seite 34–35)

3mal je 5 Sekunden
(Seite 39)

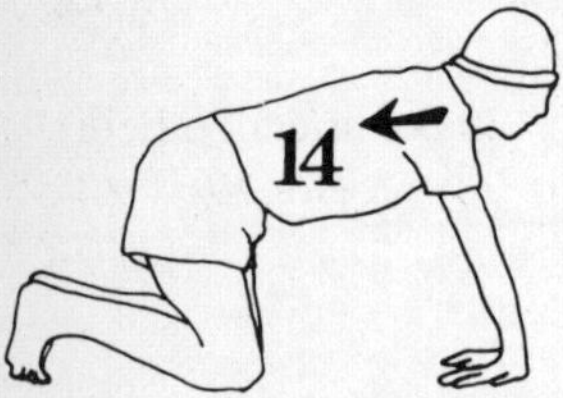

20 Sekunden
(Seite 56)

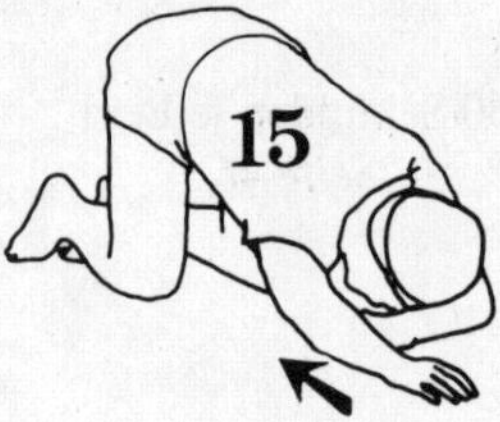

10 Sekunden je Arm
(Seite 55)

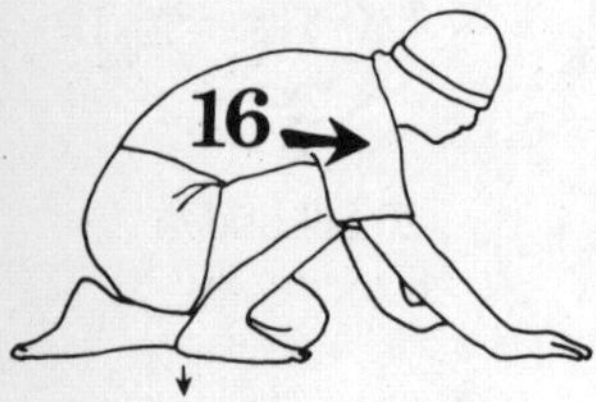

10 Sekunden je Bein
(Seite 64)

20 Sekunden je Bein
(Seite 65)

20 Sekunden
(Seite 89)

Vor und nach **Gymnastik, Eiskunstlauf, Tanzen**

Ungefähr 15 Minuten

20mal je Richtung
(Seite 43)

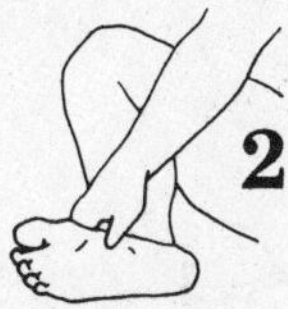

40 Sekunden
je Fuß
(Seite 44)

5mal je Richtung
(Seite 120)

30 Sekunden
(Seite 34)

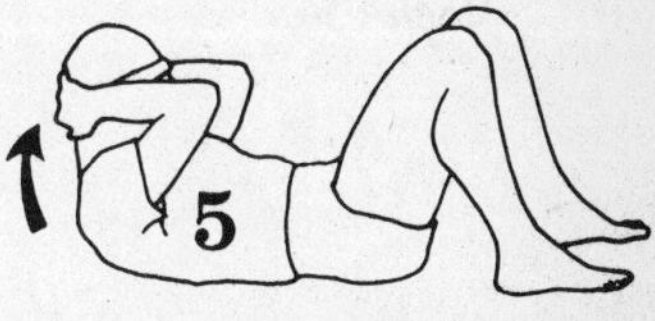

3mal je 8 Sekunden
(Seite 36)

25 Sekunden je Seite
(Seite 41)

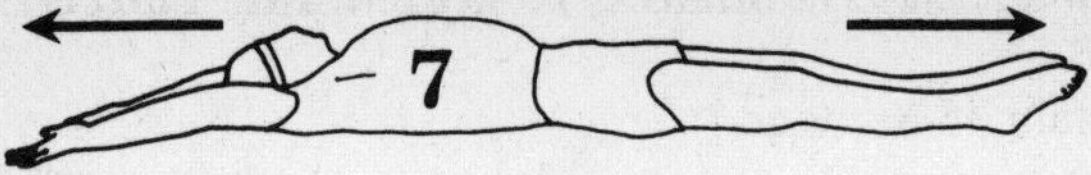

3mal je 8 Sekunden
(Seite 39)

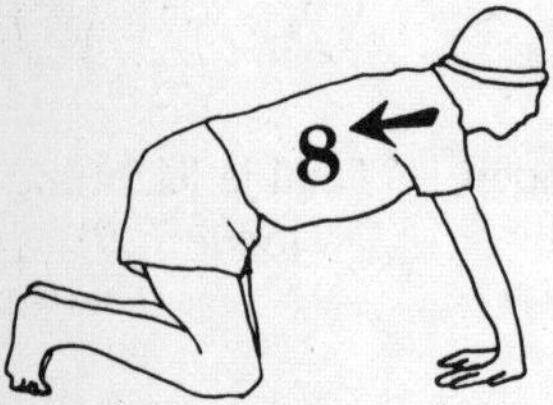

20 Sekunden
(Seite 56)

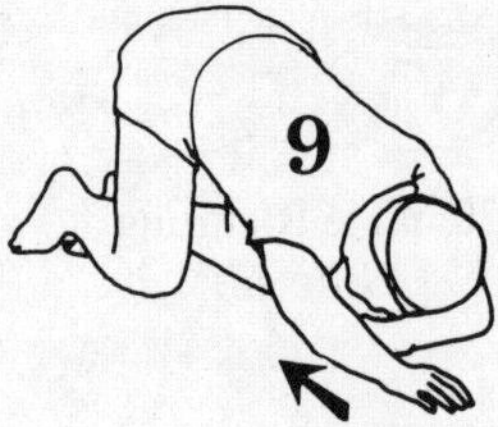

15 Sekunden
je Arm
(Seite 55)

30 Sekunden
(Seite 62 – 63)

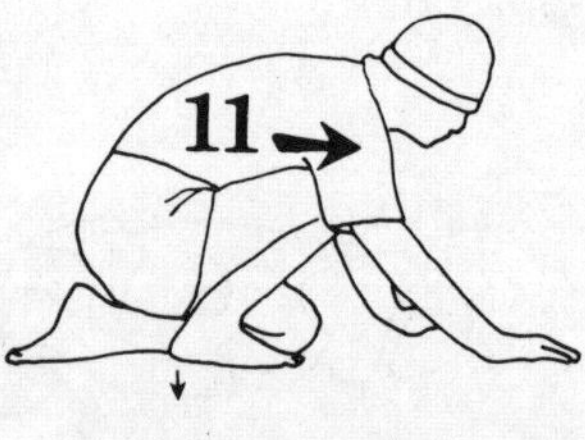

15 Sekunden
(Seite 64)

10 Sekunden
(Seite 65)

25 Sekunden
(Seite 68)

25 Sekunden
(Seite 133)

15

Wiederhole
11, 12, 13, 14
mit der
anderen
Seite

40 Sekunden
(Seite 134)

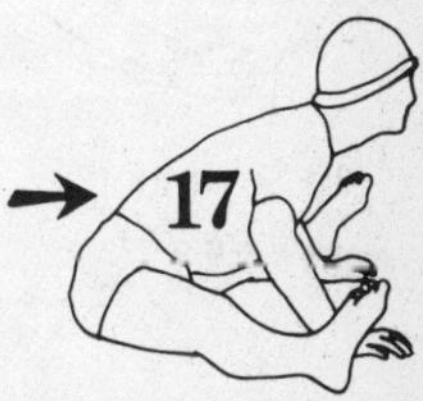

30 Sekunden
(Seite 127)

30 Sekunden
(Seite 128)

30 Sekunden
(Seite 128)

40 Sekunden
(Seite 76)

15 Sekunden je Seite
(Seite 80)

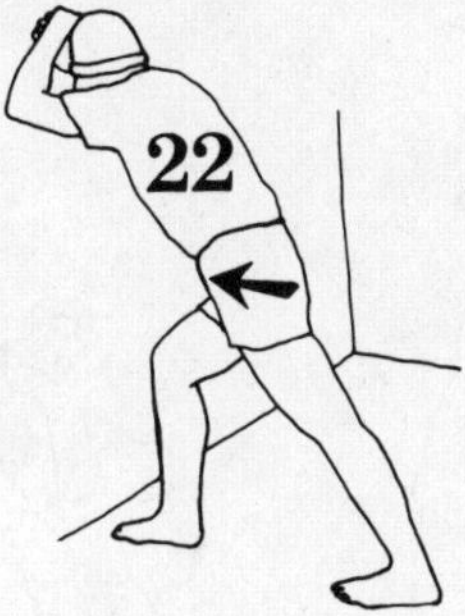

30 Sekunden je Bein
(Seite 98)

30 Sekunden je Bein
(Seite 103)

15 Sekunden je Seite
(Seite 57)

15 Sekunden je Seite
(Seite 106)

Vor und nach **Golf**

Ungefähr 6 Minuten

15 Sekunden
(Seite 59)

10 Sekunden je Seite
(Seite 57)

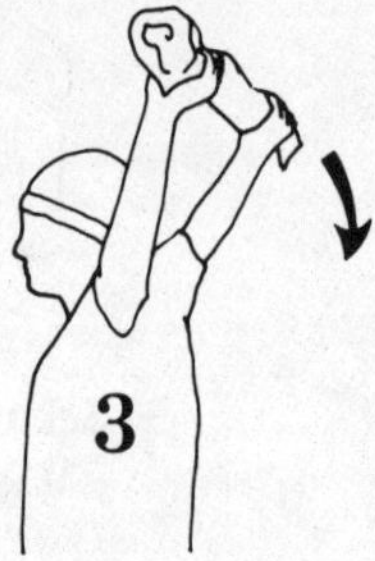

15 Sekunden
(Seite 114)

15 Sekunden je Seite
(Seite 107)

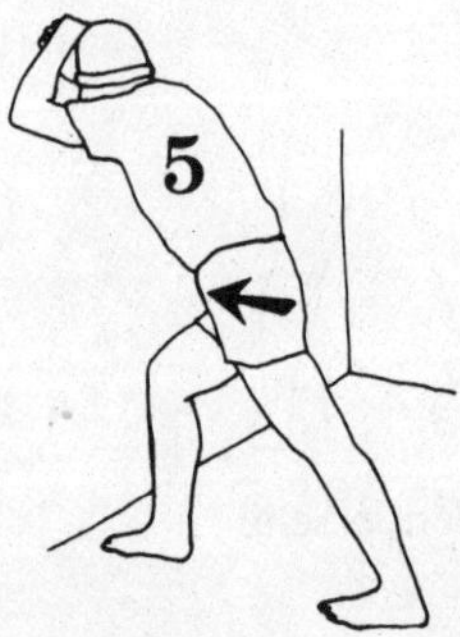

30 Sekunden je Bein
(Seite 98)

30 Sekunden
(Seite 72)

20 Sekunden
(Seite 70)

25 Sekunden
(Seite 89)

30 Sekunden
(Seite 76)

30 Sekunden je Bein
(Seite 49)

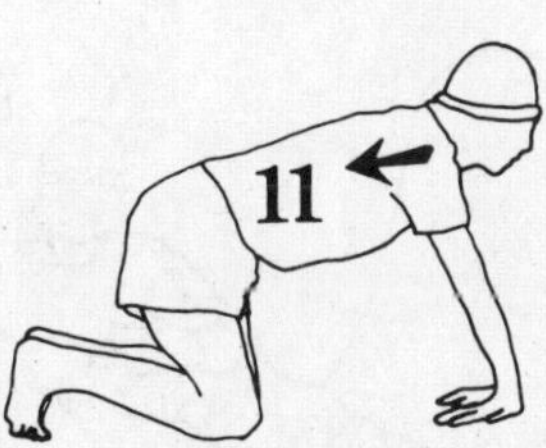

20 Sekunden
(Seite 56)

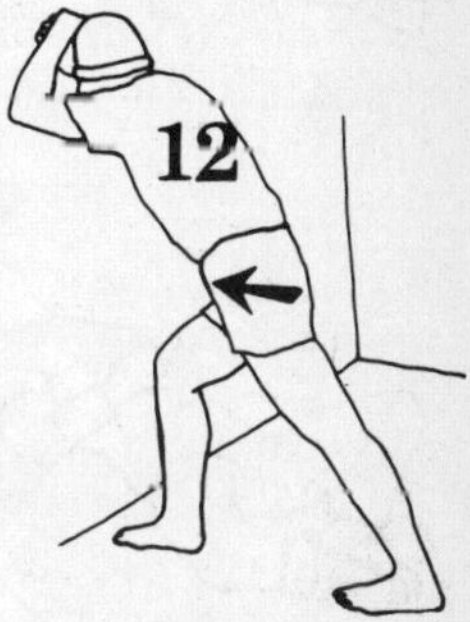

20 Sekunden je Bein
(Seite 98)

Wandern

(Seite 89)

(Seite 70)

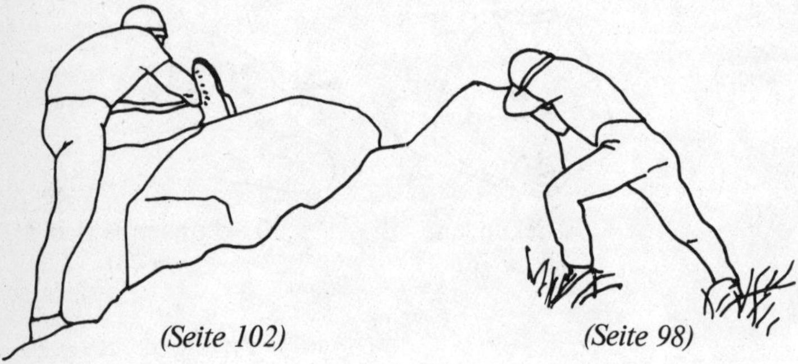

(Seite 102)

(Seite 98)

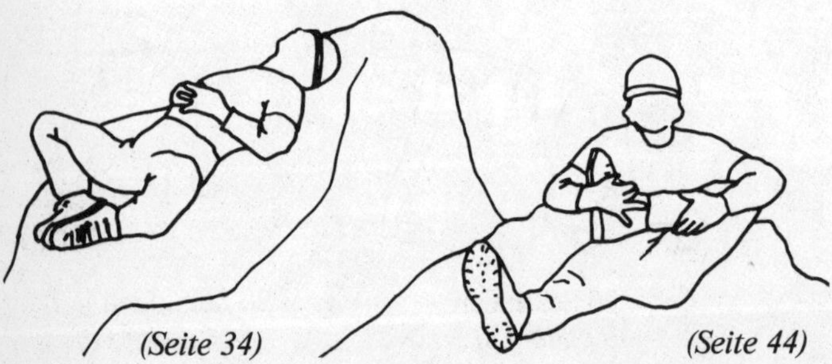

(Seite 34)

(Seite 44)

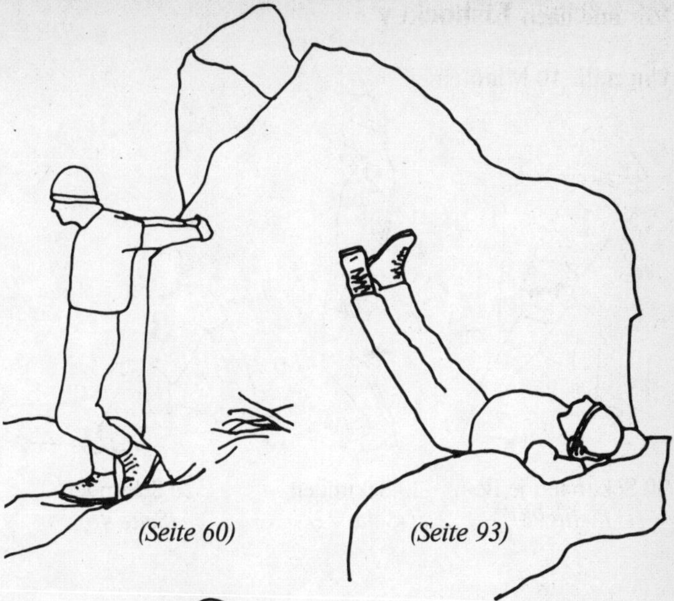

(Seite 60) (Seite 93)

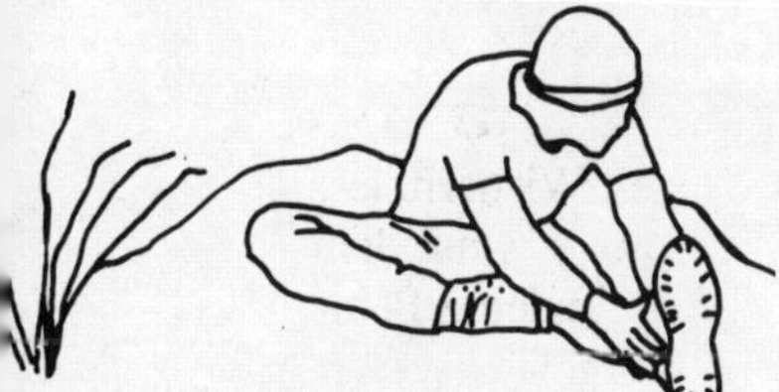

(Seite 49)

(Seite 79)

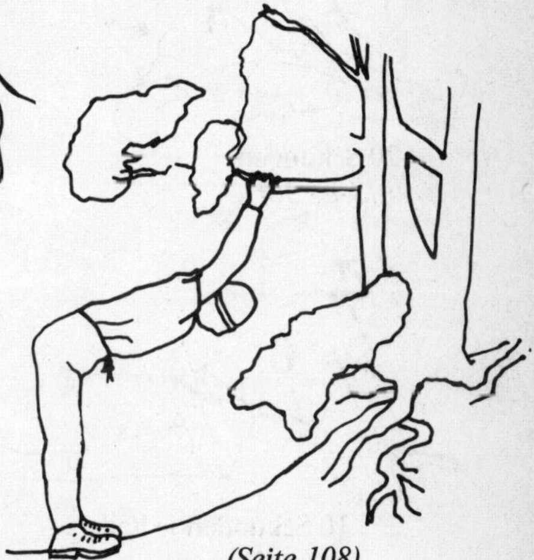

(Seite 108)

Vor und nach **Eishockey**

Ungefähr 10 Minuten

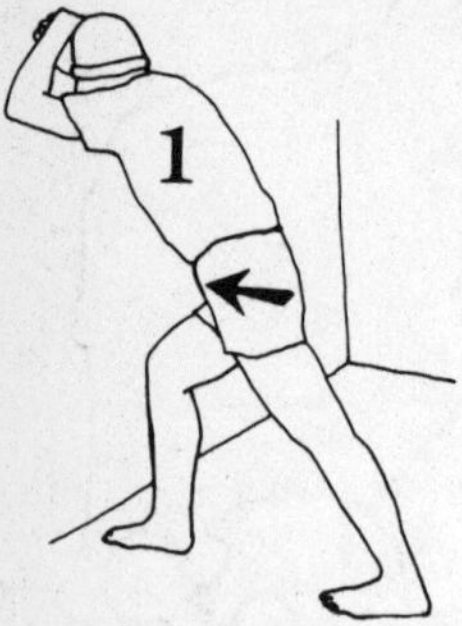

30 Sekunden je Bein
(Seite 98)

20 Sekunden
(Seite 72)

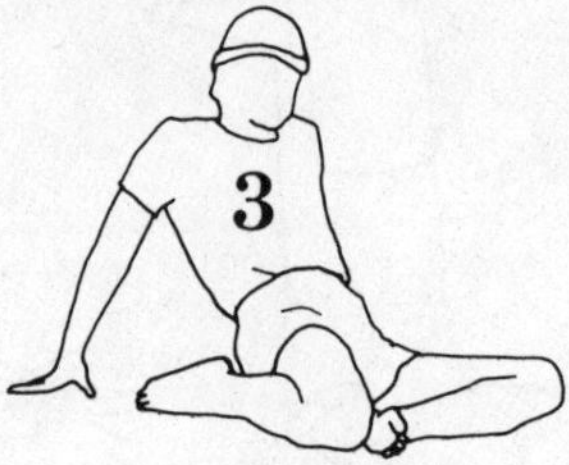

20 Sekunden
(Seite 46)

20 Sekunden
(Seite 50)

5
Wiederhole
3 + 4 mit dem
anderen Bein

10 Sekunden je Seite
(Seite 80)

30 Sekunden
(Seite 76)

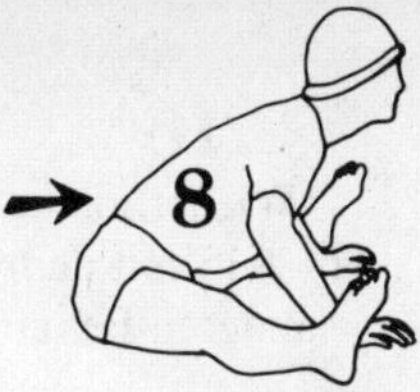

30 Sekunden
(Seite 127)

20 Sekunden
(Seite 34)

3mal je 5 Sekunden
(Seite 36)

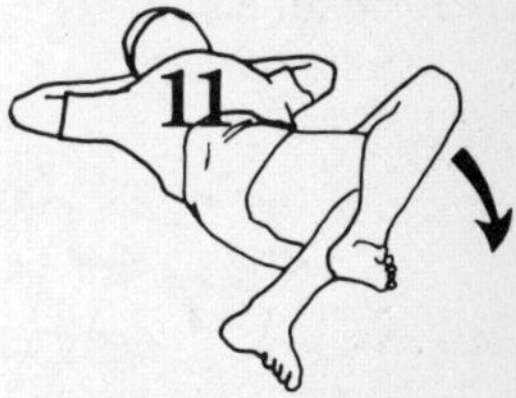

20 Sekunden je Seite
(Seite 34–35)

3mal je 5 Sekunden
(Seite 39)

20 Sekunden
(Seite 89)

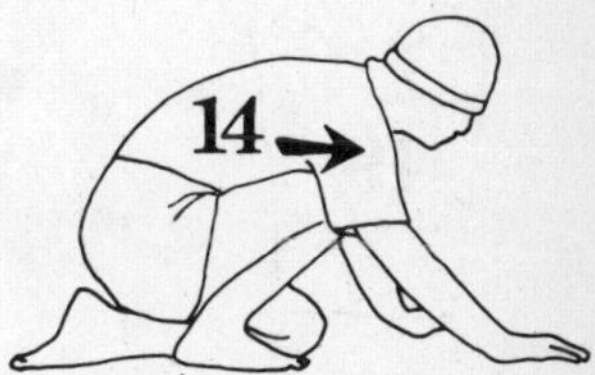

10 Sekunden
(Seite 64)

16
Wiederhole
14 + 15 mit dem
anderen Bein

20 Sekunden
(Seite 65)

20 Sekunden
(Seite 56)

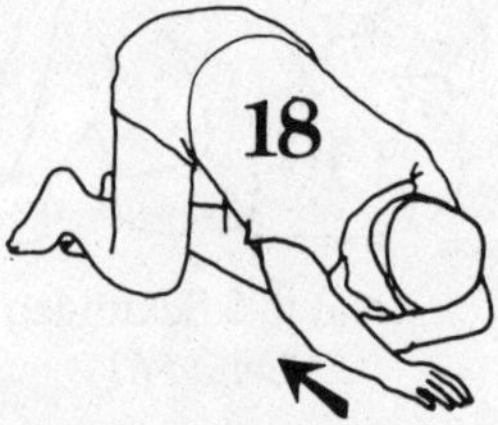

10 Sekunden je Arm
(Seite 55)

15 Sekunden je Arm
(Seite 59)

10 Sekunden je Seite
(Seite 57)

Vor und nach **Handball, Squash**

Ungefähr 10 Minuten

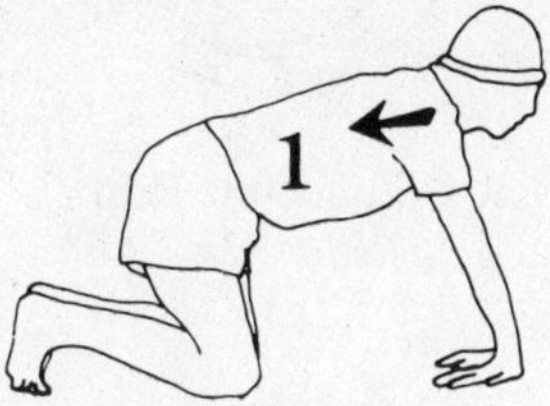

20 Sekunden
(Seite 56)

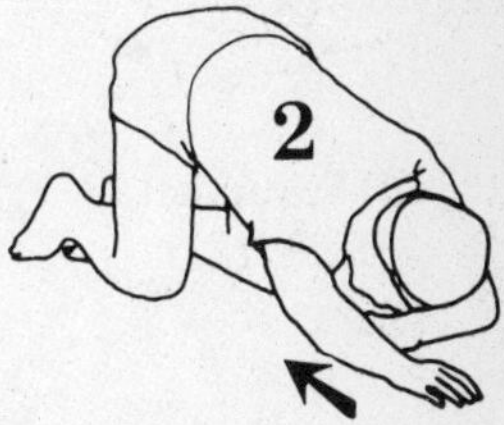

15 Sekunden je Arm
(Seite 55)

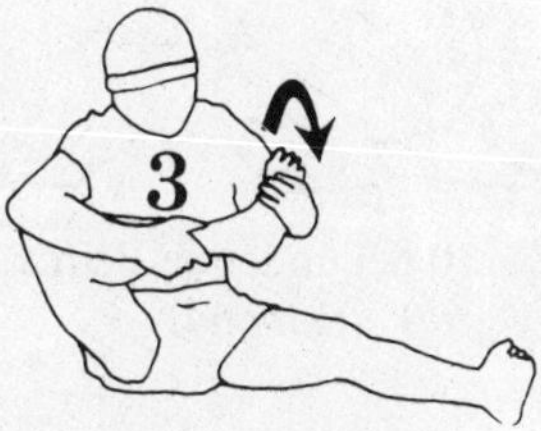

15mal je Richtung
(Seite 43)

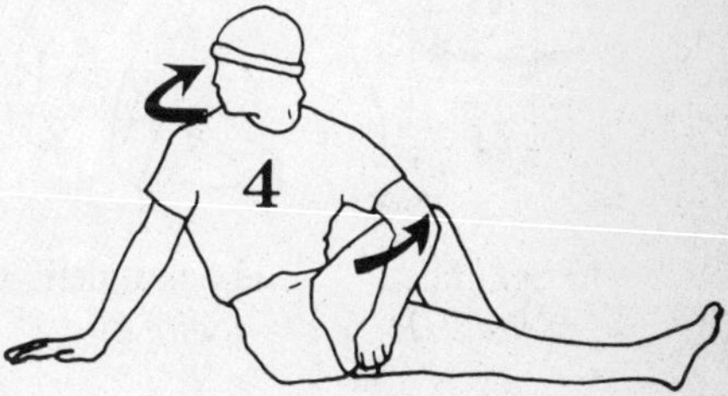

10 Sekunden je Seite
(Seite 80)

25 Sekunden je Bein
(Seite 46)

10 Sekunden je Bein
(Seite 50)

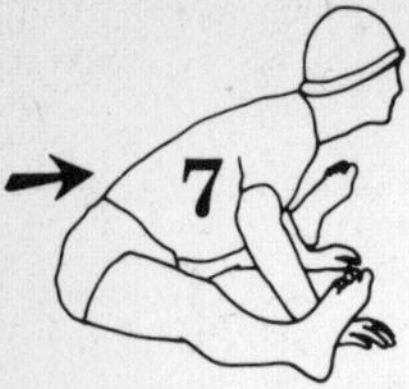

20 Sekunden
(Seite 127)

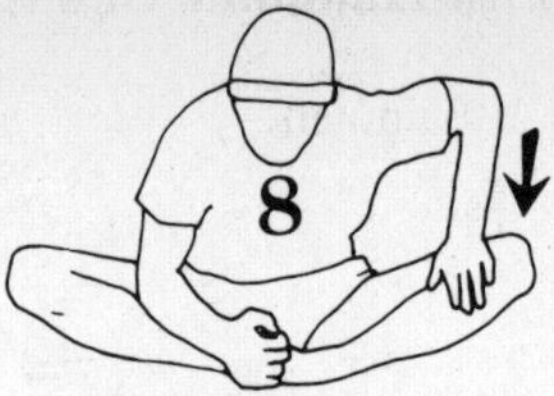

20 Sekunden je Bein
(Seite 77)

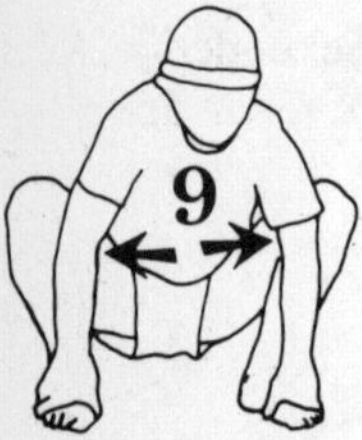

15 Sekunden
(Seite 91)

25 Sekunden
(Seite 89)

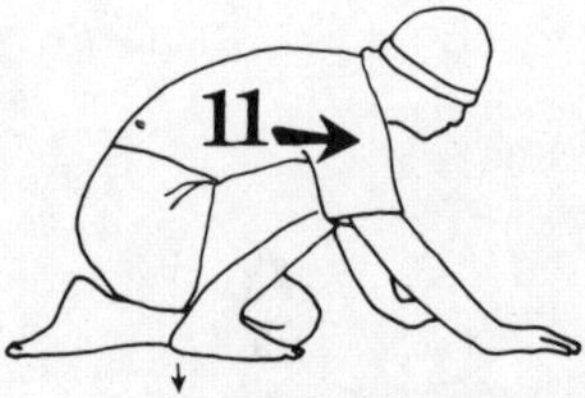

10 Sekunden je Bein
(Seite 64)

20 Sekunden je Bein
(Seite 65)

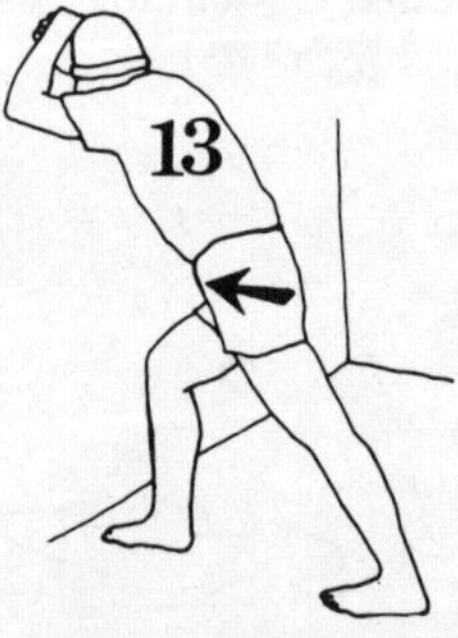

30 Sekunden je Bein
(Seite 98)

15 Sekunden
(Seite 108)

15 Sekunden je Arm
(Seite 57)

20 Sekunden
(Seite 59)

10 Sekunden
(Seite 60)

5mal je Richtung
(Seite 120)

Vor und nach **Kampfsport**

Ungefähr 17 Minuten

Anmerkung: Diese Dehnübungen sollen nicht dein bisheriges Training ersetzen, sondern können angewendet werden, um deine gesamte Beweglichkeit zu verbessern.

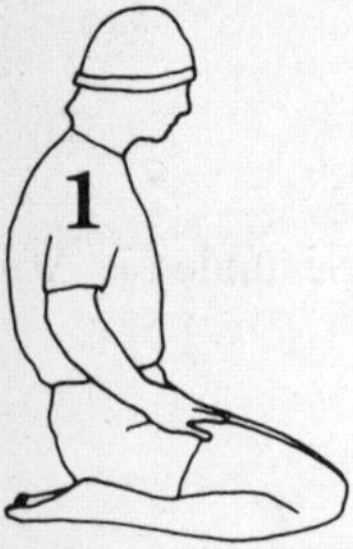

60 Sekunden
(Seite 62–63)

8mal je Richtung
(Seite 120)

15mal je Richtung
(Seite 43)

30 Sekunden
(Seite 34)

3mal je 5 Sekunden
(Seite 36)

25 Sekunden je Seite
(Seite 41)

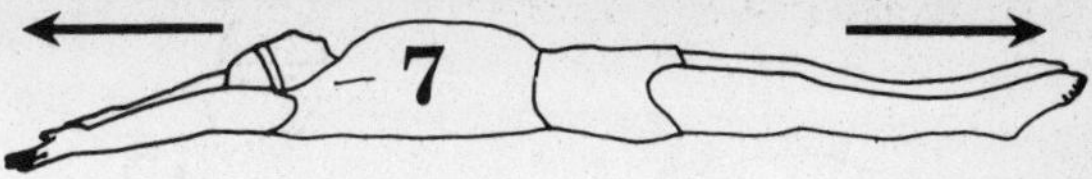

3mal je 8 Sekunden
(Seite 39)

30 Sekunden
(Seite 76)

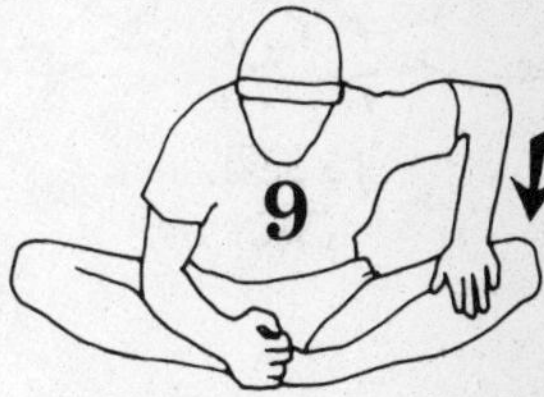

30 Sekunden je Bein
(Seite 77)

30 Sekunden je Bein
(Seite 46)

30 Sekunden je Bein
(Seite 50)

30 Sekunden
(Seite 127)

30 Sekunden
(Seite 89)

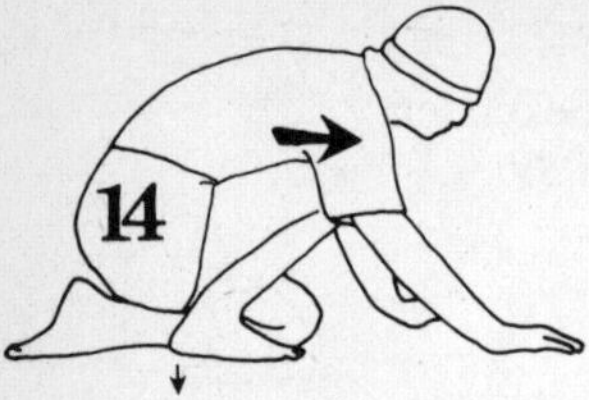

15 Sekunden
(Seite 64)

30 Sekunden
(Seite 65)

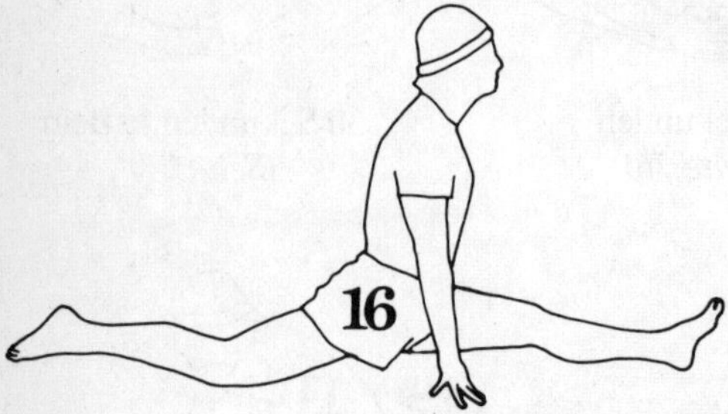

20 Sekunden
(Seite 133)

17
Wiederhole
14, 15, 16
mit dem
anderen Bein

30 Sekunden
(Seite 134)

30 Sekunden
je Bein
(Seite 103)

30 Sekunden je Bein
(Seite 100)

15 Sekunden je Arm
(Seite 57)

15 Sekunden je Arm
(Seite 57)

20 Sekunden
(Seite 59)

20 Sekunden je Seite
(Seite 107)

Vor dem **Laufen**

Ungefähr 9 Minuten

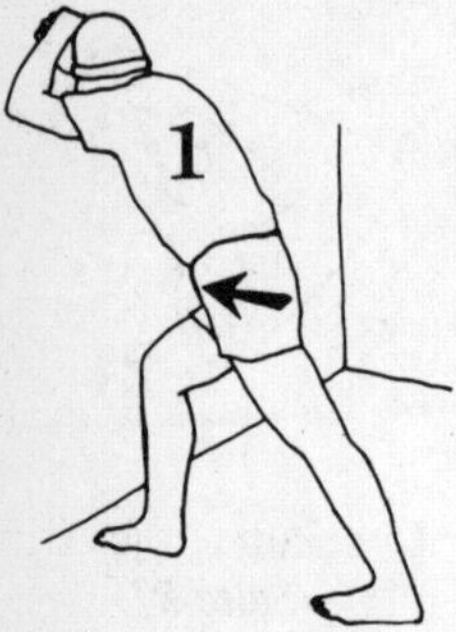

30 Sekunden je Bein
(Seite 98)

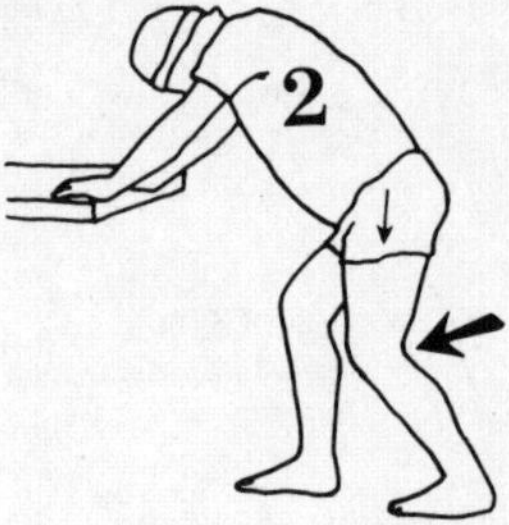

15 Sekunden je Bein
(Seite 98)

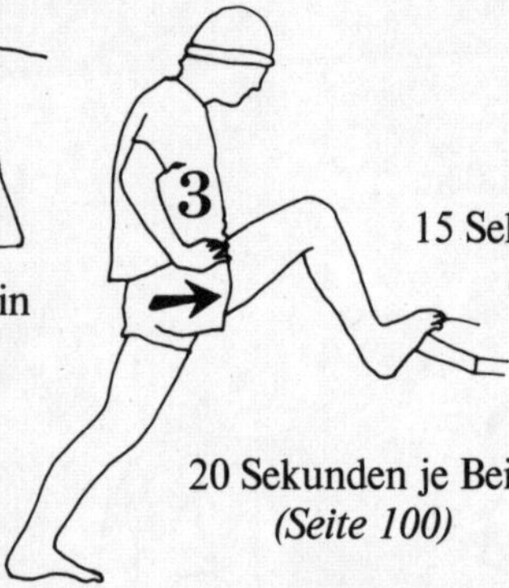

20 Sekunden je Bein
(Seite 100)

20 Sekunden je Bein
(Seite 103)

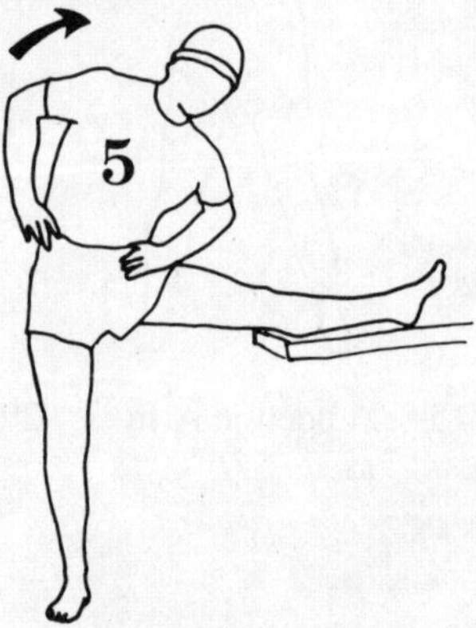

20 Sekunden je Bein
(Seite 103)

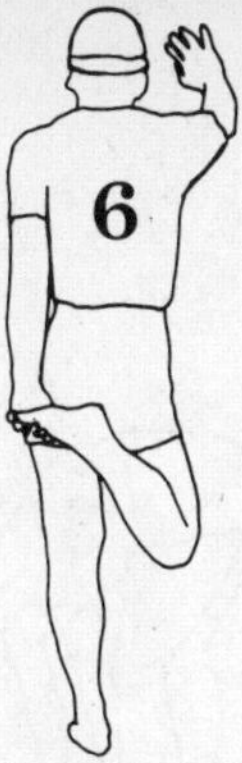

20 Sekunden je Bein
(Seite 101)

30 Sekunden
(Seite 89)

30 Sekunden
(Seite 76)

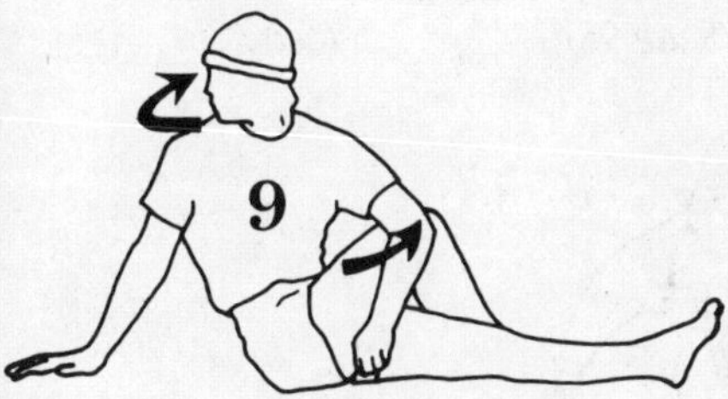

15 Sekunden je Seite
(Seite 80)

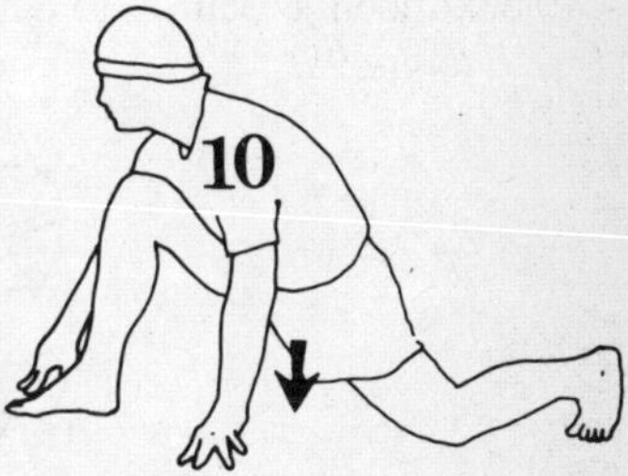

20 Sekunden je Bein
(Seite 65)

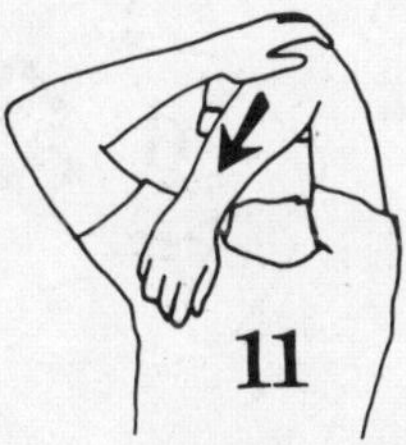

15 Sekunden je Arm
(Seite 57)

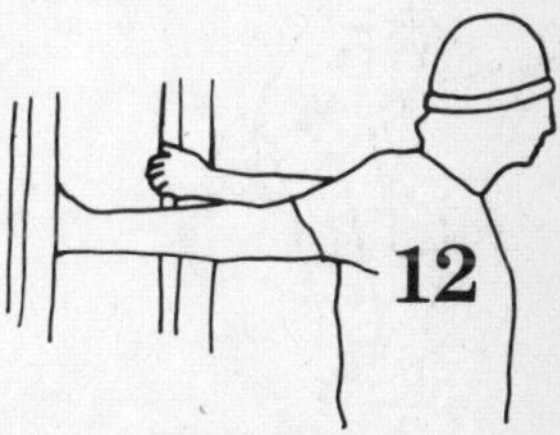

20 Sekunden
(Seite 59)

Nach dem **Laufen**

Ungefähr 9 Minuten

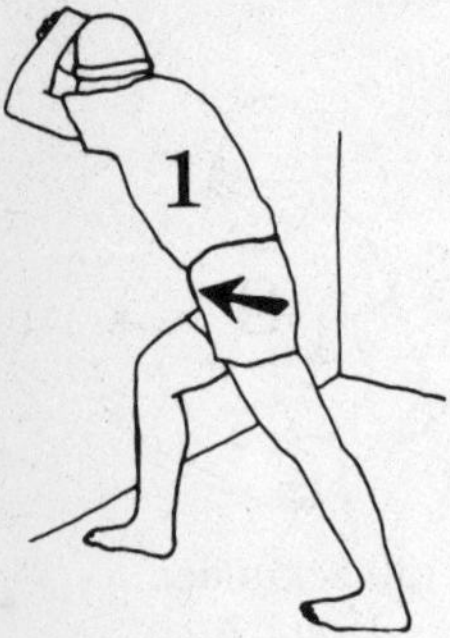

40 Sekunden je Bein
(Seite 98)

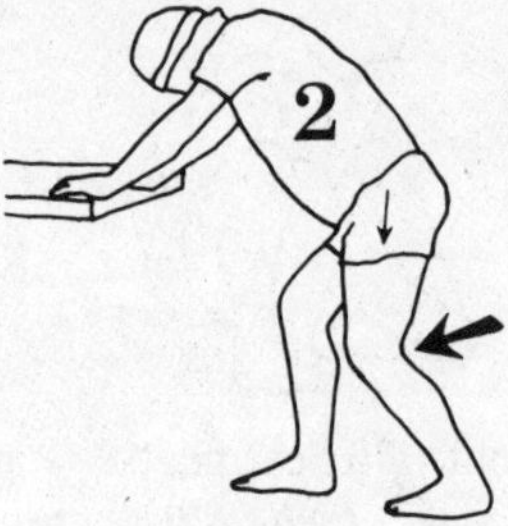

15 Sekunden je Bein
(Seite 98)

30 Sekunden
(Seite 70)

20 Sekunden
(Seite 89)

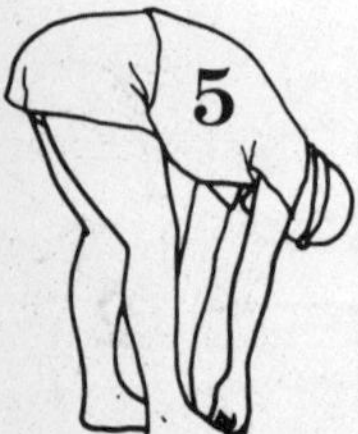

30 Sekunden
(Seite 70)

15 Sekunden je Richtung
(Seite 43)

30 Sekunden je Bein
(Seite 46)

30 Sekunden je Bein
(Seite 50)

40 Sekunden
(Seite 76)

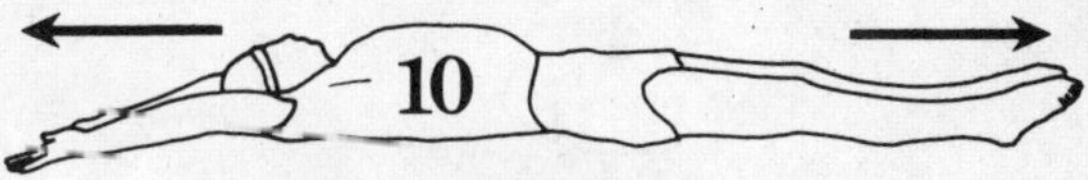

3mal je 5 Sekunden
(Seite 39)

60 Sekunden
(Seite 34)

25 Sekunden je Seite
(Seite 34 – 35)

Vor und nach **Skilanglauf**

Ungefähr 12 Minuten

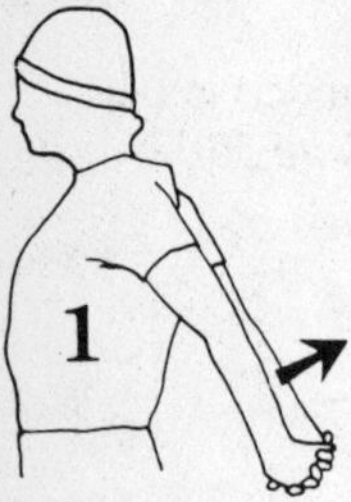

15 Sekunden
(Seite 60)

15 Sekunden je Seite
(Seite 57)

20 Sekunden
(Seite 59)

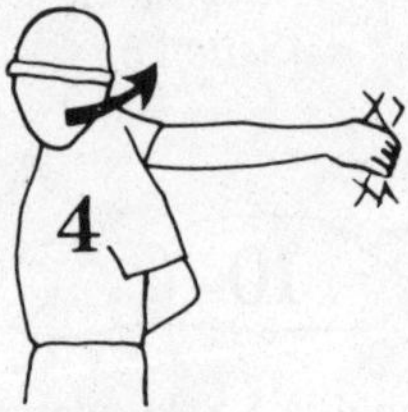

15 Sekunden
je Arm
(Seite 110)

30 Sekunden je Bein
(Seite 98)

15mal je Richtung
(Seite 43)

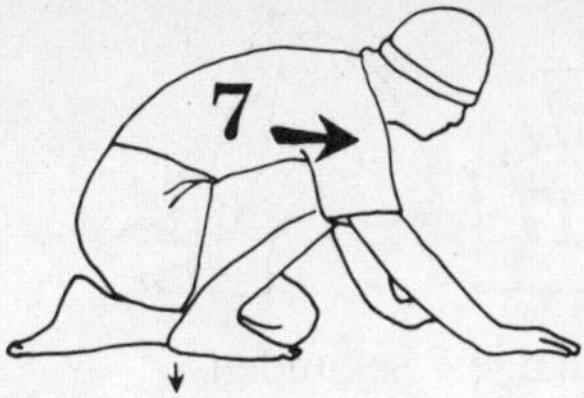

15 Sekunden
(Seite 64)

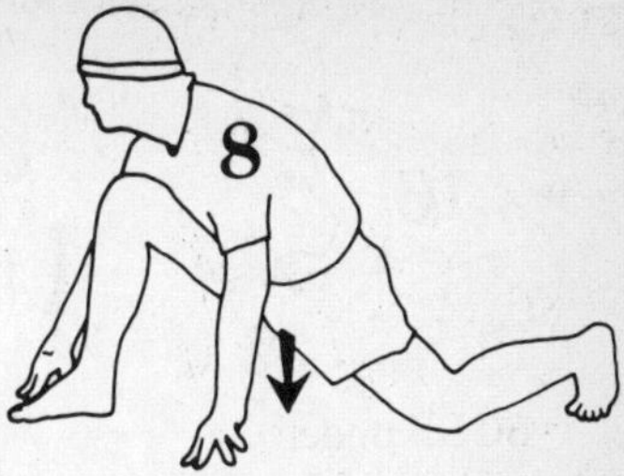

30 Sekunden
(Seite 65)

9
Wiederhole
7 + 8 mit dem
anderen Bein

30 Sekunden
(Seite 76)

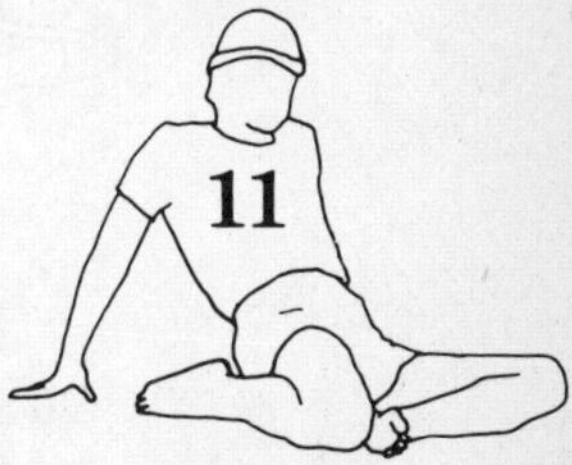

25 Sekunden
(Seite 46)

5 Sekunden
(Seite 48)

20 Sekunden
(Seite 46)

30 Sekunden je Bein
(Seite 50)

15
Wiederhole
11, 12, 13, 14
mit dem
anderen Bein

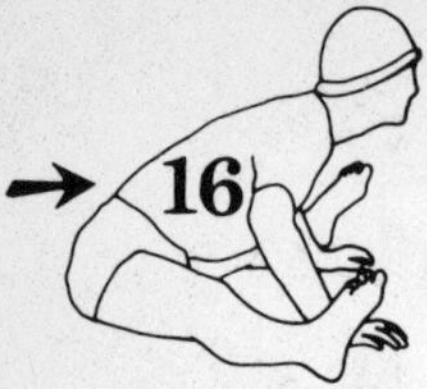

30 Sekunden
(Seite 127)

3mal je 5 Sekunden
(Seite 36)

20 Sekunden je Seite
(Seite 34–35)

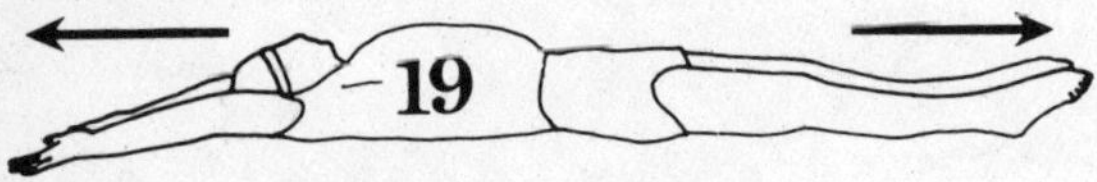

2mal je 5 Sekunden
(Seite 39)

10 Sekunden je Arm
(Seite 55)

20 Sekunden
(Seite 56)

Vor und nach dem **Skiabfahrtslauf**

Ungefähr 10 Minuten

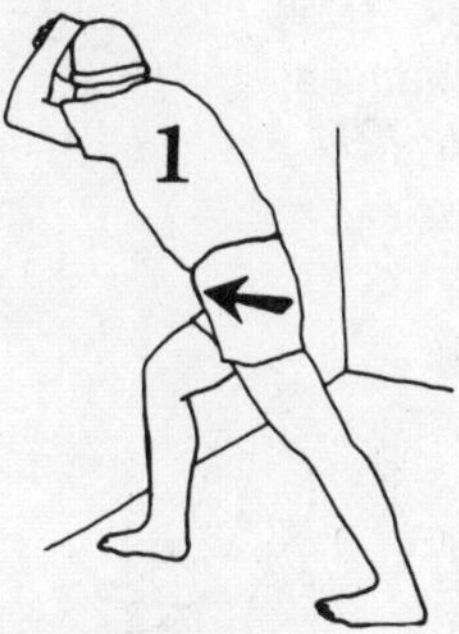

20 Sekunden je Bein
(Seite 98)

30 Sekunden
(Seite 72)

30 Sekunden
(Seite 70)

10mal je Richtung
(Seite 54)

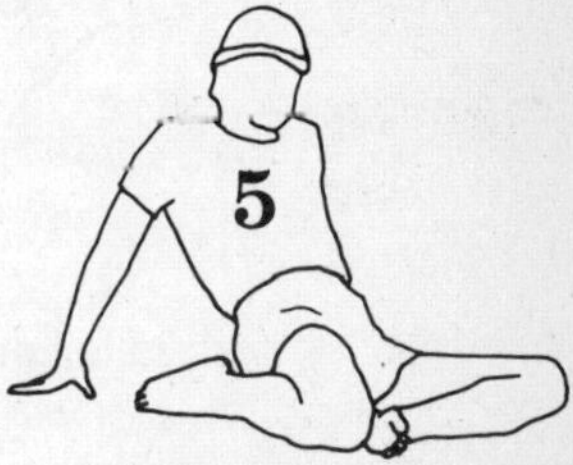

20 Sekunden je Bein
(Seite 46)

25 Sekunden je Bein
(Seite 50)

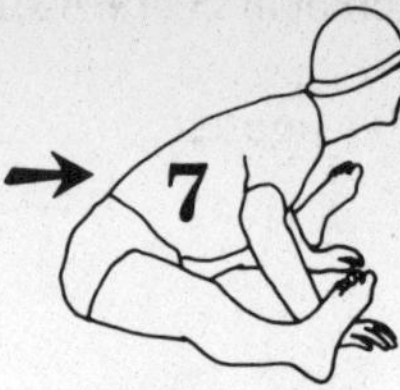

30 Sekunden
(Seite 127)

30 Sekunden
(Seite 76)

3mal je 5 Sekunden
(Seite 36)

25 Sekunden je Seite
(Seite 34 – 35)

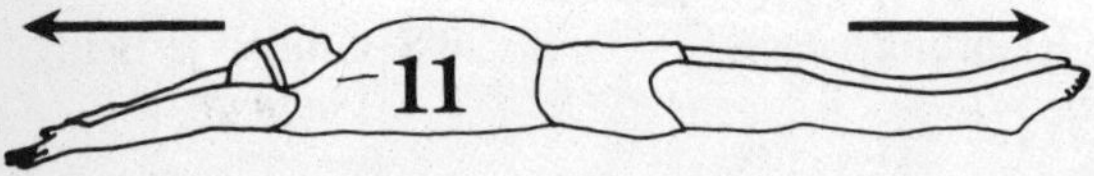

2mal je 5 Sekunden
(Seite 39)

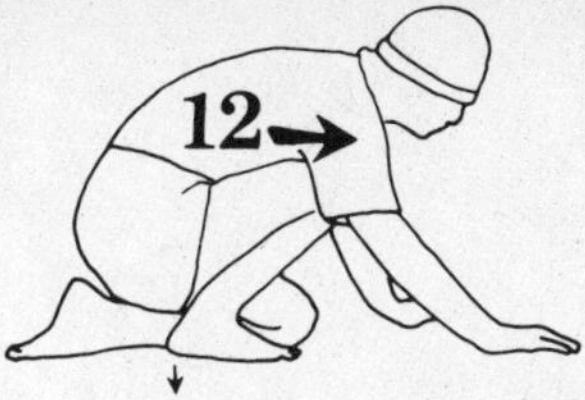

10 Sekunden je Bein
(Seite 64)

20 Sekunden je Bein
(Seite 65)

20 Sekunden
(Seite 89)

20 Sekunden
(Seite 56)

10 Sekunden je Arm
(Seite 55)

15 Sekunden
(Seite 59)

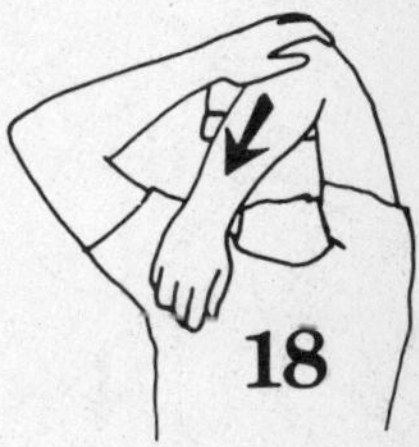

10 Sekunden je Arm
(Seite 57)

Vor und nach **Fußball**

Ungefähr 10 Minuten

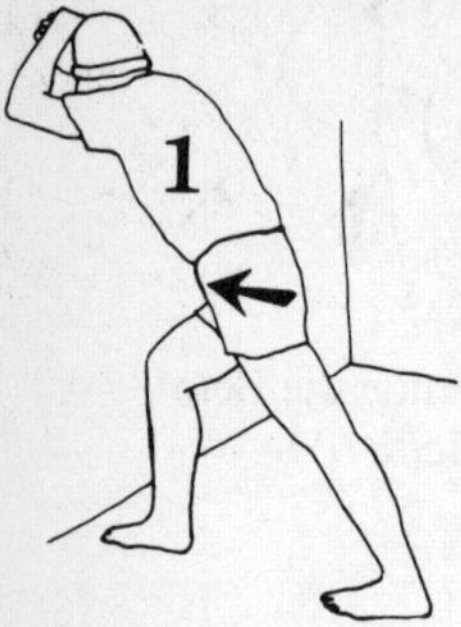

20 Sekunden je Bein
(Seite 98)

30 Sekunden
(Seite 72)

20 Sekunden
(Seite 70)

20 Sekunden
(Seite 89)

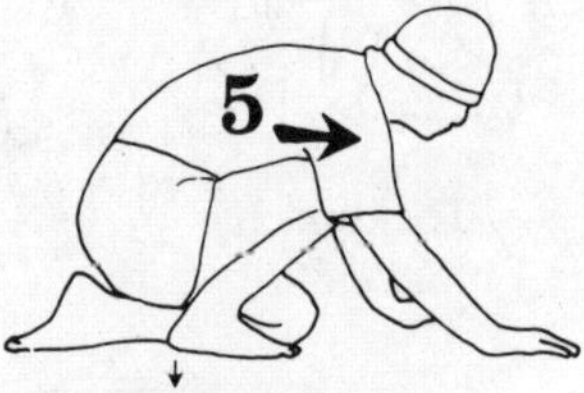

10 Sekunden je Bein
(Seite 64)

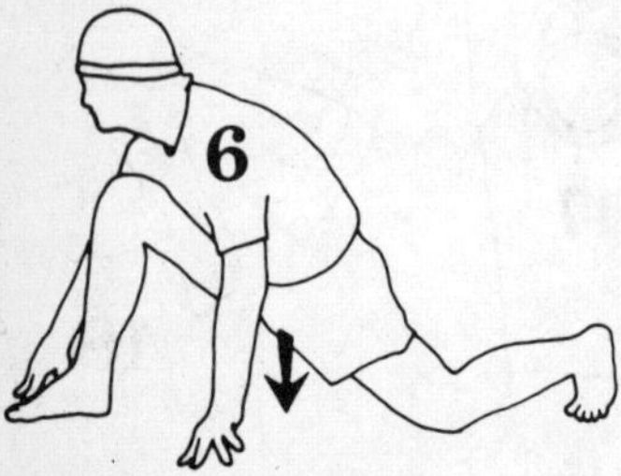

20 Sekunden je Bein
(Seite 65)

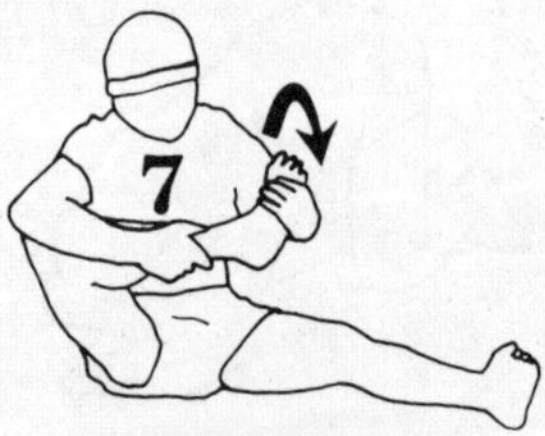

10mal je Richtung
(Seite 43)

30 Sekunden
(Seite 76)

5mal je Richtung
(Seite 120)

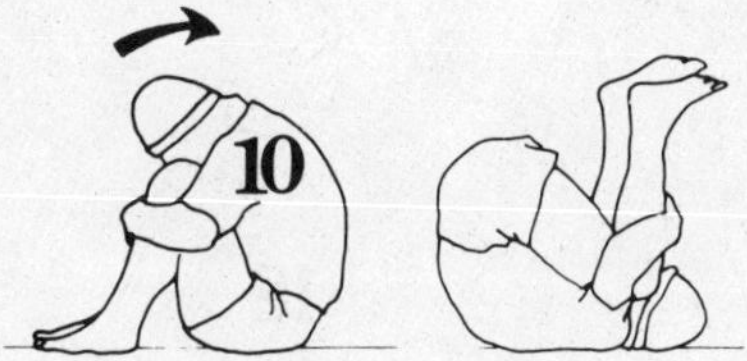

8 – 10mal
(Seite 84)

30 Sekunden je Bein
(Seite 46)

30 Sekunden je Bein
(Seite 50)

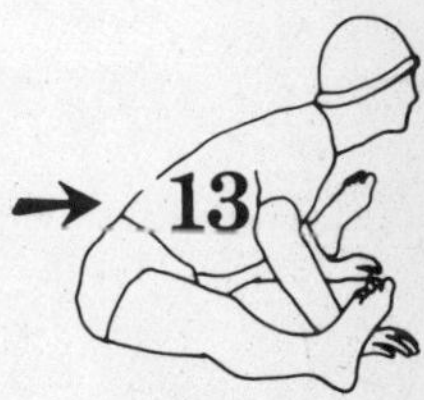

30 Sekunden
(Seite 127)

20 Sekunden
(Seite 43)

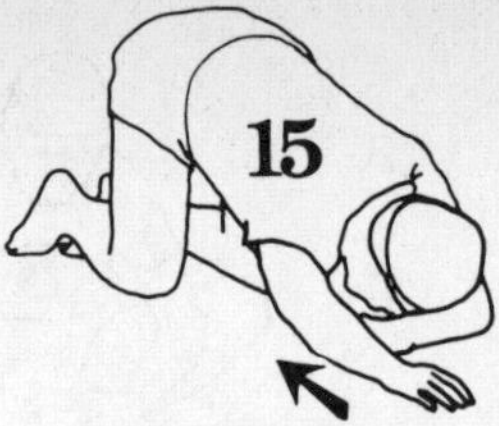

10 Sekunden je Arm
(Seite 55)

15 Sekunden
(Seite 59)

10 Sekunden je Seite
(Seite 57)

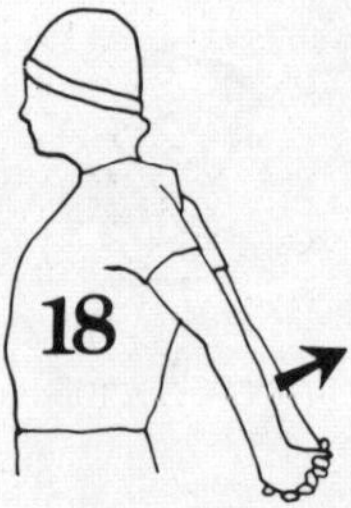

15 Sekunden
(Seite 60)

Vor und nach **Tennis**

Ungefähr 12 Minuten

10 Sekunden je Arm
(Seite 57)

10 Sekunden je Seite
(Seite 57)

10 Sekunden
(Seite 59)

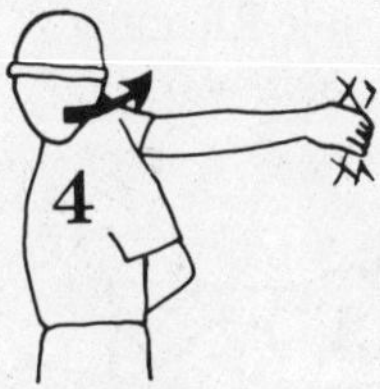

15 Sekunden je Seite
(Seite 110)

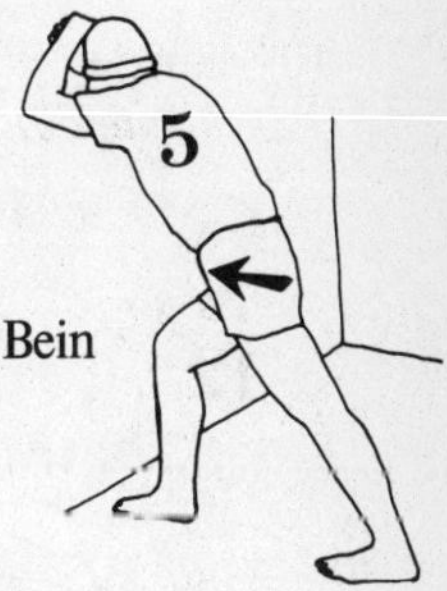

25 Sekunden je Bein
(Seite 98)

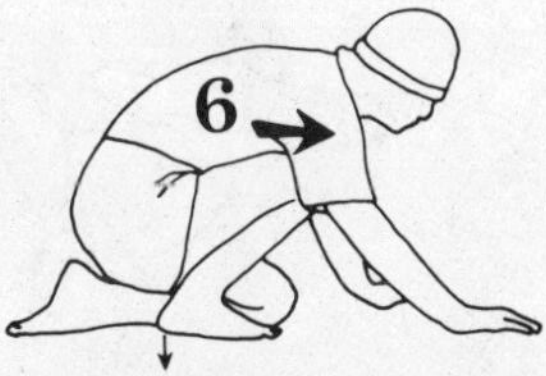

10 Sekunden je Bein
(Seite 64)

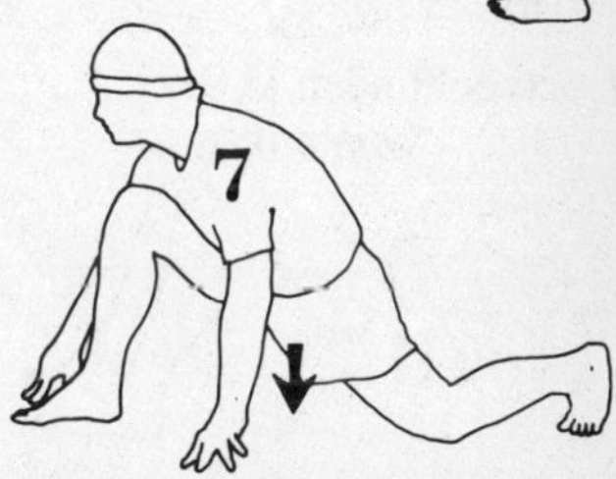

20 Sekunden je Bein
(Seite 65)

30 Sekunden
(Seite 76)

25 Sekunden je Bein
(Seite 50)

10 Sekunden je Seite
(Seite 80)

15mal je Richtung
(Seite 43)

20 Sekunden je Bein
(Seite 46)

30 Sekunden
(Seite 34)

3mal je 5 Sekunden
(Seite 36)

20 Sekunden je Seite
(Seite 34–35)

20 Sekunden je Bein
(Seite 40)

15 Sekunden je Arm
(Seite 55)

20 Sekunden
(Seite 56)

15 Sekunden
(Seite 89)

30 Sekunden
(Seite 70)

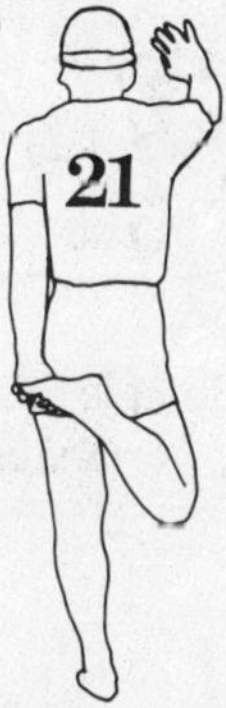

15 Sekunden je Bein
(Seite 101)

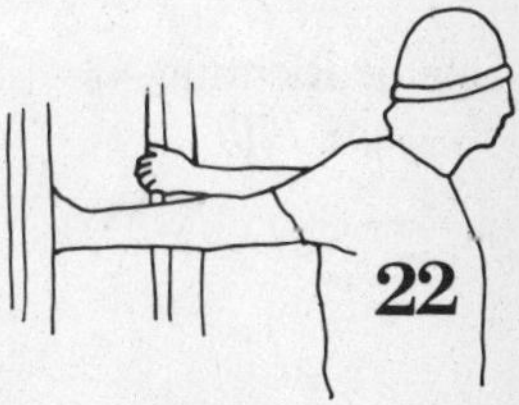

20 Sekunden
(Seite 59)

Vor und nach dem **Surfen**

Ungefähr 10 Minuten

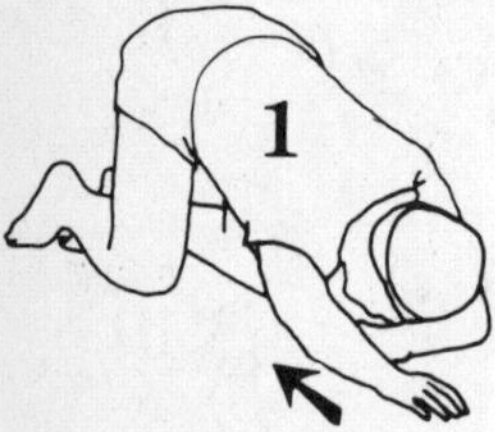

15 Sekunden je Arm
(Seite 55)

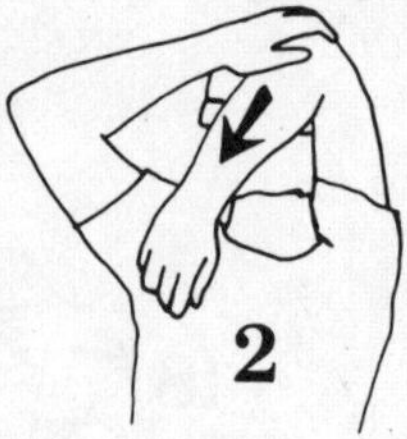

10 Sekunden je Arm
(Seite 57)

10 Sekunden
je Seite
(Seite 57)

5mal je Richtung
(Seite 120)

3mal je 5 Sekunden
(Seite 36)

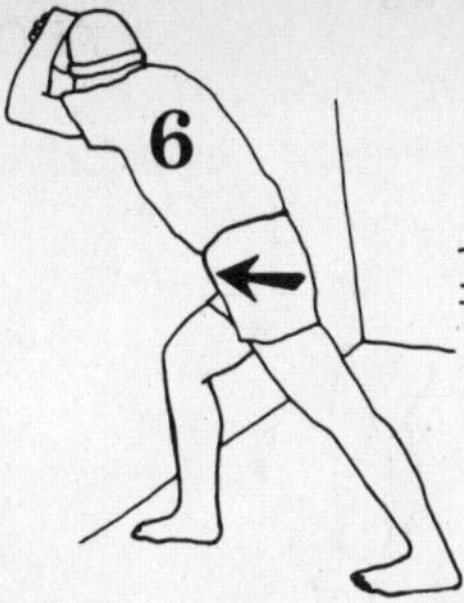

30 Sekunden je Bein
(Seite 98)

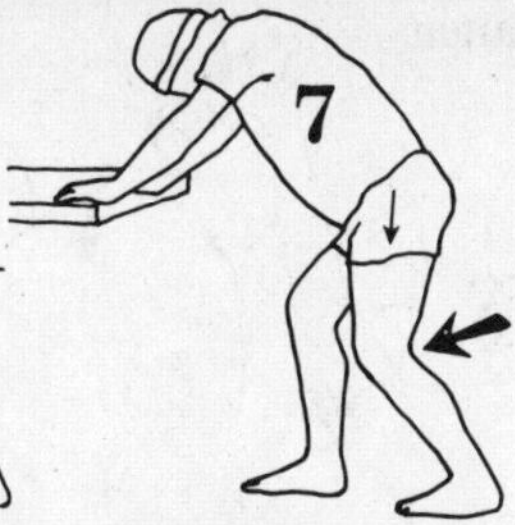

10 Sekunden je Bein
(Seite 98)

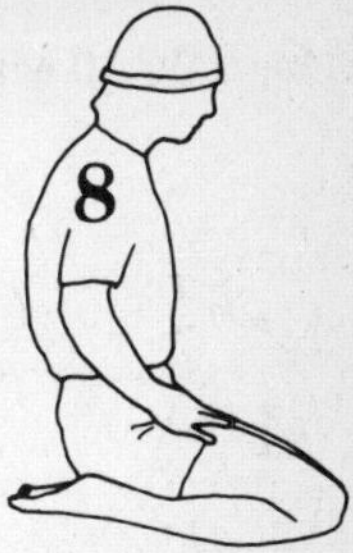

30 Sekunden
(Seite 62–63)

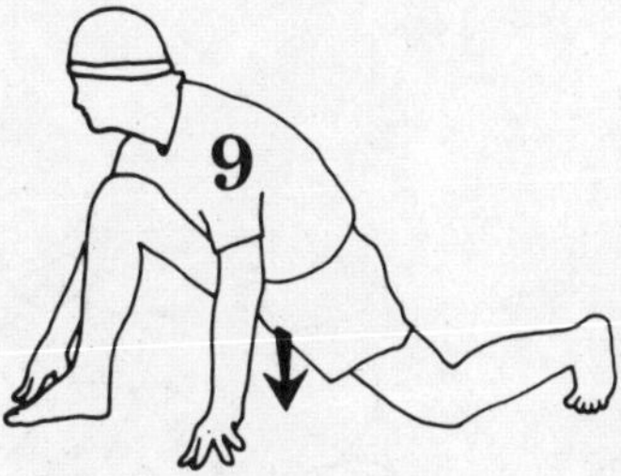

20 Sekunden je Bein
(Seite 65)

30 Sekunden
(Seite 89)

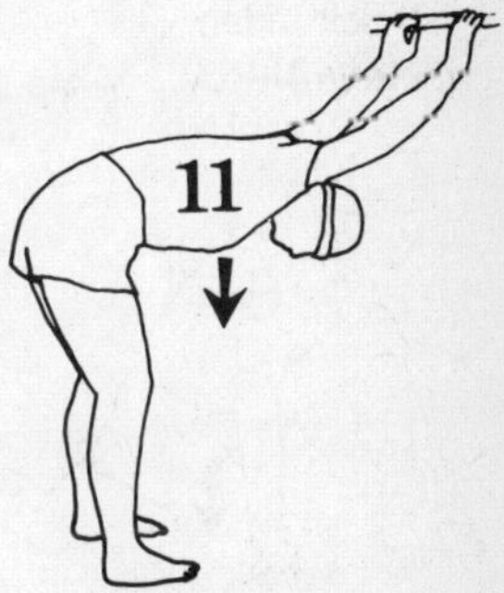

20 Sekunden
(Seite 108)

Vor und nach **Schwimmen, Wasserball**

Ungefähr 10 Minuten

10 Sekunden je Arm
(Seite 110)

5mal
(Seite 114)

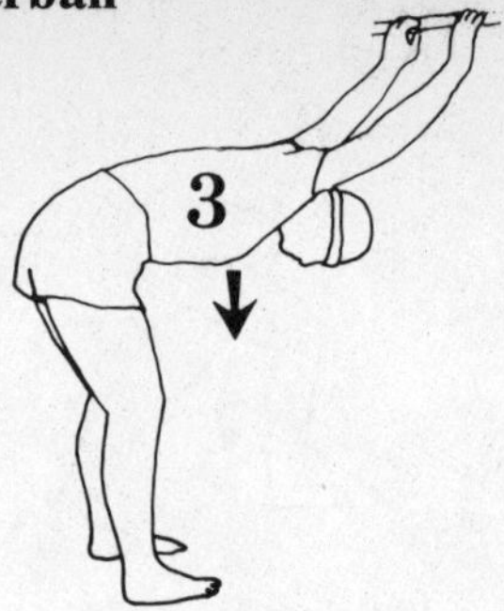

20 Sekunden
(Seite 108)

30 Sekunden
(Seite 62–63)

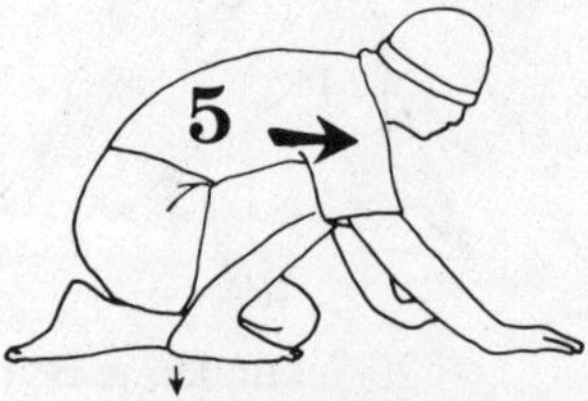

10 Sekunden je Bein
(Seite 64)

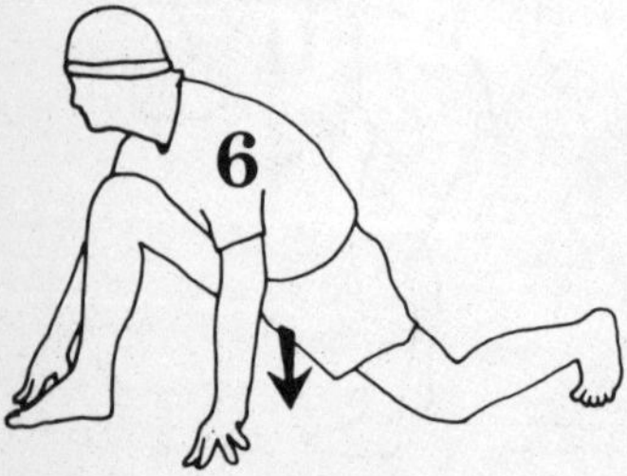

25 Sekunden je Bein
(Seite 65)

30 Sekunden
(Seite 89)

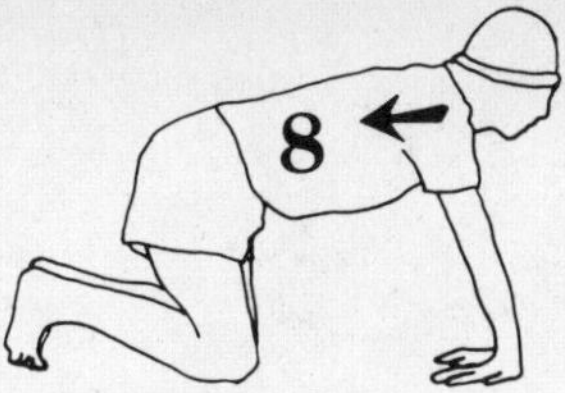

20 Sekunden
(Seite 56)

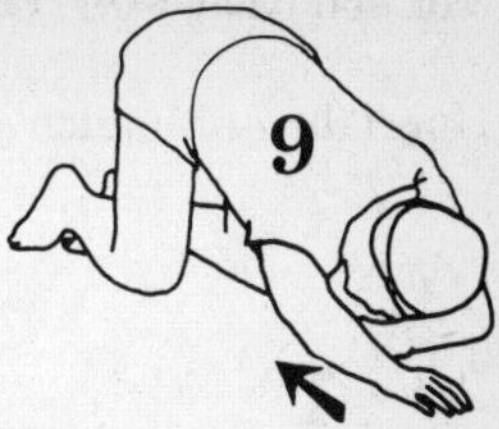

15 Sekunden je Arm
(Seite 55)

30 Sekunden
(Seite 76)

3mal je 5 Sekunden
(Seite 36)

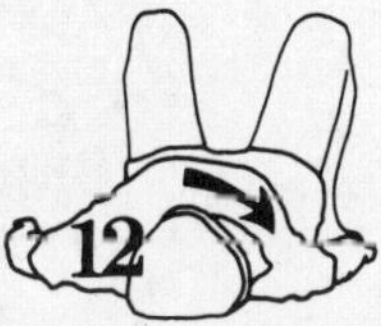

10 Sekunden jede Seite 2mal
(Seite 36)

5 Sekunden je Richtung
(Seite 39)

Vor und nach **Volleyball**

Ungefähr 14 Minuten

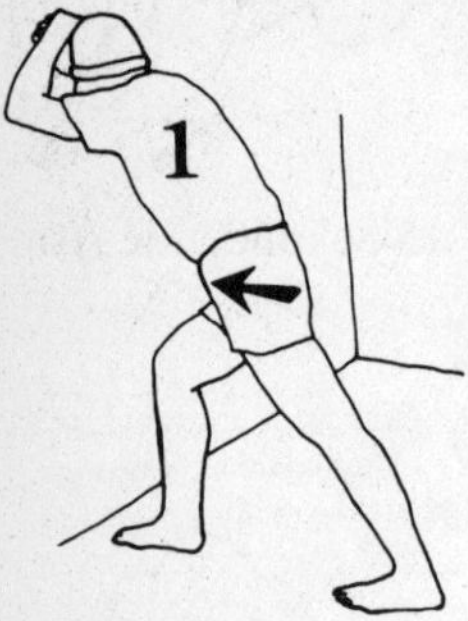

25 Sekunden je Bein
(Seite 98)

15mal je Richtung
(Seite 43)

30 Sekunden
(Seite 76)

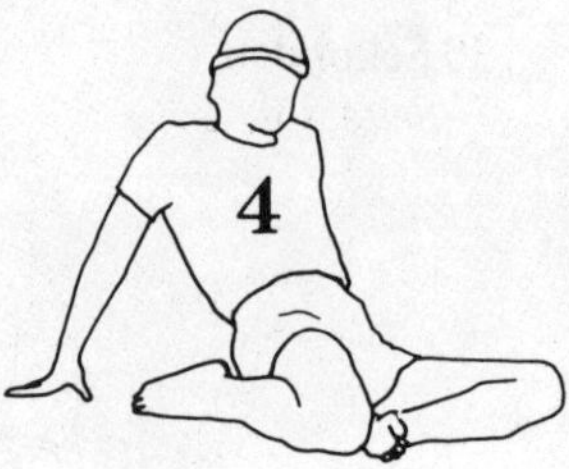

20 Sekunden je Bein
(Seite 46)

30 Sekunden je Bein
(Seite 50)

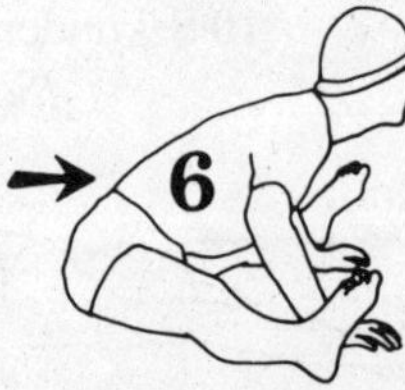

30 Sekunden
(Seite 127)

30 Sekunden
(Seite 34)

3mal je 5 Sekunden
(Seite 36)

30 Sekunden je Seite
(Seite 34–35)

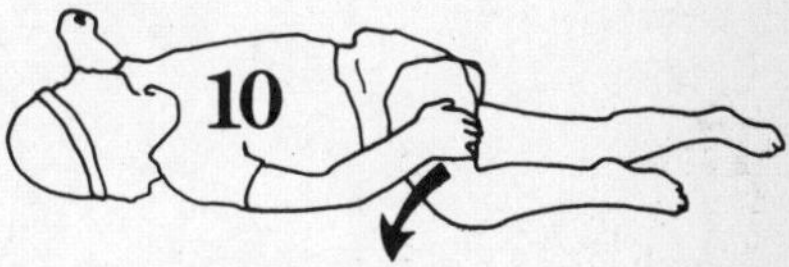

20 Sekunden je Seite
(Seite 41)

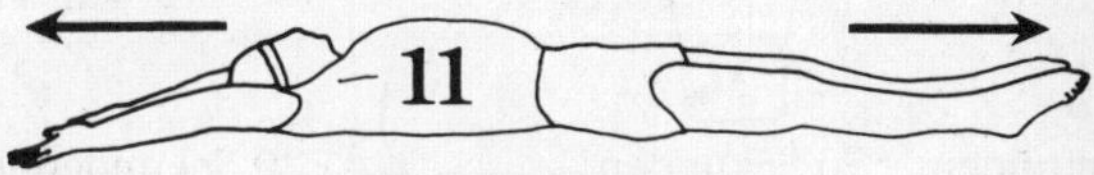

3mal je 5 Sekunden
(Seite 39)

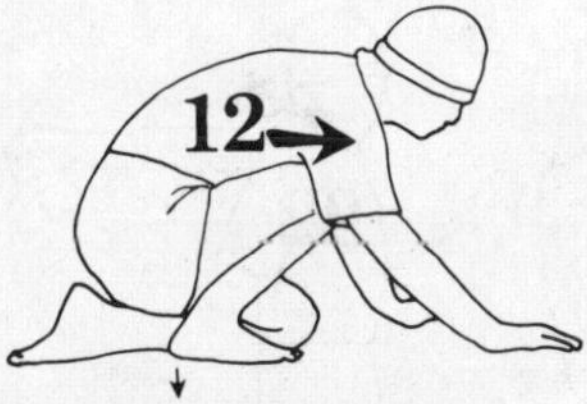

10 Sekunden je Bein
(Seite 64)

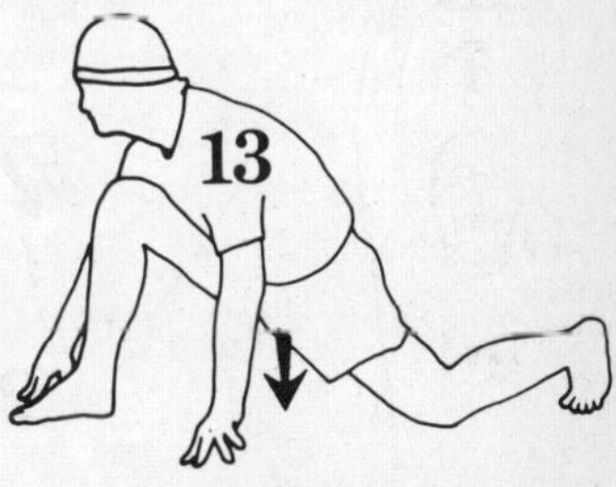

25 Sekunden je Bein
(Seite 65)

20 Sekunden
(Seite 56)

10 Sekunden je Arm
(Seite 55)

30 Sekunden
(Seite 89)

30 Sekunden
(Seite 72)

30 Sekunden
(Seite 70)

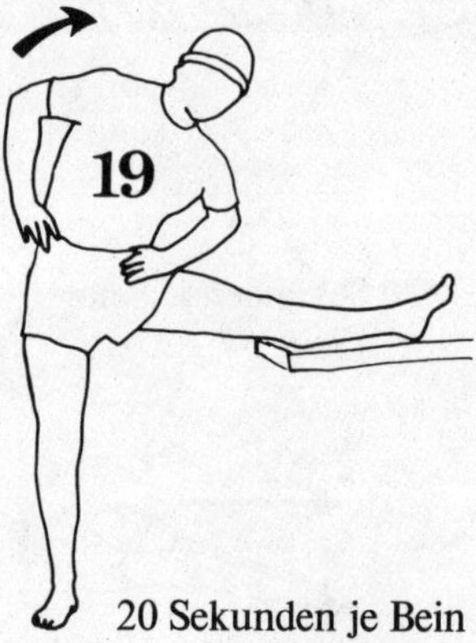

20 Sekunden je Bein
(Seite 103)

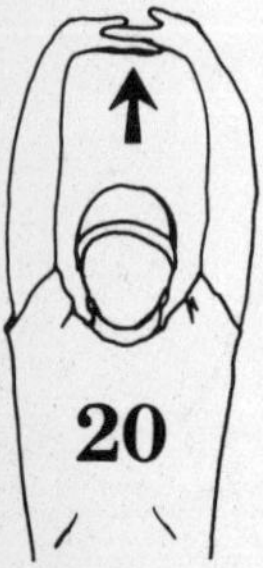

20 Sekunden
(Seite 59)

10 Sekunden je Arm
(Seite 57)

15 Sekunden je Arm
(Seite 110)

Vor und nach **Gewichtheben**

Ungefähr 10 Minuten

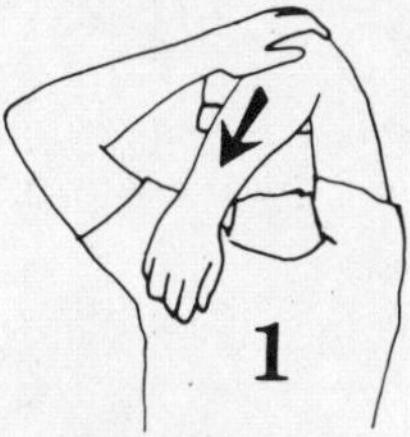

15 Sekunden je Arm
(Seite 57)

20 Sekunden
(Seite 59)

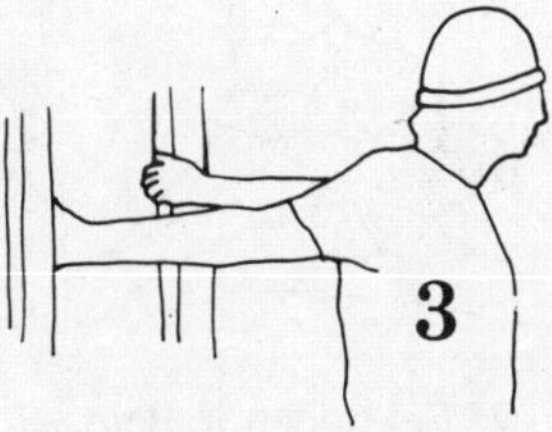

20 Sekunden
(Seite 59)

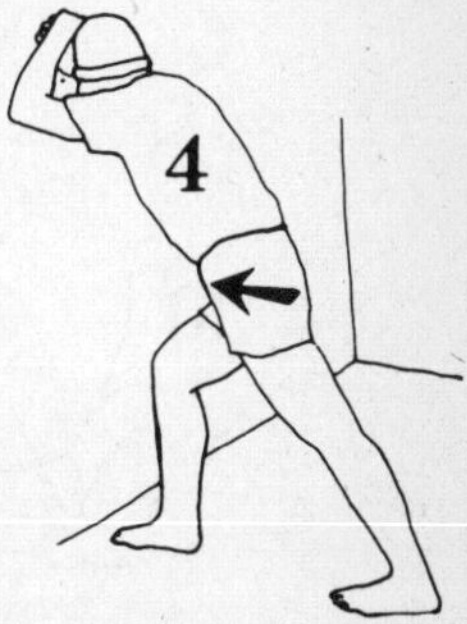

25 Sekunden je Bein
(Seite 98)

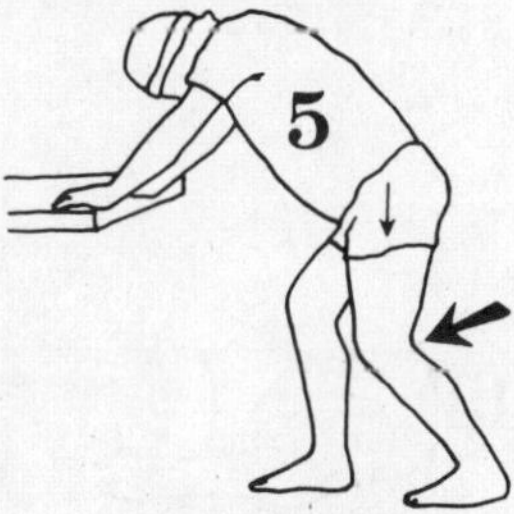

15 Sekunden je Bein
(Seite 98)

30 Sekunden
(Seite 72)

30 Sekunden
(Seite 70)

20 Sekunden
(Seite 89)

30 Sekunden
(Seite 76)

25 Sekunden je Bein
(Seite 46)

25 Sekunden je Bein
(Seite 50)

30 Sekunden
(Seite 127)

20 Sekunden
(Seite 34)

3mal je 5 Sekunden
(Seite 36)

25 Sekunden je Seite
(Seite 34 – 35)

20 Sekunden
(Seite 56)

15 Sekunden je Arm
(Seite 55)

20 Sekunden je Bein
(Seite 65)

5mal
(Seite 114)

Vor und nach dem **Ringen**

Ungefähr 12 Minuten

5mal je Richtung
(Seite 120)

20 Sekunden
(Seite 59)

10 Sekunden je Seite
(Seite 57)

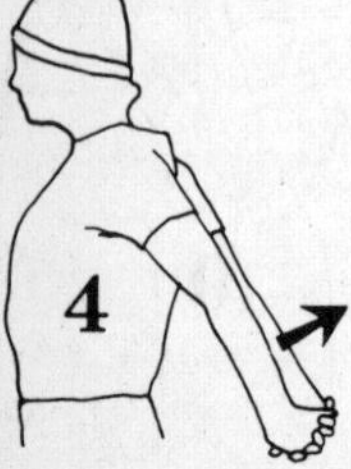

15 Sekunden
(Seite 60)

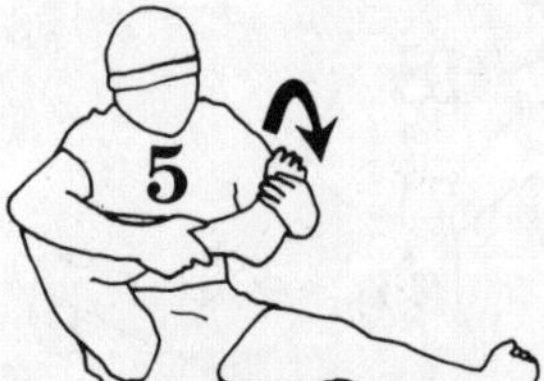

10mal je Richtung
(Seite 43)

25 Sekunden
(Seite 44)

10 Sekunden
(Seite 46)

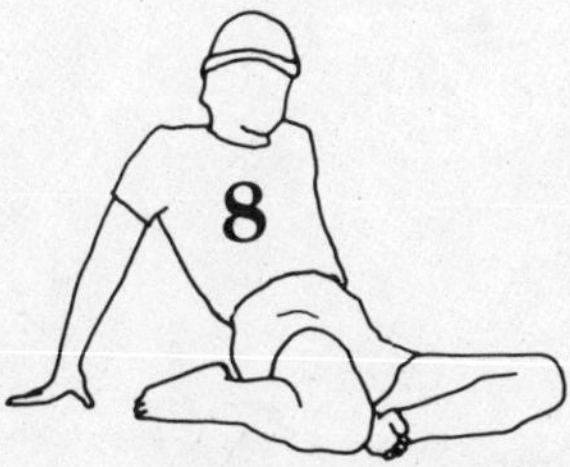

30 Sekunden
(Seite 46)

30 Sekunden
(Seite 49)

10

Wiederhole
5, 6, 7, 8, 9 mit
dem anderen Bein

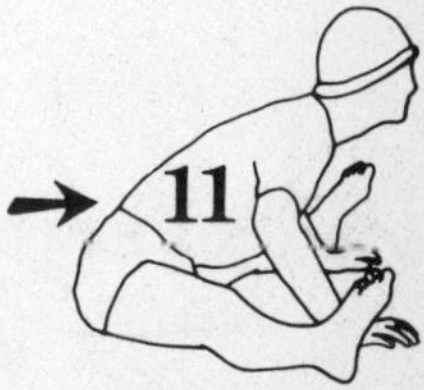

30 Sekunden
(Seite 127)

30 Sekunden
(Seite 128)

30 Sekunden
(Seite 128)

30 Sekunden
(Seite 76)

3mal je 5 Sekunden
(Seite 36)

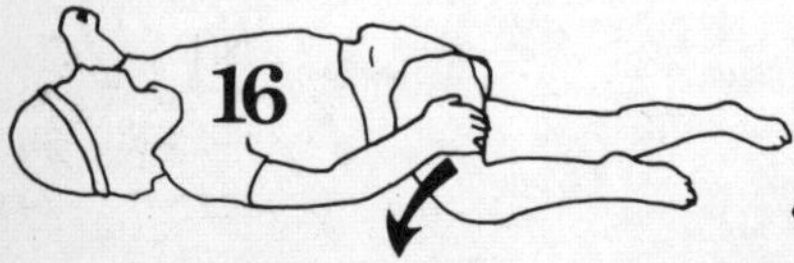

20 Sekunden je Bein
(Seite 41)

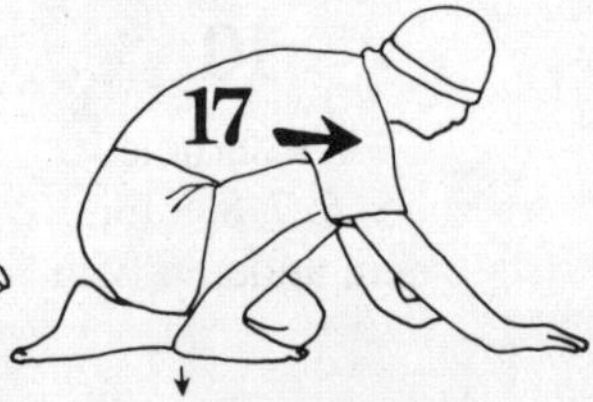

10 Sekunden je Bein
(Seite 64)

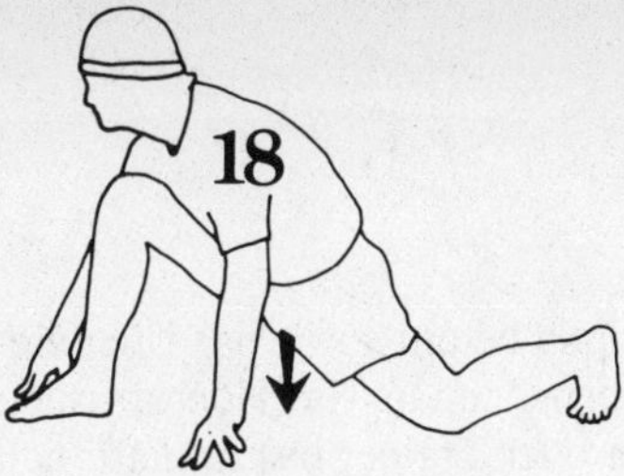

25 Sekunden je Bein
(Seite 65)

20 Sekunden
(Seite 56)

15 Sekunden je Arm
(Seite 55)

30 Sekunden
(Seite 89)

30 Sekunden je Bein
(Seite 98)

An Lehrer und Trainer

Sportunterricht hat immer Disziplin betont sowie das Überwinden bestehender Grenzen und den Aufbau von Höchstmaßen an Stärke und Kraft. Als Lehrer oder Trainer bist du natürlich an der Mannschaftsleistung interessiert, jedoch ist dein höchstes Ziel, den Einzelnen in deiner Fürsorge auszubilden.

Der beste Weg, Dehnübungen zu lehren, ist durch dein eigenes Beispiel. Wenn du die Dehnübungen selber machst und Freude daran hast, wirst du dies durch deine eigene Begeisterung vermitteln. Dadurch kannst du die gleiche Einstellung dazu bei deinen Schülern hervorrufen.

In den letzten Jahren wurde dem Thema Dehnen eine gewisse Aufmerksamkeit zuteil als Methode zur Verhütung von Verletzungen, aber auch da wurde zuviel Wert auf maximale Gelenkigkeit gelegt. Dehnen ist etwas völlig Individuelles. Laß deine Lernenden wissen, daß dies kein Wettstreit ist. Die Leistungen einzelner sollten nie verglichen werden, denn jeder ist anders. Die Betonung sollte auf dem Gefühl des Dehnens liegen, nicht darauf, wie weit jemand gehen kann. Das Betonen der Beweglichkeit am Anfang führt nur zu Überdehnungen, einer negativen Einstellung dazu und möglicherweise zu Verletzungen. Wenn du bemerkst, daß jemand verspannt und unbeweglich ist, zeige ihm die Dehnübungen, die für ihn alleine richtig sind, als Einzelnem.

In deiner Funktion als Lehrer oder Trainer unterstreiche wiederholt, daß Dehnen mit Vorsicht und allgemeinem Menschenverstand durchgeführt werden sollte. Man muß keine Mindestleistungen erreichen oder Grenzen überwinden. Die Lernenden sollten nicht überanstrengt oder angetrieben werden, zuviel zu leisten. Sie werden bald das tun, was gut für sie ist und sich auch so anfühlt. Sie werden auf natürliche Weise besser werden und Freude daran haben.

Es ist wichtig, daß Menschen verstehen, daß jeder von ihnen ein unvergleichbares Individuum ist, das ein gewisses Potential hat. Der Kern der Sache ist, daß sie nur ihr Bestes leisten können, und nicht mehr als das.

Das größte Geschenk, das du deinen Lernenden machen kannst, ist, sie auf die Zukunft vorzubereiten. Bringe ihnen den Wert von regelmäßigen Leibesübungen bei, von täglichen Dehnübungen und einer vernünftigen Ernährung. Mache ihnen unmißverständlich klar, daß jeder körperlich fit sein kann, ungeachtet seiner Kraft oder sportlichen Begabung. Gib deinen Lernenden eine Begeisterung für Bewegung und Gesundheit mit auf den Weg, die ein Leben lang anhält.

Übungen zum Aufbau von Kraft

Es ist wichtig, daß du dein ganzes Leben lang Kraft behältst. Die aufbauenden Übungen, die auf den folgenden Seiten gezeigt werden, können dir helfen, deine Kraft zu vergrößern und zu erhalten. Gewichte heben spielt dabei keine Rolle. Diese Übungen basieren darauf, Kraft und Ausdauer durch Wiederholung und Regelmäßigkeit zu erlangen.

Bei einigen Übungen wird das eigene Körpergewicht eingesetzt. Dein eigenes Gewicht zu nutzen ist nicht leicht, also solltest du Geduld haben und die Anzahl der Übungen und Wiederholungen mit zunehmender Kraft erhöhen. Du kannst nicht in einem Tag körperlich fit werden, also versuche es gar nicht erst. Arbeite aufbauend und beständig, denn es gibt keinen anderen Weg, sich zu verbessern und es gleichzeitig zu genießen. Mit der Regelmäßigkeit dieser Übungen wirst du eine gute Konditionsbasis entwickeln.

Ich habe Übungen für Brust und Arme, für die Bauchmuskulatur sowie für die Unterschenkel und Fußgelenke zusammengestellt. (Die Bein- und Fußgelenkübungen sind wertvoll für bessere Leistungen beim Laufen und Springen und helfen, Verletzungen der Fußknöchel zu vermeiden). Auch habe ich eine Treppenübung beschrieben, die eine wertvolle Ergänzung für die gesamte Entwicklung von Bein und Knie ist.

Diese Entwicklungsübungen sind gut, wenn man bereits körperlich aktiv ist, aber sie sind äußerst wichtig, wenn du erst mit Leibesübungen beginnst oder sie nach langer Unterbrechung wieder aufnimmst. Wenn man über längere Zeit hinweg körperlich inaktiv war, werden die Muskeln kleiner und schwächer, sie atrophieren. Diese Übungen, kombiniert mit regelmäßigen Dehnübungen, werden von großem Wert dabei sein, geschwächte Muskeln wieder voll einsatzfähig und stark zu machen.

Dem Anfänger schlage ich vor, die Unterschenkel und Fußgelenke als Basis des ganzen Körpers zuerst zu kräftigen. Brust und Arme sollten allmählich mit Knie-Liegestützen kräftig werden. Die Bauchmuskeln gehören zu den wichtigsten Muskeln des Körpers, sind aber oft die am wenigsten entwickelten. Finger, Hände, Handgelenke und Unterarme können leicht durch Drücken eines Gummiballs gekräftigt werden.

Alle diese Übungen tragen dazu bei, die für leichte, unbeschwerte Bewegung notwendigen Gelenke zu stärken. Ergänze deine körperlichen Aktivitäten, ob Laufen, Radfahren, Spazierengehen, Schwimmen, Tennis oder Squash spielen, Volleyball oder was auch immer, mit diesen aufbauenden Leibesübungen.

Übungen für die Bauchmuskeln

Die Bauchmuskeln sind das Kräftezentrum des Körpers. Für Ausdauer sind sie absolut notwendig. Sie helfen, den Rücken schmerzfrei zu halten, tragen zur richtigen Bewegung bei, zum problemlosen Ausscheiden von Abfallstoffen, zur rhythmischen Atmung und zu einer geraden Haltung. Aber die wenigsten von uns haben je gespürt, wieviel Energie eine starke Bauchmuskulatur beinhaltet.

Das Aufrichten des Oberkörpers aus der Rückenlage wird allgemein als beste Übung zur Stärkung der Bauchmuskulatur angesehen. Und dennoch bietet es wenig an Rhythmus und kann starke Verspannungen verursachen, daher wird es auch von vielen Menschen völlig abgelehnt.

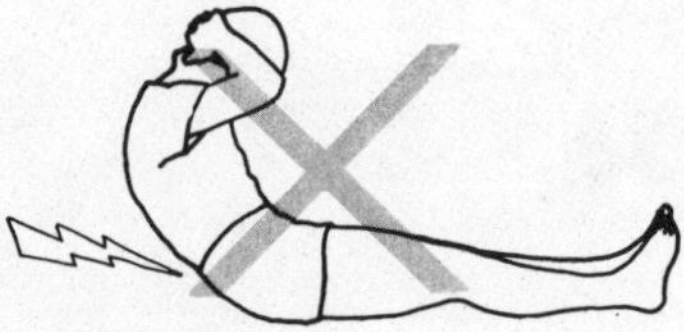

Diese Art des Aufrichtens mit ausgestreckten Beinen kann für den Lendenwirbelbereich unter Umständen gefährlich sein, und zwar aus diesem Grund: Die Bauchmuskeln können den Oberkörper bis zu einem Winkel von ungefähr 30° anheben. Ein weiteres Anheben aktiviert die primären Hüftbeuger, die zum unteren Rücken führen, und diese werden dadurch übermäßiger Anstrengung ausgesetzt.

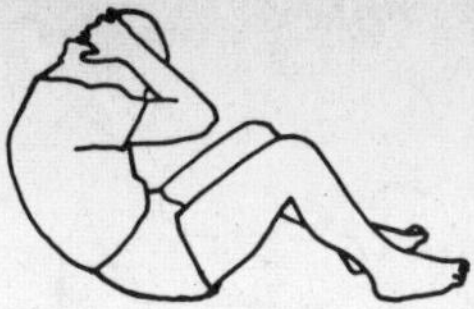

Das Anstellen der Beine trägt viel dazu bei, den unteren Rücken vor Überanstrengung zu schonen. Das Aufrichten mit angewinkelten Beinen ist gut, solange du jeden Durchgang als flüssige Bewegung durchführst und dich auf die Bauchmuskulatur konzentrierst. Sei bei dieser Übung vorsichtig, denn oft neigt man dazu, zu viele Wiederholungen zu machen und, nach einem gewissen Grad der Müdigkeit, zu schnell hochzurucken, wobei der untere Rücken stark belastet wird.

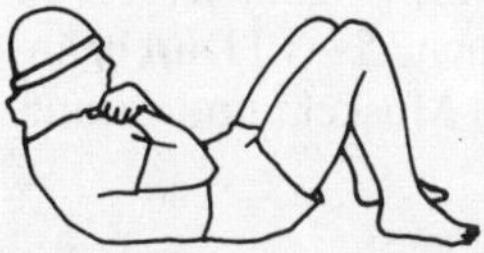

Hier eine aufbauende Übung, die ich zur Stärkung der Bauchmuskulatur empfehle, die aber den unteren Rücken schont. Dabei wird der Oberkörper bis zu 30° hochgerollt, und der untere Rücken bleibt flach liegen.

Hier sind drei Übungen und eine Variation, bei denen die oberen, unteren und seitlichen Teile der Bauchmuskulatur eingesetzt werden. Wenn die Bauchmuskeln dabei Verspannungen anzeigen, entspanne dich und strecke Arme und Beine aus. Halte eine kontrollierte Dehnung 5 – 8 Sekunden lang. Dies sollte die Bauchmuskeln ausreichend dehnen und Verspannungen beseitigen.

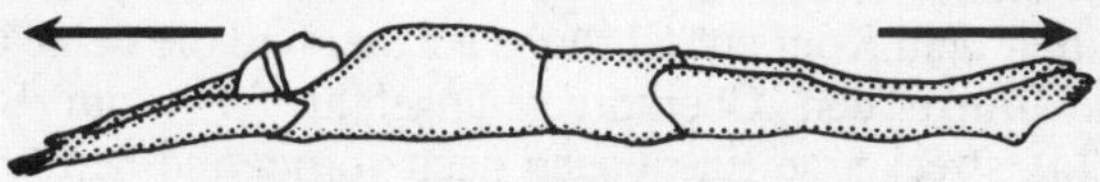

Eine Lage zum Dehnen der Bauchmuskeln

Hochrollen

Abb. 1a *Abb. 1b* *Abb. 1c*

Beginne in der Rückenlage mit angewinkelten Beinen, die Füße flach auf dem Boden, die Hände auf der Brust gekreuzt (Abb. 1a). Roll dich so hoch, daß die Schulterblätter circa 30° vom Boden sind (Abb. 1b), und roll wieder ab (Abb. 1c). Federe nicht mit dem Kopf auf und nieder, da dies den Hals überanstrengen kann. Konzentriere dich auf die oberen Bauchmuskeln, und halte das Kinn nahe am Körper, während du hochrollst (Abb. 1b). Beim Abrollen sollte dein Kopf den Boden nicht berühren, da du das Kinn eng am Körper hältst (Abb. 1c).

Rolle mit mäßigem Tempo hoch. Versuche 5 – 10 Durchgänge. Konzentriere dich auf die arbeitenden Muskeln und darauf, einen Körperrhythmus zu entwickeln.

Ellenbogen-Knie-Berührung

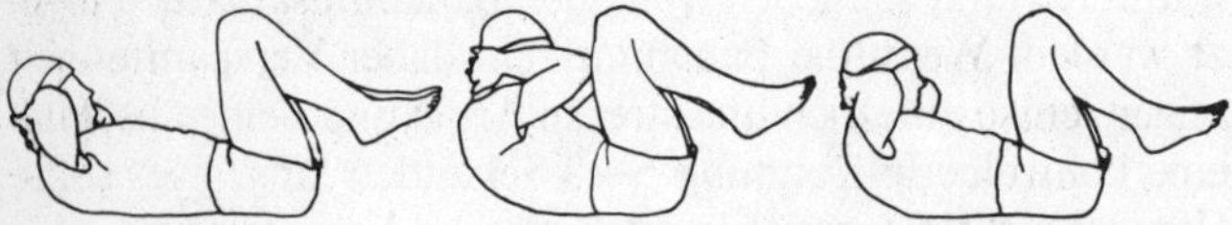

Abb. 2a *Abb. 2b* *Abb. 2c*

Die Ausgangsposition ist dieselbe wie oben, aber die Hände sind hinter dem Kopf auf Ohrhöhe gefaltet und die Beine angehoben. Bringe den Oberkörper ungefähr 30° vom Boden (Abb. 2a), strecke die Ellenbogen nach vorne, und berühre die Schenkel 2 – 5 cm über den Knien (Abb. 2b). Roll ab (Abb. 2c), und hebe dann Ellenbogen und Knie wieder an. Der untere Rücken sollte bei diesen Übungen konstant flach aufliegen.

Mache die Übungen mit mittlerem Tempo, um Rhythmus und Kraft zu entwickeln. Versuche 10 Wiederholungen. Deine oberen und unteren Bauchmuskeln arbeiten dabei gleichzeitig.

Abwechselnde Ellenbogen-Knie-Berührung

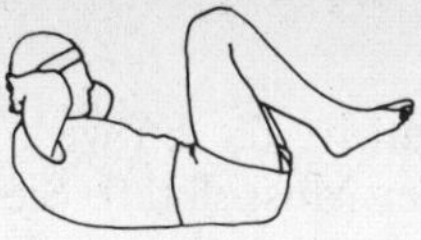

Abb. 3a

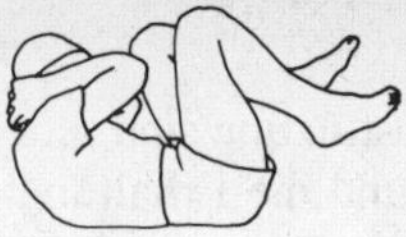

Abb. 3b

Abb. 3c

Die Ausgangsposition bleibt die gleiche wie bisher. Hebe die Schulterblätter vom Boden oder der Matte (Abb. 3a), und berühre abwechselnd das linke Knie mit dem rechten Ellenbogen (Abb. 3b) und das rechte Knie mit dem linken Ellenbogen (Abb. 3c). Halte den Oberkörper während dieser Übung gebeugt. Bewege die Knie vor und zurück, wie beim Radfahren, aber geringer in der Reichweite. Um mit dem Ellenbogen das Knie der anderen Körperhälfte zu berühren, muß sich der Oberkörper etwas seitlich drehen. Die Knie sollten die Längsachse des Körpers nicht kreuzen. Bei diesen letzten Übungen sollten die Fußknöchel entspannt sein. Versuche einen Rhythmus beim Üben zu entwickeln; probiere 10 Wiederholungen.

Ich schlage vor, die oberen Bauchmuskeln durch Konzentration auf die erste Übung zu entwickeln und dann langsam mit den weiteren beiden Arten und der Variation zu arbeiten. Die letzten beiden Übungen erfordern mehr Kraft und Konzentration als die erste. Beginne, indem du sie vorerst für jeweils 3 – 5 Minuten machst und von einer Übung zur anderen übergehst. Eine starke Bauchmuskulatur ist für den gesamten Gesundheitszustand äußerst wichtig.

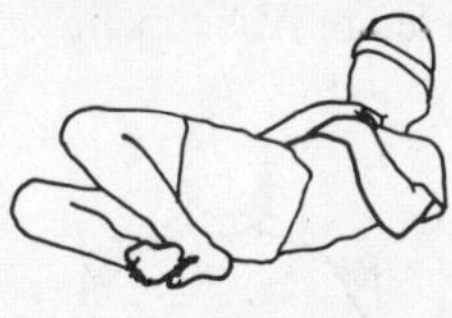

Variation:

Schwenk die Knie nach rechts. Zieh den Oberkörper hoch, und stell dir eine Verbindungslinie zwischen deinem Kinn und der linken Hüfte vor. Konzentriere dich auf das Hochrollen, halte das Kinn eng an der Brust und den Kopf ruhig. Diese Übung ist schwierig. Versuche 5 – 10 Durchgänge je Seite.

Übungen für Arme und Brust

Liegestütze mit Knieabstützung sind sehr gut für die Entwicklung des Oberkörpers und die Erhaltung der Muskelkraft. Sie können verschieden ausgeführt werden, um auf diverse Teile der Arme und des Oberkörpers zu wirken, ohne daß der untere Rücken überanstrengt wird.

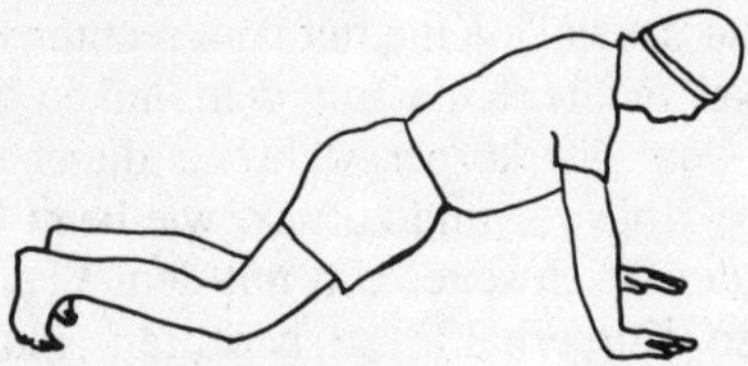

Beginne auf den Händen und Knien, mit den Händen parallel zueinander und etwas mehr als schulterbreit auseinander. Je weiter die Hände auseinander sind, um so mehr arbeitet die Brustmuskulatur.

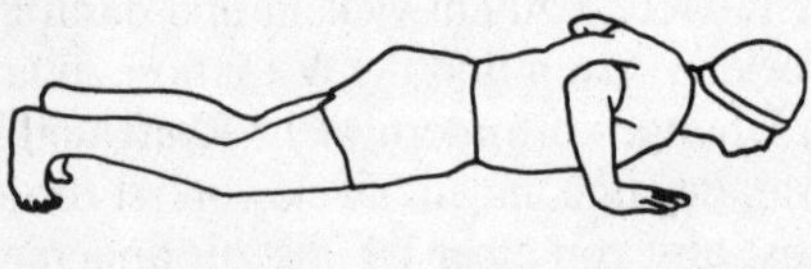

Laß deinen Körper herabsinken, bis du den Boden gerade eben mit der Brust berührst, und stemme dich dann wieder hoch in die Ausgangsposition (erste Abb. oben).

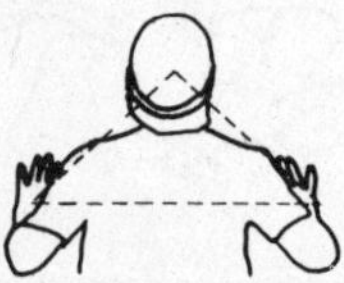

Stell dir ein Dreieck vor, das sich aus deinem Kinn und den Händen zusammensetzt. Dies wird dir helfen, den Rücken gerade zu halten, und auch verhindern, daß dein Hinterteil in die Luft ragt.

Um die Rückseiten der Oberarme zu entwickeln, stelle die Hände ungefähr schulterbreit auseinander, und halte die Ellenbogen eng am Körper. Halte sie direkt über den Händen und entlang dem Oberkörper. Diese Übung isoliert die Oberarme.

Für die Oberarme

Für die Brustmuskulatur

Variation: Liegestütze auf Fingerspitzen.

Nach Liegestützen ist es gut, in diesen Positionen zu dehnen.

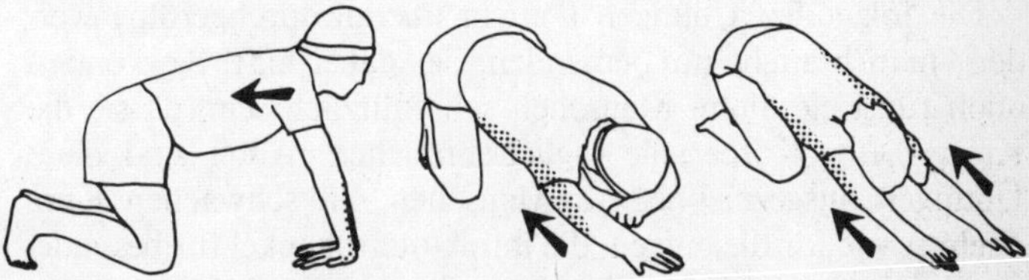

Liegestütze mit Knieabstützung sind ausgezeichnete Übungen für Männer wie für Frauen. Richtig und in ausreichender Anzahl durchgeführt, sind sie gut für die Entwicklung der Brust und der Arme. Sie verhindern allgemein das Erschlaffen der Muskeln und fördern die Muskelkondition.

Liegestütze mit Knieabstützung, ein Programmvorschlag für Anfänger:

15 Liegestütze und dann 15 Sekunden dehnen; 10 Liegestütze und weitere 15 Sekunden dehnen, und letztlich 5 Liegestütze gefolgt von Dehnübungen für die Schultern, die Arme und die Brust. Die vorhergegangenen beiden Dehnübungen können zwischen Wiederholungen durchgeführt werden.

Für ein fortgeschrittenes Übungsprogramm beginne mit 35 Liegestützen und laß jeweils fünf weg.

Übungen für die Fußgelenke, Zehen und Unterschenkel

Die meisten Übungen zur Kraftbildung sind für den Körper oberhalb der Knie bestimmt. Die wenigsten Menschen konzentrieren sich darauf, ihre Zehen, Fußgelenke und Unterschenkel zu entwickeln.

Weil die Notwendigkeit bestand, entwarf ich eine Serie von Fußgelenk-Übungen zur Rehabilitation verletzter Athleten. Während ich mit diesen Übungen experimentierte, entdeckte ich, daß sie nicht nur bei der Genesung verletzter Fußgelenke halfen, sondern regelmäßig angewendet werden konnten, um an den unteren Beinen und Füßen Verletzungen zu verhindern sowie Kraft und Koordination zu erhalten.

Die folgenden Übungen können überall durchgeführt werden; man braucht nur jemanden, der dabei hilft. Sie können auch für viele ältere Menschen sehr nützlich sein, da sie die Kraft dieser Körperteile täglich brauchen. Auch sind diese Übungen ausgezeichnet für Menschen mit schwachen Knöcheln sowie für diejenigen, die ihre Unterschenkel für besondere Aktivitäten stärker wollen. Sie sollten auch angewendet werden, um die Gefahr von Wadenbeinbrüchen zu verringern. Führe diese Übungen einige Wochen lang durch, um an dir selber beurteilen zu können, ob sich das Gefühl deiner Beine verändert.

Phase 1: Strecken des Fußgelenks und Anspannen des Fußes

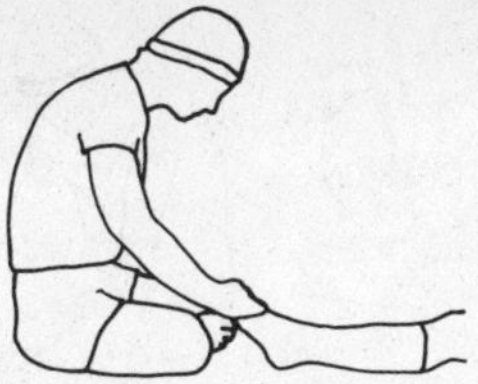

Laß den Partner die rechte Hand auf die Zehen und den vorderen Teil deines linken Fußes legen. Er sollte mittleren Widerstand leisten, damit dem Fußgelenk volle Beweglichkeit erhalten bleibt.

beginne mit ausgestrecktem Fuß

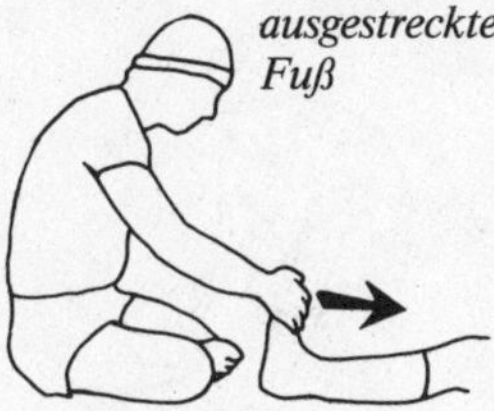

Zieh deinen Fuß mit mittlerer, rhythmischer Kraft gegen den Widerstand. Indem du die Zehen zum Schienbein ziehst, arbeitest du mit dem vorderen Unterschenkel.

Mache vorerst 20 – 25 Wiederholungen. Dein Partner kann helfen, indem er leise zählt, während du dich auf das Strecken des Fußgelenks und das Anspannen des Fußes konzentrierst.

Phase 2: Spannen des Fußgelenks und Strecken des Fußes

Laß deinen Partner seine rechte Hand unter den Ballen deines linken Fußes legen, den Daumen an deinem großen Zeh. Der Druck sollte so stark sein, daß du dich darauf konzentrieren mußt. So wirst du die Zehen einsetzen, während du gegen die Hand drückst.

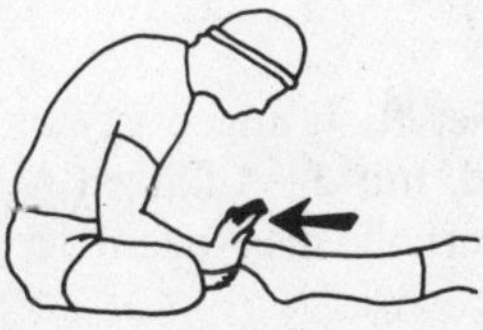

Spanne die Zehen zum Schluß jeder Wiederholung an. Mache 20 – 25 Wiederholungen. Nach jeder Vorwärtsbewegung entspannen, während dein Partner den Fuß sanft zurückschiebt.

Phase 3: Einwärtsdrehen des Fußes

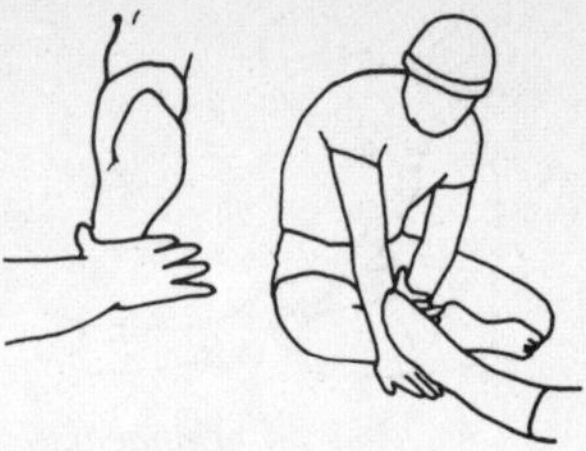

Laß deinen Partner die Ferse deines linken Fußes mit der rechten Hand ergreifen (siehe Abb.). Er sollte nicht festhalten, sondern eine Stütze bilden, um Bein und Fußgelenk in den nächsten zwei Phasen stabil zu halten. Seine linke Handfläche sollte an der Innenseite deines linken Fußes liegen.

Bewege den Fuß nach innen, gegen den sanften, aber beständigen Druck seiner Hand. Konzentriere dich darauf, nur das Fußgelenk zu bewegen. Nutze den Bewegungsweg mit maximaler Kraft. Wiederhole 20 – 25mal.

Phase 4: Den Fuß auswärts bewegen

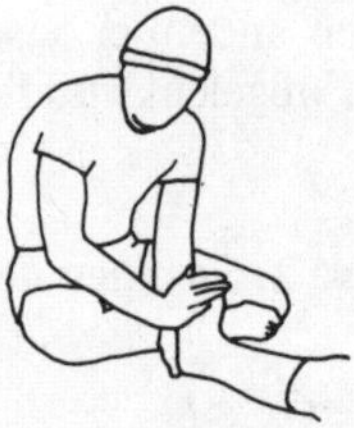

Laß deinen Partner die Hände wechseln, so daß er deine linke Ferse jetzt mit der linken Hand stützt und seine rechte Hand an der Außenseite deines Fußes liegt.

Nun bewege deinen Fuß rhythmisch nach außen. Konzentriere dich darauf, nur das Fußgelenk zu bewegen. Entwickle einen Rhythmus und versuche, vollständige Bewegungen durchzuführen. Wiederhole 20 – 25mal.

Das Bewegen des Fußgelenks in allen vier Richtungen ist ein Satz. Mach diese Übungen durchgehend, mit 3 – 4 Sätzen je Gelenk. Während deine Kraft zunimmt, erhöhe die Anzahl der Wiederholungen.

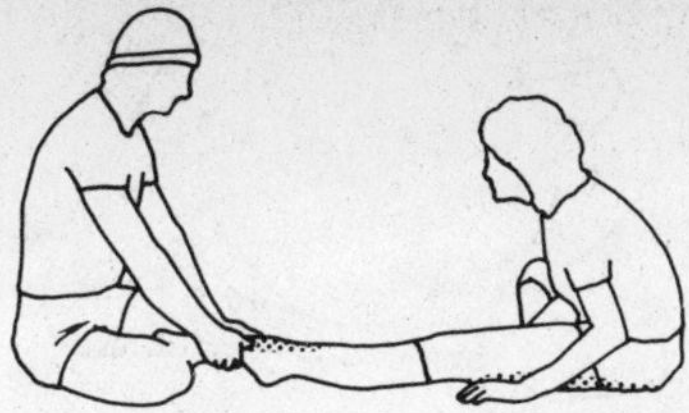

Nachdem du 3 – 4 Sätze von je 20 – 25 Wiederholungen absolviert hast, sollte dein Partner deinen Fuß sanft wie gezeigt ausstrecken. Beuge dich langsam vor, um die Oberseite des Fußes zu dehnen. Halte eine bequeme Dehnung 10 – 20 Sekunden lang.

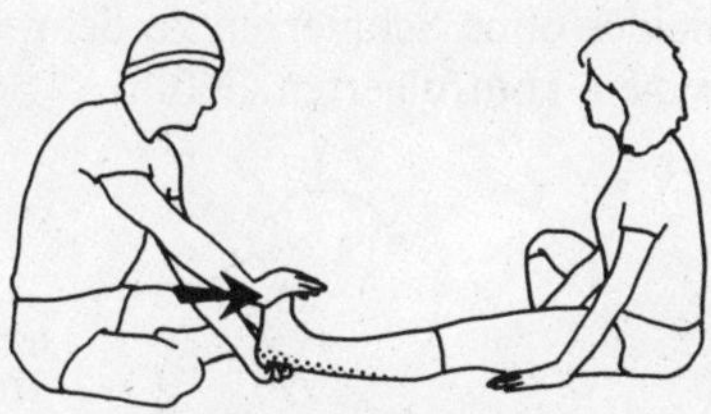

Um die Rückseite des unteren Beines zu dehnen, laß die Ferse in der Hand des Partners ruhen. Er sollte den vorderen Fuß zum Schienbein hin biegen, indem er Druck gegen den Fußballen ausübt. Dadurch wird eine leichte Dehnung der Wade erzeugt. Halte sie 15 Sekunden lang.

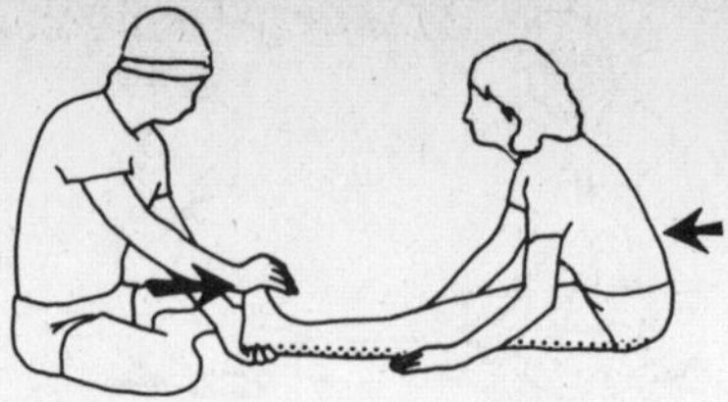

Um die Dehnung zu verstärken, beuge dich langsam aus der Hüfte vor, während dein Partner die Position hält. Dies sollte eine Dehnung im gesamten Bein hervorrufen, obwohl sie vielleicht nur in der Wade zu spüren sein wird. Halte eine gute Dehnung 30–40 Sekunden lang, ohne zu überdehnen. Wenn du Ischiasschmerzen hast, wird dir diese Haltung helfen, die Rückseite des Beines ohne Schmerzen zu dehnen. Dehne nur mit einem bequemen, kontrollierten Gefühl.

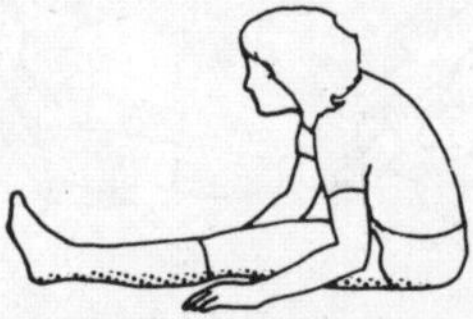

Nachdem dein Partner den Fuß losgelassen hat, dehne das Bein, indem du dich aus der Hüfte vorbeugst. Das Bein sollte sich jetzt beweglicher anfühlen. Komme langsam aus der Dehnposition heraus.

Übungen für Finger, Hände, Handgelenke und Unterarme

Eine weitere aufbauende Übung, die überall durchgeführt werden kann, ist das Zusammendrücken eines Gummiballs. Das stärkt Finger, Hände, Handgelenke und Unterarme. Man braucht Kraft in diesen Bereichen für viele sportliche Aktivitäten sowie für alltägliche Arbeiten. Den Gummiball (Durchmesser 5 – 7 cm) kann man fast immer bei sich haben, und in Zeiten, die normalerweise unausgefüllt sind, lassen sich damit Muskeln trainieren, die die meisten von uns wenig beachten.

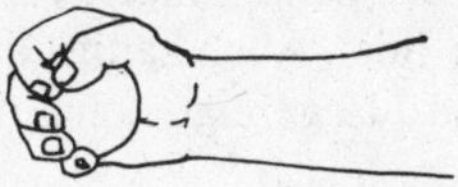

Es gibt mehrere Möglichkeiten, den Ball zu drücken. Zuerst drücke ihn mit der ganzen Hand. Wenn du spürst, daß deine Hand anfängt zu ermüden, drücke noch einige Male.

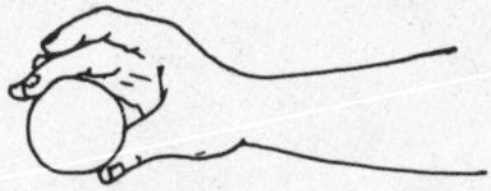

Es geht auch mit einem Finger und dem Daumen. Fange mit dem kleinen Finger an, und gehe sie alle der Reihe nach durch. Drücke 8 – 10mal mit jedem Finger. Diese Übungen isolieren und entwickeln Muskeln, die Kräftigung benötigen.

Entwickle Kraft und Ausdauer, indem du den Ball sehr häufig drückst. Diese Druckübungen bauen vernachlässigte Muskeln auf, und die wiederum sind wichtig für deine Gesamtentwicklung und zur Verhütung von Verletzungen. Achte auf die kleinen Dinge, die dir dabei helfen können. Dies ist besonders wertvoll, wenn du deinen Lebensunterhalt unter Einsatz deines Körpers verdienst, wie zum Beispiel ein Berufssportler oder ein Bauarbeiter. Hilf dir selbst, indem du deine Hände stärkst.

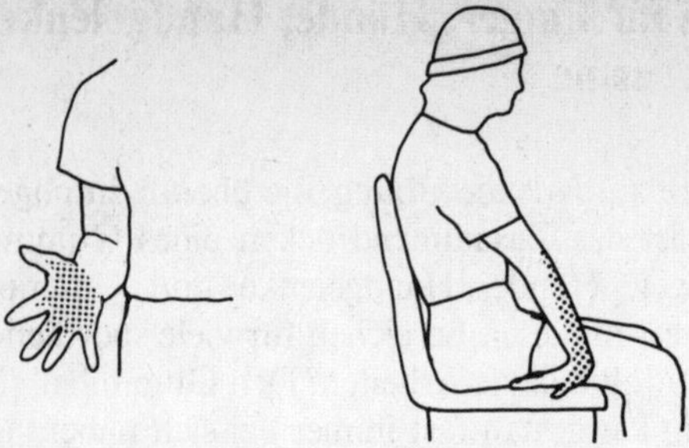

Um deine Hände zu dehnen, nachdem du den Ball gedrückt hast, spreize und strecke deine Finger. Halte sie so 5 Sekunden lang, und wiederhole 2mal. Auch kannst du die Unterarme, wie auf den Seiten 56 und 119 gezeigt, dehnen.

Barrenübung

Das Herablassen und Hochstemmen des eigenen Gewichts am Barren ist eine ausgezeichnete Übung für Brust und Oberarme. Es ist eine schwierige Übung, also sei nicht entmutigt, wenn du anfangs nur wenige Durchgänge schaffst.

Die Ausgangsposition ist mit geraden Armen auf den Holmen. Laß dich herab, bis die Arme einen Winkel von 90° an den Ellenbogen erreicht haben, und stemme dich dann wieder hoch in die Ausgangsposition.

Fange mit der Anzahl von Übungen an, die du durchführen kannst, ohne für weitere andere Übungen erschöpft zu sein. Es ist sinnvoller, gezielte Serien von Übungen am Barren durchzuführen, als gleich mit einer Anstrengung zu beginnen, die weder Kraftreserven noch Willen zum Weitermachen übrig läßt. Den Mut zu verlieren, bevor man richtig anfängt ist meistens das Ergebnis eines zu drastischen Ersteinsatzes. Verausgabe dich also nicht bis zu dem Punkt, wo eine negative Einstellung zur Sache in dir aufkommt.

Variation:

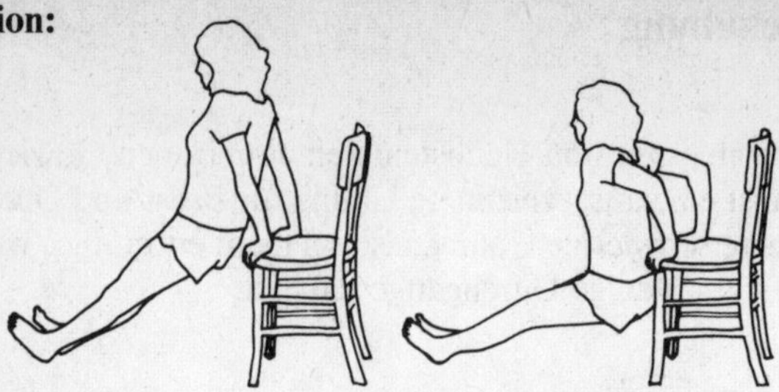

Stütze dich auf einen stabilen Stuhl. Beginne mit ausgestreckten Armen (siebe Abb.) und laß dich langsam herab, bis die Arme im rechten Winkel (90°) sind oder dein Körper den Boden berührt. Stemme dich dann wieder in die Ausgangsposition. Fange mit wenigen Durchgängen an und steigere dich mit der Zeit.

Vorsicht ist bei dieser Übung geboten, wenn du Probleme mit den Ellenbogen oder Schultern hast. Im Zweifelsfall immer einen Arzt befragen.

Klimmzüge

Klimmzüge sind auch sehr gute, natürliche Übungen. Sie stärken die Schultern, die Arme, die Brust und den Rücken.

Abb. 1 *Abb. 2* *Abb. 3*

Klimmzüge können mit dem Griff nach vorn gemacht werden, die Hände ungefähr schulterbreit auseinander (Abb. 1). Um ausdrücklich die Entwicklung der Schultern zu fördern, erweitert man den Abstand zwischen den Händen (Abb. 2). Um die großen Flachmuskeln der Rückenseiten zu entwickeln, kannst du die Klimmzüge hinter dem Kopf durchführen, mit größerem Abstand zwischen den Händen. Zieh dich hoch, bis du die Stange fast mit dem Nacken berührst (Abb. 3). Bei allen drei Arten von Klimmzügen laß dich zum Schluß herab, bis du mit ausgestreckten Armen in der Ausgangsposition hängst.

Programmvorschlag: Versuche nach drei Barrenübungen mindestens einen Klimmzug. Ist dieses Verhältnis nicht richtig für dich, so versuche 2 zu 1, oder was dir am besten paßt.

Ein kombiniertes Übungsprogramm könnte so aussehen: 3 Sätze von je 4 Barrendurchgängen und 3 Sätze von je 2 Klimmzügen. Wechsle die Sätze ab, bis du damit durch bist. Eine Summe von 18 Durchgängen dieser Art, 5mal in der Woche durchgeführt, ergäbe die beachtliche Zahl von 90 Barrenübungen und Klimmzügen. Die regelmäßige Durchführung dieser Übungen wird den gesamten Oberkörper kräftigen.

Wenn du keinen Klimmzug schaffst, kannst du deinen Oberkörper stärken, indem du die Übung mit dem Kinn oberhalb der Stange beginnst. Benutze einen Schemel oder Hocker, um in die Ausgangsposition zu gelangen. Laß dich langsam herab. Dies wird deine Arm- und Schultermuskeln erheblich stärken. Mach mehrere Durchgänge hintereinander.

Dehnübungen bei diesem Training: Füge diese Dehnübungen zwischen die Sätze ein. Dadurch wirst du die Anzahl der Wiederholungen bald steigern können, weil deine Muskeln aufgelockerter sein werden.

Diese Übungen sind zwar wichtig, aber wichtig ist auch, wie du lernst, Dinge für dich alleine zu tun. Erfahrung ist die Grundlage, auf der du dich und deine Grenzen kennen und verstehen lernst. Die Freude an guter körperlicher Kondition ist ein notwendiger Bestandteil der grundsätzlichen menschlichen Entwicklung.

Nach einem Durchgang am Barren dehne die Muskeln der Brust und der Oberarme, indem du die Ellenbogen über die 90° hinaus winkeln läßt. Halte den Körper ruhig, während du so hängst. (Deine Brust wird ungefähr auf der Höhe der Hände sein). Halte diese Position 3 – 8 Sekunden lang. Eine gewisse Kraft ist erforderlich, um diese Dehnübung durchzuführen, also nimm sie nicht vor, bevor du problemlos 12 bis 15 dieser Übungen am Barren absolvieren kannst.

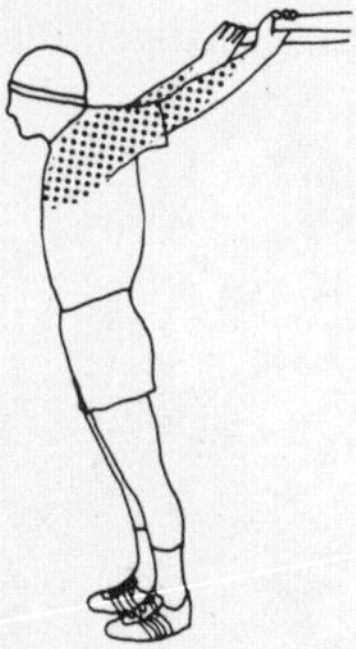

Mit dem Rücken zu den Holmen, greife nach hinten und erfasse die Innenseiten der Holme mit beiden Händen. Halte die Arme nach hinten gestreckt. Blicke geradeaus, und strecke die Brust vor. So 10 – 20 Sekunden halten.

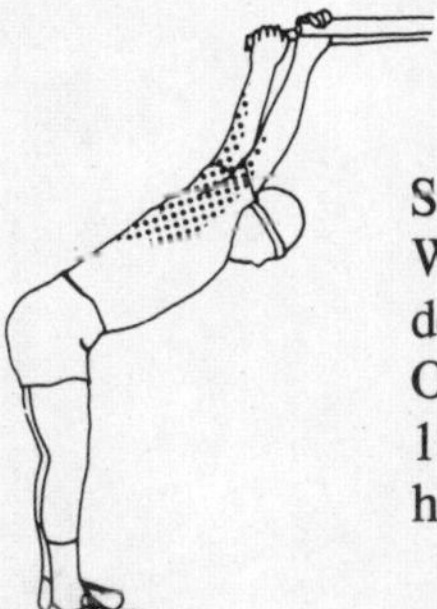

Stehe mit dem Gesicht zu den Holmen. Während du sie mit den Händen hältst, dehne Rücken und Arme, indem du den Oberkörper herabhängen läßt. Bleibe so 10 – 15 Sekunden lang. Sei entspannt, und halte die Knie leicht gebeugt (2 – 3 cm).

Um ausschließlich die Vorderseite einer Schulter und eines Armes zu dehnen, erfasse einen Holm auf Schulterhöhe mit der rechten Hand. Mit der anderen Hand hinter dem Rücken halte den zweiten Holm fest (siehe Abb.). Mit der rechten Schulter dicht am Holm, blicke über die linke Schulter in Richtung der rechten Hand. Durch die Drehung des Kopfes erreichst du eine gute Dehnung im Arm und im vorderen Teil der Schulter. Halte eine bequeme Position 10–15 Sekunden lang, und mach die Übung beidseitig.

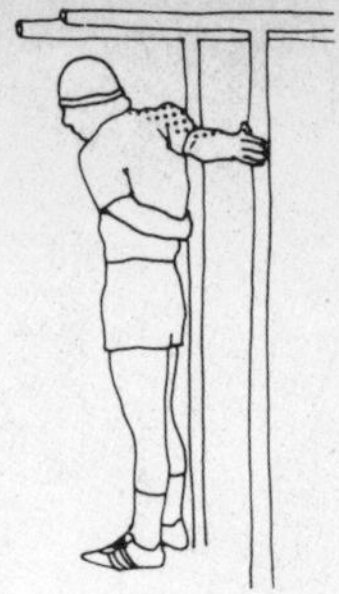

Diese Dehnübungen tragen dazu bei, den Oberkörper frei von Spannung und Verhärtung zu halten, und sie begünstigen die Kraftentwicklung.

Treppen

Abb. 1

Abb. 2

Auf Stadiontreppen zu gehen oder zu laufen, ist eine sehr gute zusätzliche Übung für die Entwicklung von Kraft und Ausdauer. Es ist ein ausgezeichnetes Training für die oberen und unteren Beinmuskeln und die Knie. Es hilft Beinverletzungen zu verhindern und ist gut für Herz und Atmung. Auch wenn du viel läufst oder radfährst, gebrauchst du manche Beinmuskeln mehr als andere. Das Trainieren auf Treppen beschäftigt viele vernachlässigte Beinmuskeln. Du kannst dies für dich selbst herausfinden, indem du es probierst.

Das Treppentraining ist drucklos, eine völlig individuelle Aktivität. Du tust, was du kannst, mit deiner eigenen Geschwindigkeit und deinem eigenen Rhythmus. Es gibt keinen leichten Weg, Treppen hinauf und hinab zu gelangen, aber wenn dein Herz und deine Beine kräftiger werden, wird es leichter.

Ein Stadion ist ein ausgezeichneter Platz für dieses Training. Zuerst geht man die Treppen und nimmt jeweils zwei Stufen pro Schritt, bis man oben in den Tribünen angekommen ist (Abb. 1). Gehen, nicht laufen. Nimm lange Schritte, um dich hinaufzuziehen. Durch das Gehen verstärkst du die Muskelarbeit, da du weniger Vorwärtsschwung hast als beim Laufen. Behalte einen beständigen, mittelschnellen Gang bei. Dies kann schwerer sein, als man glauben würde. Wenn du oben angekommen bist, kehre sofort nach unten zurück, und beginne noch einmal.

Gehe in einer fließenden, wellenförmigen Bahn hinab, und nicht einfach gerade. Das Abwärtsgehen in gerader Bahn ist sehr anstrengend für Knie und Knöchel.

Wenn du die Treppen laufen willst, nimm eine Stufe nach der anderen, ohne welche zu überspringen (Abb. 2). Setze mit dem Fußballen auf, dann benutze die Zehen, um dich abzustoßen, und zieh die Knie hoch, damit du jede Stufe leicht erreichst. Beim Laufen konzentriere dich darauf, die Füße schnell zu bewegen. Arbeite an deiner Beinbewegung, bis du oben bist, und kehre schnell wieder nach unten zurück. Behalte die Kontrolle über deine Bewegungen. Dies ist eine konzentrierte Übung andauernder Bewegung.

Gutes ergänzendes Treppentraining dauert etwa eine halbe Stunde, aber du mußt dich allmählich hinarbeiten. Wenn du eine neue Aktivität anfängst, nimm immer nur so viel davon auf dich, wie du auch bewältigen kannst. Erschöpfe dich nicht, indem du dich am Anfang übernimmst. Nimm Rücksicht auf dich selbst, und entwickle Kraft und Ausdauer allmählich, so daß du von den Anstrengungen nicht entmutigt wirst. Bevor du dein Pensum vergrößerst, behalte dasselbe Programm 14 Tage lang bei, und übe mindestens 3mal wöchentlich.

Vor und nach dem Training auf Treppen dehne deine Ober- und Unterschenkel. Du wirst dies sicherlich brauchen.

Benutze im täglichen Leben die Treppe anstatt des Aufzugs. Es ist eine kräftigende Übung für Menschen, die ihre Leistungsfähigkeit beim Sport verbessern wollen.

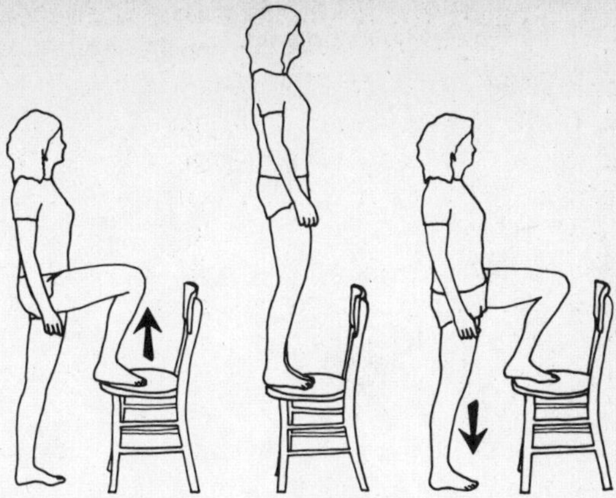

Einen Höhenunterschied zu überwinden, ist ebenfalls eine gute Übung. Benutze einen stabilen Stuhl oder einen Mauervorsprung, 35 – 50 cm hoch. Fange bei einer geringen Höhe an, und vergrößere sie, wenn du kräftiger wirst. Stelle zuerst einen Fuß flach auf den Stuhl, und steige dann hoch. Halte die Beine im Stehen fast, aber nicht ganz gerade. Beginne beim Wiederholen der Übung abwechselnd mit dem rechten und dem linken Bein. Fange langsam an, und werde schneller, wenn du dich daran gewöhnt hast. Versuche so weit zu kommen, daß du diese Übung 5 – 10 Minuten lang durchführen kannst.

Techniken des Laufens und Radfahrens

Regelmäßiges Dehnen wird dir viele neue Möglichkeiten bieten. Du wirst mit größerer Leichtigkeit laufen, radfahren, skilaufen und schwimmen können. Du wirst entdecken, daß Radfahren dem Laufen hilft, daß Laufen und Radfahren dem Skilaufen helfen und daß Dehnübungen dich für diese und viele andere Aktivitäten fit halten. Du wirst nicht mehr auf andere Sportarten und deine Freude daran verzichten müssen, weil du von einer Aktivität verspannt bist.

Laufen und Radfahren werden deine Ausdauer und Kraft trainieren und dir zu einer grundlegenden Kondition verhelfen, die dir die Teilnahme an vielen anderen Aktivitäten ermöglichen wird.

Die folgenden Seiten enthalten einige Basistechniken.

Zu Beginn

Wenn du anfängst, wieder körperlich aktiv zu werden, gibt es einige Dinge, die du erkennen mußt. Vor allem strenge dich anfangs nicht zu sehr an. Anstrengende Betätigung fühlt sich gut an, wenn du bereit dafür bist, aber anfängliche Übertreibungen können Depressionen mit sich bringen und jeglichen Gedanken an weitere Körperübungen vergraulen.

Wenn du etwas tust und keine Freude daran hast, herrscht Disharmonie, Konflikt. Wenn du schon Zeit mit Leibesübungen verbringen willst, dann lerne doch, Freude daran zu haben, während du dein körperliches Wohlbefinden verbesserst. Du brauchst nur das, was du kannst, regelmäßig zu tun. Wenn deine Kondition zunimmt und du deinen Körper besser kennengelernt hast, wirst du entdecken, daß du mit dir selbst länger und härter arbeiten kannst als je zuvor.

Ein wichtiger Aspekt der Übungen ist, zu lernen, innerhalb der eigenen Grenzen zu arbeiten. Du magst glauben, daß das Arbeiten innerhalb deiner Grenzen keine oder nur geringe Verbesserungen mit sich bringt. Das Gegenteil ist der Fall. Wenn du deine jetzigen Grenzen kennenlernst, wirst du auch lernen, daß es möglich ist, sie im Laufe der Zeit zu erweitern.

Durch regelmäßige, positive Betätigung geschehen täglich kleine Veränderungen. Sie können so gering sein, daß du sie täglich gar nicht wahrnimmst. Aber es ist die Ansammlung dieser kleinen, unscheinbaren Veränderungen auf regelmäßiger Basis, die zu natürlichen Ergebnissen führt. Also, wenn du dich ändern willst, dann tu es, indem du regelmäßig rhythmische Aktivitäten betreibst, durch Dehnübungen und durch leichte, nahrhafte Kost. Und es wird dir gelingen, ohne dich zu quälen, energischer, fit, gelenkig und froh zu sein.

Gehen und Laufen

Wenn du gerade erst mit Gehen oder Laufen anfängst, setze dich nicht unter Druck, indem du dir vorhältst: »Was für eine lächerliche Figur werde ich abgeben« oder »Ich muß heute soundsoviele Kilometer schaffen« oder »Ich muß laufen, ob müde oder nicht«. Geh behutsam mit deinem Körper und Geist um, und mach das, wonach du dich fühlst. Die meisten von uns wollen sofort Ergebnisse sehen, aber Ergebnisse, die sich lohnen, bedürfen der Regelmäßigkeit. Wir haben mehr als genug Zeit für Veränderungen, also laß dich nicht durch imaginären Zeitdruck davon abhalten, etwas zu tun. Wenn du dich zunehmend mit Bewegung beschäftigst, vergeht die Zeit schnell, und du wirst bald die Veränderungen spüren, die durch regelmäßiges, positives Tun in deinem eigenen Tempo und ohne Druck eintreten.

Bevor du mit einem regelmäßigen Übungsprogramm beginnst, solltest du dich von einem Arzt untersuchen lassen, der deine Belastbarkeit prüfen wird. Gehen und Laufen sind sich in der grundlegenden Technik sehr ähnlich. Der Unterschied liegt darin, daß es beim Gehen einen Zeitpunkt gibt, zu dem beide Füße den Boden gleichzeitig berühren, während es beim Laufen einen Moment des Fliegens gibt. Im Kern jedoch ist Laufen eine Weiterführung des Gehens.

Gehen

Die grundlegenden Körperbewegungen des Gehens zu verstehen, wird dir beim Laufen helfen. Achte auf das Verhältnis von Zehen und Ferse. Dic Zehen sollten bei jedem Schritt gerade nach vorne zeigen, die Innenkanten der Füße entlang einer geraden Linie. Fühle, wie entspannt der Oberkörper dabei ist. Die Arme schwingen in einem natürlichen Rhythmus, der an der Schulter beginnt. Bei jedem Schritt bewegt sich ein Arm zusammen mit dem entgegengesetzten Bein vor und zurück. Die Handgelenke knicken auf natürliche Weise, und die Finger sind leicht nach innen gekrümmt.

Versuche eine Strecke zu gehen, ohne die Arme zu bewegen. Es wird sich falsch anfühlen. Nun laß deine Arme wieder natürlich pendeln, und achte darauf, wie dies deiner Vorwärtsbewegung und deinem Gleichgewicht hilft. Du wirst bemerken, daß deine Hände die Mittellinie des Körpers nicht kreuzen.

Die Geschwindigkeit deiner Armbewegungen beim Gehen oder Laufen steht in einem direkten Verhältnis zur Bewegung der Beine. Du kannst probeweise schneller gehen und feststellen, daß sich die Arme entsprechend schneller bewegen. Wenn du nun die Länge deiner Schritte vergrößerst, wirst du sehen, wie sich ebenfalls die Bewegungen der Arme verlängern.

Konzentriere dich beim Gehen darauf, Hände, Arme und Schultern entspannt zu halten. Gehe gleichmäßig, rhythmisch, mit balanciertem Kopf. Vermeide es, abwechselnd lange und kurze Schritte zu machen. Sei geistig wie auch körperlich entspannt, und bewege dich so.

Zehn-Wochen-Programm

Hier ist ein Zehn-Wochen-Programm für denjenigen, der mit dem Laufen beginnen möchte. Es besteht aus Dehnen, Gehen und dem langsamen, rhythmischen Laufen des Jogging. Dies wird es dir ermöglichen, allmählich eine gute Konditionsbasis aufzubauen und gleichzeitig die Gefahren von Überanstrengung und Verletzungen zu vermeiden.

Gehe in der ersten Woche täglich ca. 400 Meter, in der zweiten Woche das Doppelte. (Vergiß nicht, vor und nach dem Gehen oder Laufen zu dehnen; siehe Seiten 138–139 und 192–195.) Gehe ab der dritten Woche täglich ca. 1,2 Kilometer und in der vierten Woche 1,6 Kilometer. Wenn du diese 1,6 Kilometer ein Jahr lang täglich gehst, ohne deine Kalorienaufnahme zu vergrößern, wirst du zehn Pfund abnehmen, und diese zehn Pfund werden fortbleiben, da du sie allmählich und über eine lange Zeitspanne hinweg verloren hast.

Gehe zwei weitere Wochen täglich 1,6 Kilometer, bevor du mit Jogging anfängst. Ein leichter Übergang kann so aussehen: zuerst Dehnübungen, dann 400 Meter gehen, 400 Meter Jogging und noch 800 Meter gehen. So hast du die 1,6 Kilometer, aber in aufgelockerter Form. In der folgenden Woche: Dehnen, 400 Meter gehen, 800 Meter Jogging, 400 Meter gehen, und dehnen. In der neunten Woche: 400 Meter gehen, 1,2 Kilometer Jogging, 400 Meter gehen. In der zehnten Woche 400 Meter gehen, 1,6 Kilometer Jogging und 400 Meter gehen.

Zehn-Wochen-Programm für Anfänger

Täglich:

1. Woche	10 Minuten dehnen	400 m gehen	5 Minuten dehnen
2. Woche	10 Minuten dehnen	800 m gehen	5 Minuten dehnen
3. Woche	10 Minuten dehnen	1,2 km gehen	5 Minuten dehnen
4. Woche	10 Minuten dehnen	1,6 km gehen	5 Minuten dehnen
5. Woche	10 Minuten dehnen	1,6 km gehen	5 Minuten dehnen
6. Woche	10 Minuten dehnen	1,6 km gehen	5 Minuten dehnen
7. Woche	10 Minuten dehnen	400 m gehen, 400 m jogging, 400 m gehen	5 Minuten dehnen
8. Woche	10 Minuten dehnen	400 m gehen, 800 m jogging, 400 m gehen	5 Minuten dehnen
9. Woche	10 Minuten dehnen	400 m gehen, 1,2 km jogging, 400 m gehen	5 Minuten dehnen
10. Woche	10 Minuten dehnen	400 m gehen, 1,6 km jogging, 400 m gehen	5 Minuten dehnen

Nachdem du dieses Programm zehn Wochen lang durchgeführt hast, solltest du wissen, wie du dich für körperliche Aktivitäten vorbereiten mußt, und in der Lage sein, deine eigenen Übungspläne zu gestalten.

Ich schlage vor, daß du weitere vier Wochen mit Jogging experimentierst, bevor du mit dem Laufen beginnst. Wenn du laufen willst, jogge auch, und folge ab der siebten Woche einem ähnlichen Programm. Es könnte so aussehen: 400 m jogging, 400 m laufen und 400 m jogging. Mach so weiter, bis du 1,6 km läufst und jeweils zu Beginn und am Schluß 400 m joggst. Die angegebenen Zeiten für die Dehnübungen vor und nach dem Training sind Mindestzeiten. Es mag sein, daß du vor den jeweiligen Dehnübungen fünf Minuten lang gehen möchtest.

Nach vier Monaten dieses Programms wirst du allmählich deine Ausdauer vergrößert und den Pulsschlag stabilisiert haben. Du wirst einiges an überflüssigem Körperfett losgeworden sein und dich beweglicher fühlen. Damit gewinnst du eine positive Einstellung zur Bewegung und kannst sie genießen.

Verletzungen verhüten

Wenn du mit dem Laufen anfängst, können sich Probleme an den Füßen, den Achillessehnen, an Schienbeinen, Waden, Kniebeugern und Knien oder im Lendenbereich durch das ständige Hämmern beim Laufen bemerkbar machen. Wenn ein Körperteil hart oder unbeweglich wird, versucht meistens ein anderer dafür zu kompensieren. Wenn das eintritt, ist die Verletzungsgefahr größer. Hier einige Vorschläge, die den Verletzungen entgegenwirken:

1. Baue eine Konditionsbasis auf. Verbringe viel Zeit mit Gehen und Jogging, bevor du läufst. Dies wird deine Muskeln und Gelenke an die Anstrengungen der vorwärts gerichteten Bewegung gewöhnen.

2. Ruhe dich aus, wenn du müde bist. Wenn du ermüdet läufst, beschwörst du Schwierigkeiten herauf.

3. Dehne vor und nach jedem Training (siehe Seiten 192–195). Laufen, mit seinem begrenzten Bewegungsspektrum (verglichen z. B. mit Gymnastik oder Volleyball), fördert Unbeweglichkeit. Dehnen verhindert, daß die Muskeln schmerzhaft und hart werden.

Vorschläge bei Läuferbeschwerden

1. *Achillessehnen:* Mache die Dehnungen auf den Seiten 52, 64, 90, 98 und 99 und die Übungen auf den Seiten 232–236. Dehne nur mit einem sehr sachten Gefühl. Die Achillessehnen sind leicht gedehnt. Trage Schuhe mit leicht erhöhtem Absatz, laß dich dazu fachlich beraten.

2. *Schmerzen am Schienbein:* Führe die Dehnungen auf den Seiten 62, 101–102 und 235–236 durch und die Übungen auf Seite 233. Laufe nach Möglichkeit auf weichem Boden, wie Gras.

3. *Verhärtete Waden und Fußgelenke:* Mache die Dehnübungen auf den Seiten 52–53, 64, 98 und 235–236.

4. *Verhärtete Kniebeuger:* Mache die Dehnübungen auf den Seiten 45–50, 67, 70–75, 101–104, 128–129 und 235 bis 236.

5. *Probleme im Lendenbereich und Ischiasschmerzen:* Mache die Dehnübungen auf den Seiten 34–42, 55, 79, 84–91 und die Bauchmuskelübungen auf den Seiten 226–229.

6. *Füße:* Massiere die Spanne, und dreh die Fußgelenke (S. 44). Achtung: Falsche Fußstellungen, resultierend aus schlechter Ausrichtung von Füßen, Knien oder der Hüfte, können der Ursprung vieler Probleme sein. Wenn sich bei dir also Schmerzen in diesen Bereichen einstellen, die wider Erwarten lange anhalten, befrage einen Arzt mit sportmedizinischer Erfahrung.

Laufen

Laufen kann eine Betätigung für die ganze Familie sein. Es ist kostenlos, man kann es tun, um ein Gefühl des Wohlseins zu fördern oder um überschüssige Kalorien zu verbrennen und das Körpergewicht zu stabilisieren. Es kann dem Herzinfarkt entgegenwirken, wie auch dem Gefühl des Alterns. Laufen hilft, geistige und körperliche Spannung abzubauen, und mancher kann es sein Leben lang genießen.

Wenn du mit dem Laufen anfängst, ist die wichtigste Überlegung, es richtig zu tun. Damit meine ich nicht, jemanden nachzuahmen, sondern darüber nachzudenken, die grundlegenden Techniken zu erlernen und es natürlich geschehen zu lassen. Geschwindigkeit ist unwichtig, aber wenn du regelmäßig dehnst und läufst, wirst du schneller und leichter laufen können als je zuvor.

Verkrampfe deine Atmung nicht, sondern atme durch Mund und Nase. Dein Kopf sollte zwischen den Schultern balanciert sein, dein Blick einige Meter nach vorn gerichtet.

Laufe Ferse-zu-Ferse, also fast flachfüßig, mit den Innenkanten der Füße entlang einer geraden Linie nach vorn. Diese Ausrichtung wird dabei helfen, Knie und Fuß so zu halten, daß dein Gewicht gleichmäßig auf der Fußsohle verteilt ist. Bei Sprint oder steilem Bergauflauf wirst du natürlich mehr auf den Fußballen laufen.

Beim Laufen sollten die Handgelenke mit jeder Armbewegung knicken. Halte die Finger entspannt und leicht eingerollt, aber mach keine Faust.

Gebrauche die Arme als Hilfen beim Balancieren deines Körpers, damit deine Energie nach vorn gerichtet werden kann. Winkle die Arme so an, daß die Unterarme fast parallel zum Boden sind. Der Rückschwung der Arme sollte die Hände nicht viel weiter nach hinten als zum Hüftknochen bringen. Nach vorne werden die Unterarme sich leicht zur Körpermitte bewegen, aber sie sollten die Mittellinie nicht kreuzen. Seitliche Bewegungen und Körperschwankungen verschwenden deine Energie und erschweren das Laufen. Gehe sparsam mit deiner Energie um.

Die Schrittlänge hängt von deiner Laufgeschwindigkeit ab. Je schneller der Lauf, um so länger der Schritt. Je langsamer, um so kürzer. Das Anheben der Knie steht auch in Verbindung mit der Geschwindigkeit. Je schneller du läufst, um so höher steigen deine Knie, und umgekehrt.

Beim Laufen kannst du das Gefühl bekommen, daß die oberen Teile der Schultern hart und gespannt sind. Dies bedeutet, daß du den Oberkörper-Rhythmus verlierst. Wenn mir das passiert, entspanne ich meine Schultern, indem ich mir vorstelle, mir würden Gewichte von den Ellenbogen hängen. Das hält meine Ellenbogen vom Herausstehen und meine Schultern vom Verspannen ab, was meine Armbewegungen verbessert. Wenn die Schultern entspannt sind, überträgt sich dies auch auf die Brustmuskeln, und das ermöglicht leichteres, freieres Atmen.

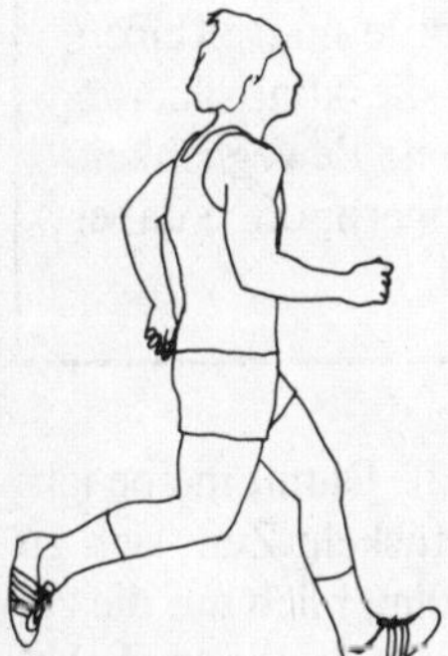

Werde dir bewußt, wie wichtig die Arme für die völlige Körperbalance und -kontrolle sind. Je mehr du dich darauf konzentrierst, die Schultern und Arme zu entspannen, um so natürlicher und rhythmischer wird dein Laufen sein.

Um Rhythmus, Schritt und Lauftempo zu entwickeln, übe das Heben deiner Knie und das Abschieben mit den Zehen bei jedem Schritt. Hebe dein Knie absichtlich, und benutze Fuß und Zehen, um den Boden zu ›fassen‹. Konzentriere dich darauf, den Boden nach hinten zu ›werfen‹, indem du dich mit den Zehen abschiebst. Verwende immer die Ferse-zu-Zehen-Fußplazierung. Das gibt zusätzlichen Schwung. Die Betonung liegt hier wiederum auf völliger Körperbalance, Entspannung und Rhythmus. Während du läufst, stelle dir vor, wie du die Knie hebst, den Boden unter dir faßt und dich abschiebst. Mach dies jeweils für einige hundert Meter. Während du dich auf diese Techniken konzentrierst, wirst du auf natürliche Weise schneller laufen. Laufe leicht und entlang einer geraden Linie.

Sei entspannt, während du dich auf die richtigen Grundtechniken konzentrierst. Verstehe, daß Laufen am besten für dich ist, geistig sowie körperlich, wenn es sich gut anfühlt, wenn es schmerzlos und kein Kampf ist. Wenn du läufst, bewege dich nach deinem Gefühl. Du fühlst dich täglich anders, manchmal besser und manchmal schlechter, aber wenn du vor dem Laufen Dehnübungen machst, wirst du entdecken, daß dir das Training größere Freude bereitet.

Vergiß nicht, richtig zu dehnen. Falsches Dehnen ist schlimmer als überhaupt keins und führt zu Verletzungen. Im Verlauf der letzten Jahre habe ich vielen Läufern bei Dehnübungen zugesehen, und die meisten machen es völlig falsch. Sie federn auf und nieder oder kämpfen darum, schmerzhafte Positionen zu halten, und das nennen sie Dehnen. Was sie eigentlich tun, könnte man ›Reißen und Verspannen‹ nennen. Nur durch die kontrollierte, entspannte Dehnmethode kannst du deine Beweglichkeit vergrößern und Muskelspannung verringern, ohne dabei Gewebe zu verletzen.

Nach dem Dehnen wärme dich langsam auf. Damit meine ich: Beginne langsam zu laufen. Gib deinen Muskeln Zeit, sich zu erwärmen, und deinem Herzen Zeit, sich allmählich auf die zunehmende Arbeitslast einzustellen. Verbringe mindestens acht bis zehn Minuten mit gemütlichem, rhythmischem Jogging, bevor du dein Tempo beschleunigst. Die Zeit des Aufwärmens hängt von den Außentemperaturen und von deiner Verfassung ab. Wenn du jedes Training mit richtigen Dehnungen und einem allmählichen Aufwärmen beginnst, wirst du durchweg besser trainieren und weniger Verletzungen haben.

Wenn du bei Langläufen beginnst, dich träge zu fühlen und an Stil und Rhythmus verlierst, halte einige Minuten an und mache Dehnübungen. Dehne die Körperteile, die sich verspannt anfühlen. Dies hilft dir, die richtige Form, den Rhythmus und die Energie wiederzufinden, die du brauchst, um effizient zu laufen. Viele Laufverletzungen könnten verhindert werden, wenn eine kurze Rast oder Dehnpause rechtzeitig eingelegt würde.

Jedes Training solltest du mit fünf Minuten Jogging ausklingen lassen. Beende dein Training nicht mit einem Endspurt, denn dies strengt das Herz stark an, da es dann sehr schnell pumpt. Wenn du es genau bedenkst, ist es nicht sehr klug, hart zu laufen und dann aufzuhören. Beim Laufen wird das Blut dort konzentriert, wo es gebraucht wird – in den Beinmuskeln. Wenn man plötzlich aufhört, ist es dort. Und was passiert dann? Ohne die körperliche Anstrengung allmählich abklingen zu lassen, staut sich das Blut in den Beinen und hat Schwierigkeiten, wieder zu Herz und Gehirn zu kreisen. Ein langsames Abkühlen zum Ende des Trainings macht es dem Herzen leichter, sich zu erholen und zu seinem normalen Rhythmus zurückzukehren.

Anschließend mach wieder Dehnübungen, solange die Muskeln noch vom Training warm sind, denn dann ist das Dehnen leichter. Dehne die Muskeln, die du gerade eingesetzt hast. Lege dann Beine und Füße hoch (siehe Seiten 93–96). Die Schwerkraft wird dazu beitragen, das Blut wieder stärker Herz und Gehirn zuzuführen. Das erleichtert deine Beine.

Dehnen hilft dir, das Trainieren zu verbessern und zu genießen. Aber der einzige Weg, dies wirklich kennenzulernen, ist, es selber mindestens einen Monat lang zu probieren. Wenn du regelmäßig dehnst und trainierst, wirst du dein Aussehen, dein Befinden und deine Leistung verbessern. In einem Monat wirst du sehen, daß es möglich ist, Muskelschmerzen zu verringern und Verletzungen zu verhindern. Das Spektrum deiner Bewegungsmöglichkeiten wird sich vergrößern, und du wirst mehr Spaß am Training finden. Nach einem Monat wirst du dich jünger fühlen und auch so wirken.

Radfahren

Radfahren ist eine rhythmische Betätigung, die dir helfen wird, Oberschenkel, Taille und Hüfte schlank zu halten. Es ist ausgezeichnet für die Entwicklung der Muskeln im Bereich der Knie, sehr gut zum Aufbau von Kraft und Ausdauer und als Training außerhalb der Sportsaison.

Radfahren bietet rhythmisches Training für Herz und Lunge ohne das dauernde Stampfen von Jogging oder Laufen. Weil dieses Stampfen eine ziemliche Anstrengung für den Körper ist, läßt sich ein Laufrhythmus wesentlich schwieriger entwickeln als ein Fahrrhythmus. Und für Menschen, die nicht gern laufen, bietet Radfahren eine gute Alternative, um die allgemeine Gesundheit sowie die Effizienz von Herz und Kreislauf zu verbessern. Für diejenigen, die bereits Laufsport betreiben, ist Radfahren gutes Ergänzungstraining. Solange dabei regelmäßig gedehnt wird, fördern sich Radfahren und Laufen gegenseitig (siehe Seiten 167 – 169).

Du brauchst ein Fahrrad mit der richtigen Rahmengröße. Um dies zu prüfen, stelle dich rittlings über das Rad, als wärest du gerade vom Sattel gestiegen. Deine Füße sollten flach auf dem Boden stehen und die Querstange (falls vorhanden) deinen Schritt fast berühren. Wenn die Querstange dich berührt und sich die Füße nicht flach aufsetzen lassen, ist das Rad zu groß für dich.

Der Sattel sollte vorne geringfügig hochzeigen. Die Fahrposition sollte bequem sein, mit einer gleichmäßigen Gewichtsverlagerung zwischen Sattel, Handgriffen und Pedalen, so daß entspanntes Fahren mit geraden oder leicht gewinkelten Armen möglich ist. Ein geringes Anwinkeln der Arme fängt Bodenstöße auf und verringert Verspannungen im Oberkörper.

Der Sattel sollte hoch genug sein, um eine leichte Biegung am Knie bei weggestrecktem Bein zu erlauben. Stelle den Sattel nicht so hoch ein, daß das Bein ganz gerade wird. Experimentiere, bis du eine Position findest, die maximale Kraftübertragung und Komfort vereint. Es gibt viele Theorien über richtige Sattelhöhen. Um die beste für dich zu finden, probiere verschiedene Beinwinkel in der Praxis aus.

Um zusätzliche Kraft und Stabilität zu erlangen, verwende Rennhaken an den Pedalen. Diese vermitteln ein größeres Gefühl der Verbundenheit mit dem Fahrrad. Auch helfen sie, die Füße gerade und stabil zu halten. Dies fördert das Gleichgewicht und die Übertragung der Kraft der Beine. Rennhaken erlauben auch ein gewisses Hochziehen der Pedale beim Fahren.

Einige Grundtechniken beim Radfahren

Das richtige Auf- und Absteigen ist wichtig. Stell dich rittlings über das Fahrrad, setze einen Fuß auf ein Pedal, und mach von da weiter. Vermeide es, einen Fuß auf ein Pedal zu stellen und dann das andere Bein über das Fahrrad zu heben – dies belastet das Fahrrad. Vermeide es genauso, ein Bein über das Fahrrad zu heben, wenn du anhalten willst. Statt dessen halte an, und nimm dann einen Fuß nach dem anderen von den Pedalen, so daß du in der Startposition stehst.

Benutze einen Gang, der ziemlich schnelle Beinbewegungen zuläßt, ungefähr 65 – 85 Tretbewegungen pro Minute. Eine gewisse Spannung im Bein sollte während der ganzen Umdrehung spürbar sein. Eine 10-Gang-Schaltung bietet viele Möglichkeiten, das Verhältnis Geschwindigkeit/Bewegung zugunsten der stärkeren Körperbewegung umzustellen. Lerne die Gänge leicht und ruckfrei zu schalten. Halte das Fahrrad geradc balanciert. Geduld ist bci dicsen Lernvorgängen sehr wichtig.

Fördere deinen eigenen Rhythmus, indem du die Rennhaken folgendermaßen nutzt: Während du das eine Pedal mit den Zehen eines Fußes hochziehst, schiebst du das andere mit dem anderen Fuß herab. Dadurch verbesserst du Geschwindigkeiten und Rhythmus. Behalte diesen Rhythmus von Ziehen und Schieben bewußt bei.

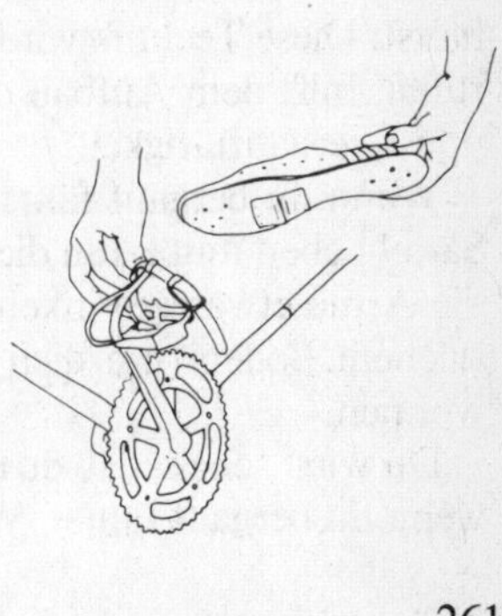

Wenn du Fahrradschuhe mit Schuhplatten hast (die Platten befestigen den Schuh am Pedal), gewöhne dich daran, beim Treten den Fuß nach hinten zu ziehen. Dies hilft der Entwicklung der Beinkraft und rundet das rhythmische Gefühl ab.

Es gibt eine fortgeschrittene Fahrtechnik, bei der der Trittkreis mit der Ferse niedriger als der Fußspitze begonnen wird. Nach einem Viertel der Kreisbewegung streckt man die Fußspitze nach unten (Abb. 1), womit Schwung und Kraft verstärkt werden. Beim Beenden der Trittphase fängt das Zurückziehen an (Abb. 2), das ungefähr ein Viertel der aufsteigenden Phase des Fußes anhält. Halte den Schwung, indem du mit der Fußspitze (die jetzt tiefer als die Ferse liegt) den Rennhaken nach oben ziehst (Abb. 3). Wenn der Fuß dem obersten Teil des Kreises naht, beginne die Trittphase, mit der Ferse tiefer als der Spitze.

Abb. 1

Abb. 2

Abb. 3

Lerne, nach unten zu treten, zurück und dann hoch zu ziehen, während du die Knie über den Knöcheln und nah am Rahmen hältst. Diese Technik wird ein Gefühl des Pedaldrehens hervorrufen, hilft dem Aufbau der Muskelkraft sowie besserer Herz- und Kreislauftätigkeit.

Wenn du bergauf fährst, kann es sein, daß du dich aus dem Sattel heben mußt, um die Beinkraft zu verstärken. Halte dabei die Arme etwas gewinkelt. Übe diesen Fahrstil eine Weile auf flachem Boden, um dich an die erforderliche Balance zu gewöhnen.

Du wirst sehen, daß du einen leichteren Gang einlegen mußt, wenn du bergauf fährst. Wechsle die Gänge, kurz bevor du an-

fängst, den Rhythmus zu verlieren. Fahre immer in einem Gang, der gleichbleibende Beinbewegung erlaubt, ohne daß dein Rhythmus verlorengeht. Nochmals: Achte darauf, daß die Knie über den Knöcheln und eng am Rahmen sind.

Entwickle einen Zustand echter Entspannung, während du fährst. Dadurch wirst du eher geistig wach bleiben. Beim Fahrradfahren darfst du nicht davon ausgehen, daß Autos, Menschen oder Tiere dir aus dem Wege gehen. Du mußt deine Situation immer im Griff haben und das Unerwartete erwarten. Es ist keine Zeit für Tagträume, behalte alles um dich herum im Auge.

Acht-Wochen-Programm für Anfänger

Radfahren kann große Vorteile mit sich bringen, aber wie auch bei anderen Sportarten kann es schwierig sein, damit anzufangen und dabei zu bleiben. Der folgende Plan schlägt vor, wie du beginnen kannst. Da wir aber alle unterschiedlich sind, kann er individuellen Vorstellungen angepaßt werden.

	Mo.	Di.	Mi.	Do.	Fr.	Sa.
1. Woche	5	5	5	6	6	7
2. Woche	7	7	8	8	10	10
3. Woche	10	12	12	13	13	15
4. Woche	15	18	18	21	21	22
5. Woche	25	25	25	25	28	28
6. Woche	30	30	33	35	35	37
7. Woche	40	40	40	43	45	45
8. Woche	50	50	53	55	57	60

(Zeitangaben in Minuten)

Fahre die ersten drei Wochen in leichten Gängen, mit einem Tempo, das dir Rhythmus ermöglicht, während du dich auf deine Technik konzentrierst. Fahre nicht verkrampft. Auf welcher Ebene du auch anfängst, stell dich auf allmähliche Leistungssteigerungen ein, damit du eine gute Konditionsbasis aufbauen kannst.

Leichte, nahrhafte Kost

Es ist schon so viel über Nahrung geschrieben worden, nach diversen Auffassungen und Gesichtspunkten, daß es leicht verwirrt. Ein Weg aus dem Durcheinander ist, herauszufinden, was für dich am besten funktioniert. Wenn du leichte, nahrhafte Kost probierst, wirst du entdecken, daß die richtigen Speisen in den richtigen Mengen dein Befinden und dein Aussehen spürbar positiv beeinflussen.

Wir sollten uns durchaus darum kümmern, wieviel wir essen. Übergewicht entsteht bei vielen von uns ganz einfach dadurch, daß wir mehr Kalorien zu uns nehmen, als wir verbrennen können. Dieser entstehende Überschuß wird in Form von Fett gespeichert. Was wir zuviel essen, nehmen wir nicht aus echten Hungergefühlen zu uns, sondern oft ist es eine nervöse Angewohnheit, die durch Nervenanspannung oder Langeweile hervorgerufen wird. Es ist eine subtile Form der Bestrafung, die als Genuß getarnt ist. Aber der Genuß verfliegt, sobald wir uns aufgebläht und schwer fühlen.

Es ist gut, den Eßtisch gesättigt zu verlassen, aber nicht vollgestopft. Während du ißt, versuche zu erkennen, wann du satt bist, und hör dann auf. Sammle deine Gedanken, entspanne dich, und lenke sie auf etwas anderes als Essen.

Neben der Menge müssen wir auch die Art der Nahrung berücksichtigen. Wir sind heute daran gewöhnt, ›Schrottnahrung‹ aufzunehmen, wie Kartoffel-Chips, Cola und Limonade, Süßigkeiten, Toastbrot, künstliches Speiseeis, Bonbons und Schnellgerichte aus den überall verbreiteten Hamburger-Läden. Viele Kinder bekommen ein Schoko-Getränk statt echter Milch, Limo statt Wasser und versüßte Nachspeisen statt Obst. Während der Kindheit fixieren sich gewisse angebliche Nahrungsmittel in unserer Denkweise, und wir entwickeln Gewohnheiten, die wir ein Leben lang beibehalten.

Ernährung und Eßgewohnheiten werden zu Hause erlernt, aber nur wenige Eltern kümmern sich um den wirklichen Nährwert dessen, was sie selbst zu sich nehmen oder ihren Kindern vorsetzen. Sie bringen Speisen auf den Tisch, die sich schnell zubereiten lassen, oder sie kümmern sich nur um das Aussehen oder den Geschmack der Speisen.

Manchmal identifizieren wir uns so sehr mit dem, was wir essen, daß wir uns persönlich getroffen fühlen, wenn jemand etwas gegen unser Leibgericht sagt. Wir glauben, etwas vom Genuß des Lebens einzubüßen, wenn wir unsere Eßgewohnheiten ändern müßten. Diese persönliche Identifikation ist eine Hemmschwelle, die uns in den alten Eßgewohnheiten verharren läßt.

Du kannst deine Eßgewohnheiten nicht von einem Tag zum anderen verändern, aber es ist leicht, eine Kleinigkeit nach der anderen abzuwerfen. Ein guter Schritt zur Besserung ist, keine veredelten, verarbeiteten oder vorgefertigten Nahrungsmittel zu essen. Dies beinhaltet weißen Zucker, weißes Mehl und alles, was mit Konservierungsstoffen verpackt wird (wie die meisten verpackt verkauften Cracker, Brote, Kuchen und Plätzchen). Wo möglich, vermeide Gebratenes und Dosennahrung (wo viele der Nährstoffe durch Hitze zerstört wurden). Versuche, kein Naschzeug wie Limonaden, Schokoriegel oder Chips zu essen. Wenn du das kannst, wird sich dein Geschmack allmählich ändern. Das bedeutet nicht, daß du Speisen essen mußt, die dir nicht schmecken, sondern daß du deine Nahrung besser auswählst, daß du zunehmend fähig sein wirst, die köstlichen natürlichen Geschmacksrichtungen in Speisen wahrzunehmen. ›Schrottnahrung‹ wird dir nicht mehr so gut schmekken, wenn dein Geschmackssinn ausgeprägter ist, und es wird nicht mehr eine Frage der Selbstbeherrschung sein, richtig zu essen.

Es gibt heute viele Kochbücher, die Rezepte anbieten für frisches Obst und Gemüse, Vollkorngetreide, Nüsse und Samen, gute Milchprodukte und mageres Fleisch. Du kannst lernen, wie man Vollkornmehl anstelle von gebleichtem Mehl einsetzt, Honig, Melasse oder Dattelzucker anstelle von raffiniertem Zucker und frische Gartenprodukte statt der konservierten

Dosenware. Zu Anfang kann es etwas Geduld und Übung erfordern, bis du gesunde Mahlzeiten herrichten kannst, die gut schmecken und sättigen, aber es ist überhaupt nicht schwierig, wenn du die Sache ausreichend recherchierst und deinen gesunden Menschenverstand walten läßt.

Mit der Zeit wird sich dein Körper dafür dankbar zeigen. Während du weiterhin die richtige Nahrung für deine individuellen Bedürfnisse zu dir nimmst und regelmäßig Training betreibst, wirst du dich besser fühlen und besser aussehen. Experimentiere, um festzustellen, welche Art und welche Mengen von Nahrung für dich am besten geeignet sind, so daß du schlank bleibst, dich leicht fühlst und trotzdem viel Energie hast.

Richtige Ernährung und regelmäßige körperliche Betätigung können dein Leben wesentlich bereichern. Bewegung macht viel mehr Freude, wenn dein Körper täglich die richtige Nahrung erhält, denn Körper sowie Geist fühlen sich energievoller, wenn der Ballast von zuviel oder zu schwerem Essen entfällt. Ohne das Verständnis für richtige Ernährung und gesunde Kost wirst du mit Sicherheit weit unter deinem persönlichen Potential bleiben.

Zum Erlernen besserer Eßgewohnheiten:

- Iß nur, wenn du Hunger hast. Dein Magen wird Nahrung verlangen, wenn der Körper sie braucht.
- Iß nicht zwischen den Mahlzeiten. Dadurch wird deine Verdauung überlastet.
- Iß nicht zuviel. Verlaß den Tisch satt, aber nicht vollgestopft. Kau dein Essen länger, entspann dich, und genieße deine Mahlzeiten.
- Lies die Etiketten der abgepackten Nahrungsmittel, die du kaufst. Vermeide solche mit Zucker-, Farb- oder Geschmackszusätzen oder Chemikalien, die du weder kennst noch aussprechen kannst.
- Verdiene dir einige deiner Mahlzeiten durch Leibesübungen. Iß nicht nur aus Langeweile.

- Laß auch mal diese oder jene Mahlzeit ausfallen, besonders an Tagen, an denen wenig Körpertraining stattgefunden hat. Laß dein Verdauungssystem auch manchmal ausruhen.

Das Verändern der Eßgewohnheiten ist nicht leicht. Habe genügend Mut und Selbstbeherrschung, um schlechten Gewohnheiten, die Gesundheit und Energie zerstören, eine Absage zu erteilen. Lerne, ein erfülltes Leben zu führen, in dem Dehnen, Entspannen, leichte Kost, Arbeit und körperliche Betätigung ihre Rollen spielen. Wenn du dich selbst unter Kontrolle hast, wirst du dein höchstes Potential verwirklichen, auf natürliche Weise und mit Begeisterung.

Pflege für den Rücken

Ungefähr die Hälfte der Menschen in unseren Industrieländern wird irgendwann im Leben Probleme mit dem Rücken haben. Manche Schwierigkeiten können erbbedingt sein, wie das Hohlkreuz oder seitliche Verkrümmungen der Wirbelsäule. Andere sind auf Unfälle im Straßenverkehr, bei Arbeit oder Sport oder Stürze anderen Ursprungs zurückzuführen, und in vielen dieser Fälle können die Schmerzen nach einer gewissen Zeit verschwinden, nur um Jahre später wieder aufzutreten. Aber die meisten Rückenbeschwerden stammen von Nervenanspannung und muskulärer Verspannung, die ihrerseits durch schlechte Haltung, Übergewicht, mangelnde Bewegung und schlaffe Bauchmuskulatur verursacht wird.

Dehnübungen und Trainieren der Bauchmuskulatur können dem Rücken helfen, wenn sie sinnvoll durchgeführt werden. Wenn du Rückenbeschwerden hast, laß dich von einem Arzt untersuchen. Er wird feststellen können, um was für ein Problem es sich handelt. Frage den Arzt, welche der Dehn- und Leibesübungen in diesem Buch dir am meisten helfen können.

Wer im Lendenbereich bereits Probleme gehabt hat, sollte Übungen vermeiden, die den Rücken zu sehr krümmen und Überdehnungen herbeiführen können. Sie strengen den Lendenbereich zu stark an, und aus diesem Grunde habe ich sie aus diesem Buch weggelassen.

Die beste Pflege für den Rücken besteht aus richtigem Dehnen, allgemeiner Kräftigung, gesundem Stehen, Sitzen und Schlafen, denn was wir von einem Moment zum anderen, Tag für Tag tun, entscheidet unseren gesamten Gesundheitszustand. Die folgenden Seiten zeigen einige Vorschläge zur Pflege des Rückens. Siehe dazu auch Seite 150 – 151.

Vorschläge zur Schonung des Rückens:

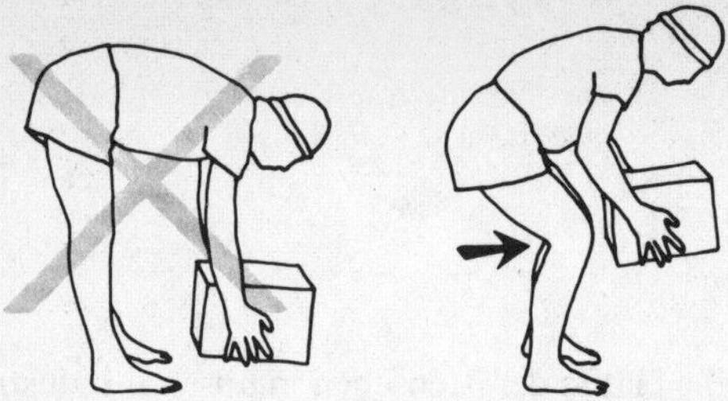

Hebe nie etwas, ob schwer oder leicht, mit geraden Beinen hoch. Halte den Rücken möglichst aufrecht, aber beuge die Knie immer, wenn du etwas anhebst, damit die hauptsächliche Arbeit von den großen Beinmuskeln und nicht den kleineren Muskeln des Lendenbereichs gemacht wird. Halte die Last nahe am Körper.

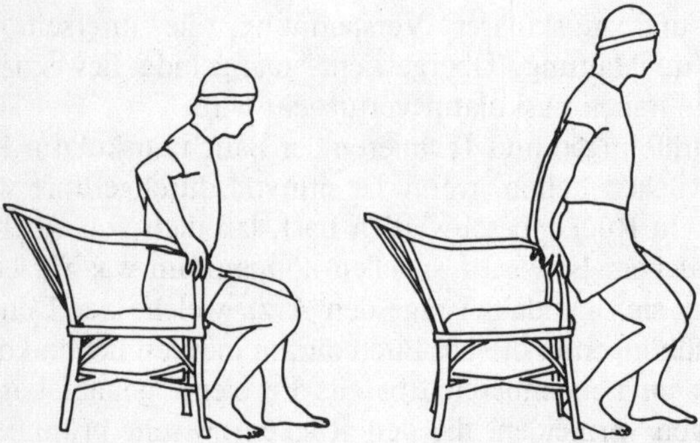

Sich hinsetzen oder vom Stuhl aufstehen kann eine Gefahr für den Rücken darstellen. Stelle immer einen Fuß vor den anderen, wenn du dich aus einem Stuhl erhebst. Rutsche zur vorderen Sitzkante, halte den Rücken gerade und das Kinn eingezogen, und benutze deine Oberschenkel und Arme, um dich hochzuschieben.

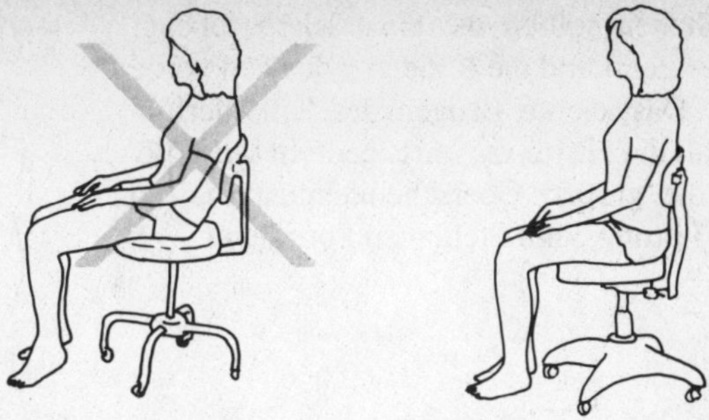

Wenn du runde Schultern hast und dein Kopf dazu tendiert, nach vorn zu hängen, übe eine neue Haltung. Bei regelmäßigem Üben wird diese Position die Verspannung im Rücken verringern und den Körper frisch mit Energie halten. Zieh das Kinn leicht ein (weder hoch noch hinab) und den Hinterkopf gerade hoch. Nimm die Schultern zurück und herunter. Atme mit dem Gedanken, daß sich die Mitte deines Rückens nach außen dehnen soll. Spann die Bauchmuskulatur an, während du den Lendenbereich flach an den Stuhl drückst. Übe dies beim Sitzen oder Autofahren, um Druck vom Lendenbereich zu nehmen. Übe dies oft, und du wirst deine Muskeln auf natürliche Weise trainieren, diese lebendigere Körperausrichtung ohne bewußtes Bemühen zu halten.

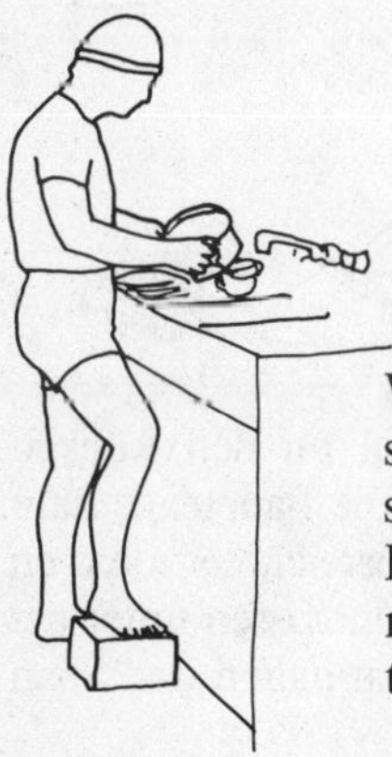

Wenn du eine Weile lang an einer Stelle stehst, zum Beispiel beim Geschirrspülen, stell einen Fuß auf einen Kasten oder eine Fußbank. Dies wirkt der Rückenverspannung entgegen, die bei längerem Stehen eintritt.

Beim Stehen sollten die Knie leicht gebeugt sein (1 – 2 cm) und die Füße gerade nach vorne zeigen. Das leichte Beugen der Knie verhindert, daß die Hüfte vorwärts gedreht wird. Benutze die großen Oberschenkelmuskeln, um deine Haltung beim Stehen zu korrigieren.

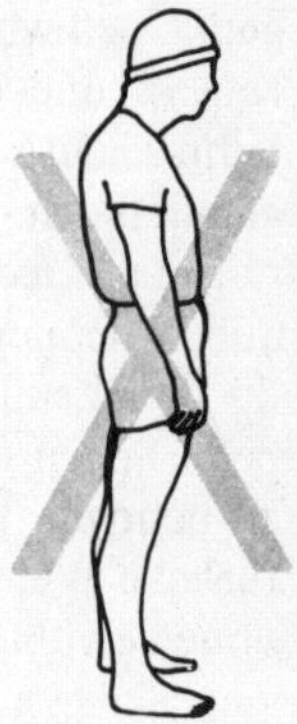

Steh nie mit durchgedrückten Knien. Dies schiebt die Hüfte vor und verlagert den Druck des Stehens unmittelbar auf den Lendenbereich: eine Haltung, die Schwäche ausdrückt. Laß die Oberschenkelmuskulatur den Körper stützen. Dein Körper wird mehr durch die Hüfte und den Lendenbereich ausgerichtet sein, wenn die Knie leicht gebeugt sind.

Eine feste Unterlage beim Schlafen ist gut für den Rücken. Wenn möglich, schlafe in der Seitenlage. Die Bauchlage kann beim Schlafen Verspannungen im Lendenbereich hervorrufen. Wenn du auf dem Rücken schläfst, trägt ein Kissen unter den Knien dazu bei, den Lendenbereich flach zu halten und Spannungen zu verringern.

Wenn du bemerkst, daß deine Haltung schlecht ist, gehe in eine aufrechtere Haltung über. Eine gute Haltung wird durch bewußtes Sitzen, Stehen, Gehen und Schlafen entwickelt.

Viele Rückenverspannungen und -probleme können durch übermäßiges Gewicht an der Gürtellinie verursacht werden. Ohne die Stützung einer starken Bauchmuskulatur wird dieses zusätzliche Gewicht allmählich ein Nachvornekippen des Beckens verursachen und somit Schmerzen und Verspannungen im Lendenbereich hervorrufen. Hier ein Trainingsvorschlag zur Verbesserung dieses unnatürlichen Zustandes:

1. Entwickle die Bauchmuskulatur, indem du regelmäßig das Training dafür auf den Seiten 226–229 durchführst. Trainiere innerhalb deiner Grenzen. Zeit und Regelmäßigkeit sind erforderlich, aber wenn du nicht damit anfängst, wird sich der Zustand nur verschlimmern.
2. Entwickle die Muskeln von Brust und Armen, indem du Knie-Liegestütze machst (Seite 230–231). Diese Liegestütze isolieren die Muskeln des Oberkörpers, ohne den Lendenbereich zu überanstrengen. Fang mit einem leichten Programm aus drei Sätzen an, wie 10–8–6, oder einem, das dir angenehmer ist, aber fang an!
3. Dehne die vorderen Muskeln der Hüfte, wie auf Seite 65 gezeigt, und die Muskeln des Lendenbereichs (Seiten 34–42 und 84–91). Indem du die Bauchmuskulatur stärkst und Hüfte und Rücken dehnst, kannst du allmählich der Vorwärtskippung des Beckens entgegenwirken, das in so vielen Fällen die Hauptursache der Beschwerden ist.
4. Laß die Größe deines Magens langsam zurückgehen, indem du dich nicht überißt. Ein Mensch mit Übergewicht benötigt mehr Essen, um seinen überdehnten Magen zu füllen, als ein durchtrainierter Sportler, der regelmäßig Übungen macht.
5. Lerne Gehen, bevor du joggst, und lerne Jogging, bevor du läufst. Wenn du täglich eine Strecke von 1,6 km gehst, ohne deine Kalorienaufnahme zu steigern, wirst du in einem Jahr zehn Pfund abgenommen haben.

Übungsanweisungen

Diese Zusammenfassung der Dehn- und Leibesübungen in diesem Buch soll es den Praktizierenden der Heilberufe sowie Sportpädagogen und Trainern ermöglichen, individuell gestaltete Programme zur Kräftigung oder Rehabilitation des Einzelnen zusammenzustellen.

Dehnübungen

Entspannende Dehnübungen für den Rücken · *S. 34 – 42*

Dehnübungen für Beine, Füße und Fußgelenke · *S. 43 – 54*

Dehnübungen für Rücken, Schultern und Arme · *S. 55 – 61*

Eine Serie von Dehnübungen für die Beine · *S. 62–69*

Dehnübungen für Lendenbereich, Hüfte, Unterleib und Kniebeuger · *S. 70–81*

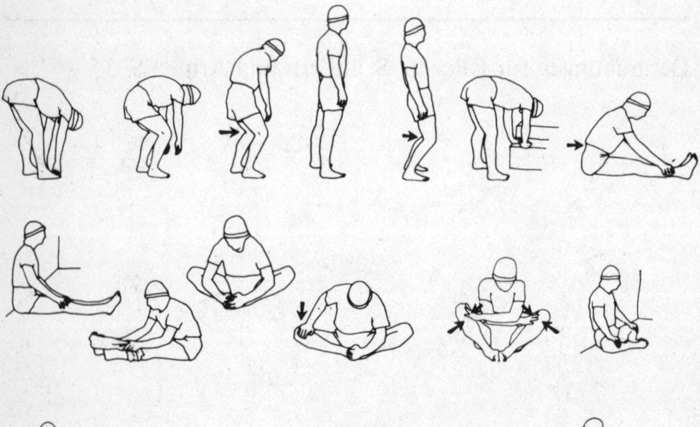

Dehnübungen für den Rücken · *S. 84 – 92*

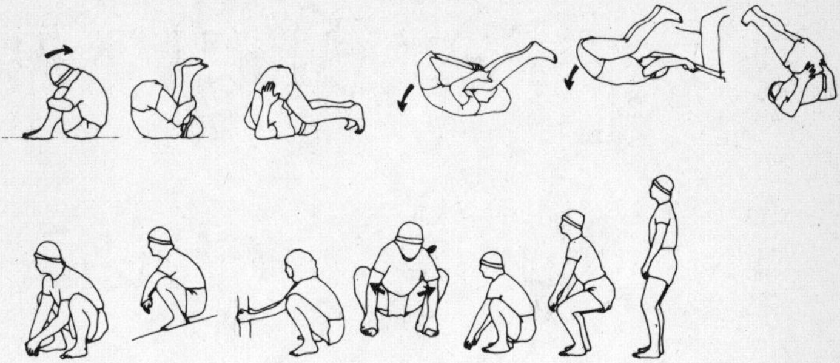

Das Hochlegen der Füße · *S. 93 – 97*

Dehnübungen im Stehen für Beine und Hüfte · *S. 98–105*

Dehnübungen im Stehen für den Oberkörper · *S. 106–112*

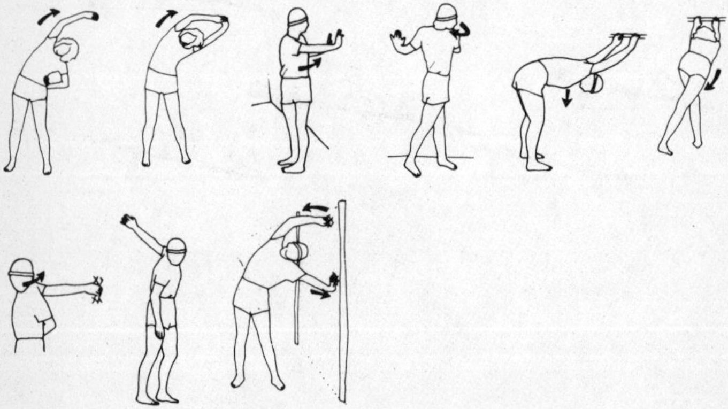

Das Dehnen an der Stange · *S. 113*

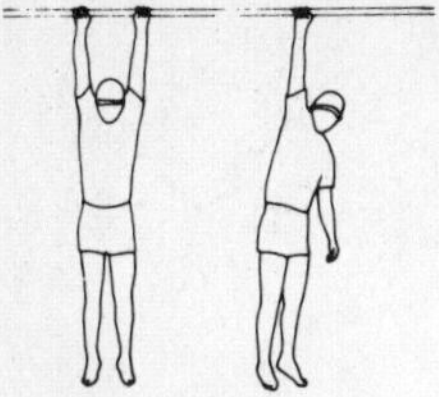

Oberkörperdehnungen mit dem Handtuch · *S. 114–116*

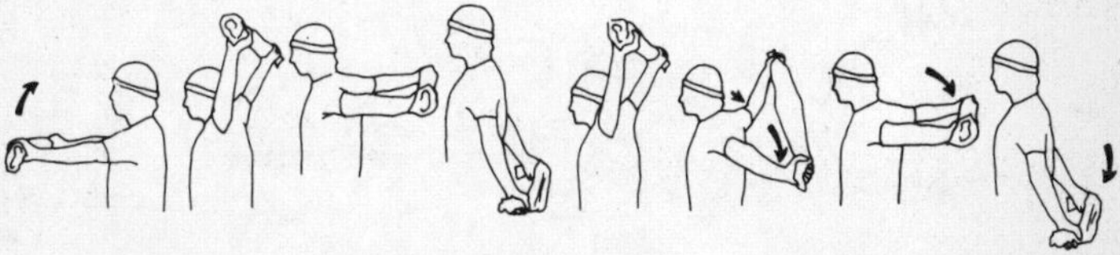

Dehnübungen im Sitzen · *S. 117–122*

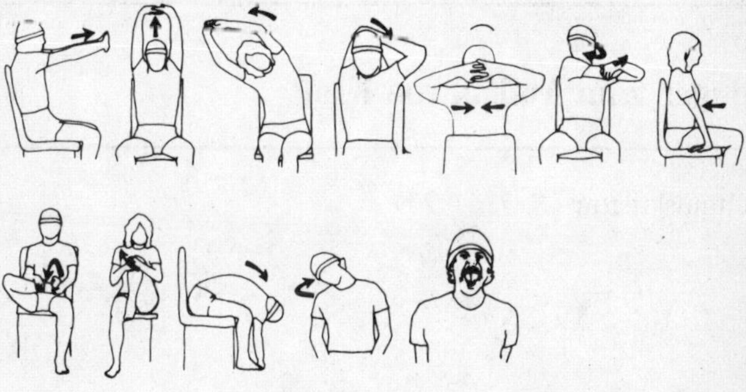

Bein- und Unterleibsdehnungen mit hochgelegten Füßen
S. 123–126

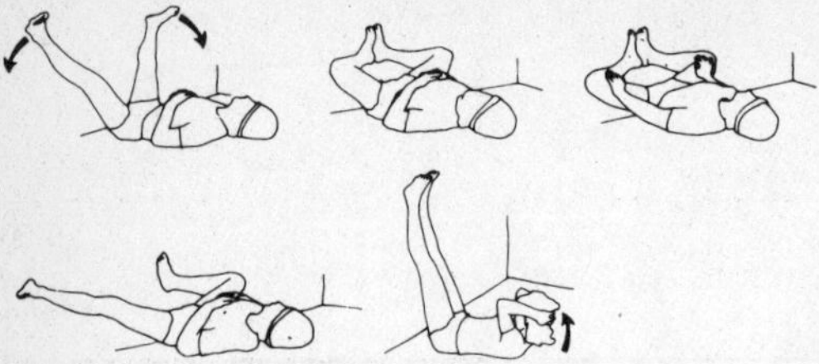

Unterleibs- und Hüftdehnungen mit gespreizten Beinen
S. 127–131

Übungen zum Aufbau von Kraft

Bauchmuskulatur · *S. 226–229*

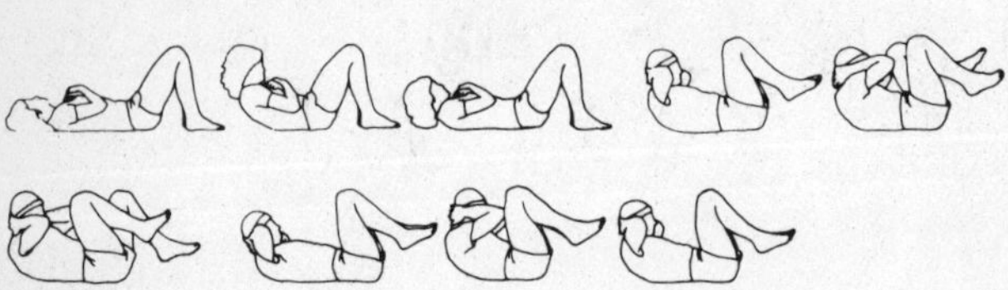

Arme und Brust · *S. 230–231*

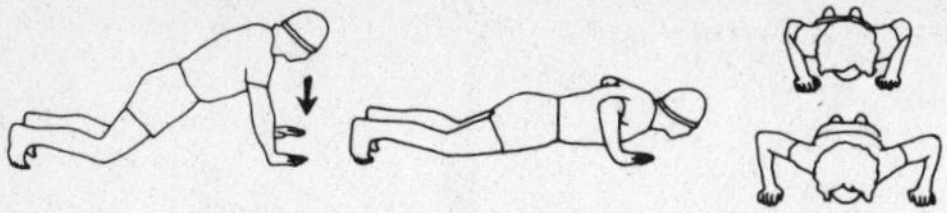

Fußgelenke, Zehen und Unterschenkel · *S. 232–236*

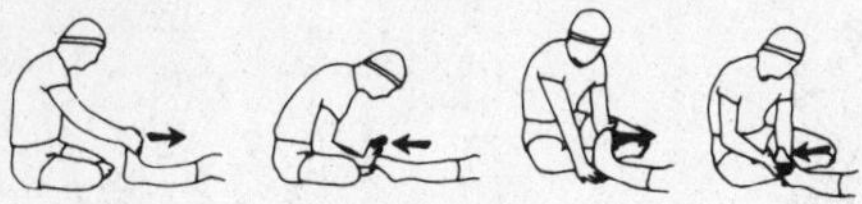

Finger, Hände, Handgelenke und Unterarme · *S. 237–238*

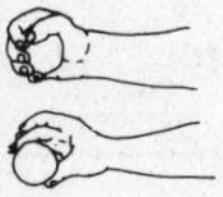

Übung am Barren · *S. 239*

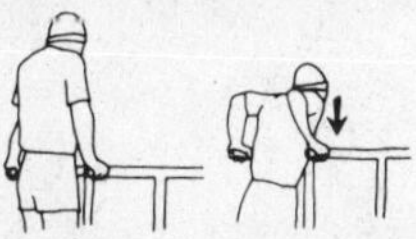

Übungen mit Stuhl · *S. 240*

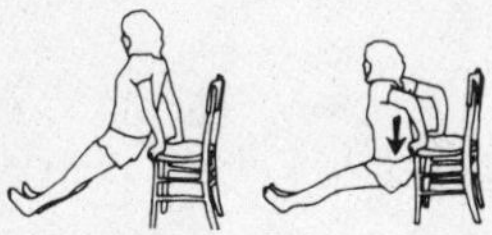

Klimmzüge · *S. 241–244*

Treppen- und Trittübungen · *S. 245–247*

Atmungsverbessernde Übungen

Gehen, Laufen, Radfahren, Schwimmen usw. · *S. 249–264*

Leichte, nahrhafte Kost · *S. 265–268*

Pflege für den Rücken · *S. 269–273*

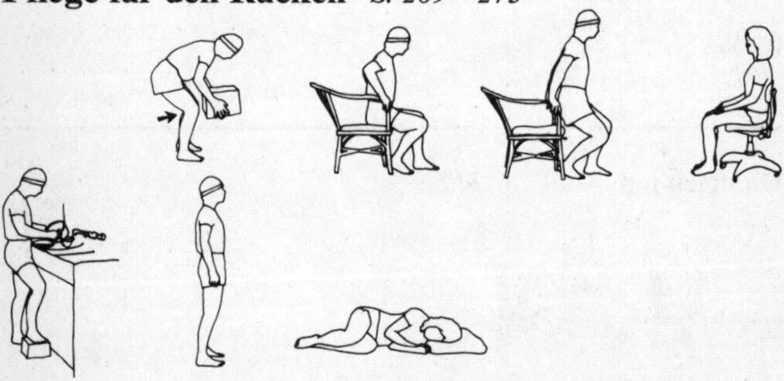

Zum Autor

Bob Anderson wurde 1945 in Fullerton, California, geboren und graduierte an der California State University als Sportpädagoge. Als er 23 war, trieb ihn die Unzufriedenheit über seinen eigenen Körperzustand dazu, ein Fitneß-Programm mit den Schwerpunkten Laufen und Radfahren zu beginnen und seine Eßgewohnheiten drastisch zu verändern. Bald hatte er 25 kg abgenommen und fühlte sich erheblich besser. Als er im Sportunterricht an der Universität eines Tages merkte, daß er mit den Fingerspitzen kaum an den Knien vorbeikam, konzentrierte er sich auf dehnende Übungen. In wenigen Monaten wurde er gelenkiger und hatte entdeckt, daß ihm dadurch auch anderes Training bedeutend leichter fiel. Er entwickelte Dehnübungen, die er mit seiner Frau Jean und einigen Freunden über Jahre hinweg anwendete. Daraus entstanden die Programme, die Dehnen für jeden praktizierbar machen sollten. Jean Anderson, ihrerseits Absolventin eines Kunststudiums, half bei der Entwicklung dieser Techniken und stellte sie grafisch dar. Die ursprüngliche Fassung von STRETCHING entstand in Heimarbeit und wurde zu einem Geheimtip und einem beachtlichen Erfolg, so daß die Produktion einer ›großen‹ Ausgabe indiziert war. Bob Andersons Dehnkonzept hat in wenigen Jahren internationalen Anklang gefunden. STRETCHING ist bereits in Holland, Dänemark, Japan, Norwegen, Portugal und Spanien erschienen sowie in einer speziell dafür erstellten Ausgabe in Großbritannien. In den USA hat Bob Anderson mehr als 30 der populärsten Profi- und Amateurmannschaften Unterricht im Dehnen erteilt, bei über 40 Sportclubs Lehrgänge abgehalten, mit Olympiadeteilnehmern und anderen Spitzensportlern einzeln und in Gruppen gearbeitet, unzählige Vorträge gehalten und Seminare geleitet, gastiert häufig in Radio- und Fernsehsendungen und verfaßt Beiträge für alle wichtigen Sportpublikationen Amerikas. Weit über die Grenzen des Sports hinaus wird Bob Anderson heute als der führende Experte für Dehntechniken anerkannt.